Cordula Nolte

Frauen und Männer

in der Gesellschaft des Mittelalters

Geschichte kompakt

Herausgegeben von
Kai Brodersen, Martin Kintzinger, Uwe Puschner,
Volker Reinhardt

Herausgeber für den Bereich *Mittelalter*:
Martin Kintzinger

Berater für den Bereich *Mittelalter*:
Heribert Müller, Bernd Schneidmüller, Stefan Weinfurter

Cordula Nolte

Frauen und Männer

in der Gesellschaft des Mittelalters

Die Deutsche Nationalbibliothek verzeichnet diese Publikation
in der Deutschen Nationalbibliografie;
detaillierte bibliografische Daten sind im Internet über
http://dnb.d-nb.de abrufbar.

© 2011 by WBG (Wissenschaftliche Buchgesellschaft), Darmstadt
Die Herausgabe des Werkes wurde durch
die Vereinsmitglieder der WBG ermöglicht.
Redaktion: Kristine Althöhn, Mainz
Einbandgestaltung: schreiberVIS, Seeheim
Satz: Lichtsatz Michael Glaese GmbH, Hemsbach
Gedruckt auf säurefreiem und alterungsbeständigem Papier
Printed in Germany

Besuchen Sie uns im Internet: www.wbg-wissenverbindet.de

ISBN 978-3-534-22148-6

Elektronisch sind folgende Ausgaben erhältlich:
eBook (PDF): 978-3-534-71806-1
eBook (epub): 978-3-534-71807-8

Inhaltsverzeichnis

Geschichte kompakt

In der Geschichte, wie auch sonst,
dürfen Ursachen nicht postuliert werden,
man muss sie suchen. (Marc Bloch)

Das Interesse an Geschichte wächst in der Gesellschaft unserer Zeit. Historische Themen in Literatur, Ausstellungen und Filmen finden breiten Zuspruch. Immer mehr junge Menschen entschließen sich zu einem Studium der Geschichte, und auch für Erfahrene bietet die Begegnung mit der Geschichte stets vielfältige, neue Anreize. Die Fülle dessen, was wir über die Vergangenheit wissen, wächst allerdings ebenfalls: Neue Entdeckungen kommen hinzu, veränderte Fragestellungen führen zu neuen Interpretationen bereits bekannter Sachverhalte. Geschichte wird heute nicht mehr nur als Ereignisfolge verstanden, Herrschaft und Politik stehen nicht mehr allein im Mittelpunkt, und die Konzentration auf eine Nationalgeschichte ist zugunsten offenerer, vergleichender Perspektiven überwunden.

Interessierte, Lehrende und Lernende fragen deshalb nach verlässlicher Information, die komplexe und komplizierte Inhalte konzentriert, übersichtlich konzipiert und gut lesbar darstellt. Die Bände der Reihe „Geschichte kompakt" bieten solche Information. Sie stellen Ereignisse und Zusammenhänge der historischen Epochen der Antike, des Mittelalters, der Neuzeit und der Globalgeschichte verständlich und auf dem Kenntnisstand der heutigen Forschung vor. Hauptthemen des universitären Studiums wie der schulischen Oberstufen und zentrale Themenfelder der Wissenschaft zur deutschen, europäischen und globalen Geschichte werden in Einzelbänden erschlossen. Beigefügte Erläuterungen, Register sowie Literatur- und Quellenangaben zum Weiterlesen ergänzen den Text. Die Lektüre eines Bandes erlaubt, sich mit dem behandelten Gegenstand umfassend vertraut zu machen. „Geschichte kompakt" ist daher ebenso für eine erste Begegnung mit dem Thema wie für eine Prüfungsvorbereitung geeignet, als Arbeitsgrundlage für Lehrende und Studierende ebenso wie als anregende Lektüre für historisch Interessierte.

Die Autorinnen und Autoren sind in Forschung und Lehre erfahrene Wissenschaftlerinnen und Wissenschaftler. Jeder Band ist, trotz der allen gemeinsamen Absicht, ein abgeschlossenes, eigenständiges Werk. Die Reihe „Geschichte kompakt" soll durch ihre Einzelbände insgesamt den heutigen Wissensstand zur deutschen und europäischen Geschichte repräsentieren. Sie ist in der thematischen Akzentuierung wie in der Anzahl der Bände nicht festgelegt und wird künftig um weitere Themen der aktuellen historischen Arbeit erweitert werden.

Kai Brodersen
Martin Kintzinger
Uwe Puschner
Volker Reinhardt

Frauen, Männer, Geschlecht und Alltag: Überlegungen zur Konzeption dieses Bandes

Wie passt die Geschichte von Frauen und Männern im Mittelalter, einer Zeitspanne von rund 1000 Jahren, zwischen die Buchdeckel eines schmalen Bändchens? Dieses Unternehmen verlangt nach einer strikten Auswahl von Themenkomplexen, auf die sich die Darstellung konzentriert. Zugleich soll aber auf knappem Raum ein umfassender Zugang zur Gesellschaftsgeschichte unter dem Vorzeichen „Geschlecht" eröffnet werden. Um diese Ansprüche zumindest ansatzweise einzulösen, wird hier die geschlechtergeschichtliche Perspektive mit einem alltagsgeschichtlichen Ansatz verknüpft. Dabei verstehe ich im Anschluss an den Mediävisten Hans-Werner Goetz unter „Alltag" das menschliche Leben selbst in seinen Abläufen, äußeren und inneren Verhältnissen. Im Mittelpunkt der Untersuchung stehen daher die vielfältigen alltäglichen Erfahrungen, Beziehungen, Denk- und Handlungsweisen, die die Existenz von Frauen und Männern in ihrem natürlichen, sozialen und kulturellen Umfeld prägten. Nach einer Einführung in die allgemeinen Lebensumstände mittelalterlicher Menschen richtet sich der Blick auf Frauen, Männer und Geschlechterbeziehungen in verschiedenen Bereichen des gesellschaftlichen Spektrums. Einbezogen werden, soweit die Quellenlage es zulässt, alle sozialen Schichten, Gruppen und Milieus. Allerdings bleibt wenig Platz für sogenannte Randgruppen und Minderheiten, auch wenn so manche „Ausnahmefrauen" und „Ausnahmemänner" auftreten und Menschen am Rande der Gesellschaft mitberücksichtigt werden.

Die mediävistische Geschlechtergeschichte hat sich die Aufgabe gestellt, die Überlieferung möglichst breit systematisch neu zu lesen und auf dieser Basis Politik, Gesellschaft, Wirtschaft, Recht, Kultur und Religion dahin gehend neu zu erforschen, dass der Faktor „Geschlecht" als eine zentrale Kategorie der Geschichtsbetrachtung zugrunde gelegt wird. „Gendering the Middle Ages" heißt die Devise. Dieses Buch beteiligt sich daran, leistet jedoch noch keine „Geschlechtergeschichte des Mittelalters". Ein solches Projekt erscheint gegenwärtig schwierig aufgrund der ungleichmäßigen Quellenüberlieferung und -erschließung sowie der lückenhaften Forschung, in der die „Frauengeschichte" gegenüber der „Männergeschichte" noch einen großen Vorsprung hat. Die vorliegende Studie versteht sich einstweilen als ein Baustein zu einer interdisziplinär angelegten Geschlechtergeschichte des Mittelalters. Sie bietet eine Synthese aktueller Forschungen mehrerer historisch arbeitender Disziplinen im Schnittfeld von Geistes- und Naturwissenschaften wie Archäologie, Anthropologie, Medizingeschichte oder Kunstgeschichte und bezieht kulturanthropologische Ansätze ebenso ein wie soziobiologische.

Die Darstellung orientiert sich daran, einerseits wegen des gesteckten Rahmens die verschiedenen Zeitabschnitte des Mittelalters eher schlaglichtartig zu beleuchten, andererseits Entwicklungslinien so weit wie möglich chronologisch nachzuzeichnen. Diese Vorgehensweise wird hoffentlich erweisen, wie vielfältig sich die Beziehungen zwischen Frauen und Männern im Lauf der Zeit veränderten – wenn auch nicht im Sinne einer linearen Fortentwicklung.

I. Lebensbedingungen: Umwelt und Sozialgefüge

1. Klimatische und demographische Entwicklung

folgenreicher
Klimawandel

Das Klima stellte in der agrarisch geprägten Lebenswelt des Mittelalters eine Umweltgröße von maßgeblichem Einfluss auf die gesamte gesellschaftliche Situation dar. Von ihm hingen die Ernteerträge und damit die Ernährung von Mensch und Tier mit Folgen für Gesundheit und Krankheit, Geburtenhäufigkeit und Sterblichkeit ab. Zahlreiche chronikalische Aufzeichnungen dokumentieren, wie genau das Wetter und seine Auswirkungen beobachtet wurden und wie existentiell bedrohlich Natur- und Witterungskatastrophen erschienen. Dabei herrschte in der Zeit von etwa 500 bis 1200 ein günstiges, relativ warmes Klima mit einem Optimum um das 11. Jahrhundert, das ungefähr der Warmphase in der zweiten Hälfte des 20. Jahrhunderts entsprach. Die hohen Durchschnittstemperaturen dürften sich positiv auf den Ackerbau und die Ernährung ausgewirkt haben, da sie in der Regel mit längeren Sommern einhergehen und somit gute Voraussetzungen für die agrarische Arbeit bieten, während die Winter kürzer und niederschlagsreich sind, was ebenfalls die Fruchtbarkeit fördert. Tatsächlich setzten gerade in dieser Zeit starkes Bevölkerungswachstum, intensiver Landesausbau und landwirtschaftlicher Aufschwung ein. Auf die Wärmezeit folgte vom 13. Jahrhundert an eine zunehmend kältere Phase, die für die Zeit von 1550 bis 1850 sogar die „kleine Eiszeit" genannt wird. Diese Klimaverschlechterung hatte vielfältige Konsequenzen für die allgemeinen Lebensbedingungen. Beispielsweise ging im Norden Deutschlands der Weizenanbau zurück, und in hohen Alpenregionen mussten Siedlungen aufgegeben werden. Überaus harte Winter führten zu Viehsterben, zum Erfrieren der Weinstöcke, zum Verderben der Wintersaat, zu Hungersnöten und Arbeitslosigkeit in Stadt und Land. Menschen erfroren im Schnee, und der Aufenthalt in Häusern oder auf Burgen, in denen bestenfalls einzelne Räume beheizt waren, begünstigte rheumatische Krankheiten. Katastrophale Folgen hatten auch kalte, verregnete Sommer, da das Getreide verdarb und der Wein, der im Spätmittelalter in Deutschland großflächig angebaut wurde und eine bedeutende wirtschaftliche Rolle spielte, nicht gedieh.

Zwar waren vom Klimageschehen alle Menschen betroffen, doch klimatisch mitbedingte Hochzeiten oder Notsituationen wirkten sich nicht nur schichten-, sondern auch geschlechts- und altersspezifisch unterschiedlich aus. Die mittelalterlichen Chronisten beobachteten denn auch, dass in Krisenzeiten Kinder die ersten Opfer waren. So berichtet Gregor von Tours (538–594) zum Jahr 580, dass auf Naturkatastrophen wie Überschwemmungen, Erdbeben, Feuersbrünste und Hagelschlag eine ruhrartige Seuche folgte, die zuerst die Kinder befiel und dahinraffte. Ernährungsverbesserungen wie -mängel hatten für Frauen und Männer, selbst bei prinzipiell gleichem Zugang zu bestimmten Nahrungsmitteln, unter Umständen unterschiedliche Folgen, da Frauen zum Beispiel insbesondere während der Schwangerschaft und Stillzeit einen höheren Bedarf an bestimmten Spurenelementen haben. Nach einer seit den 1980er-Jahren diskutierten These begünstigten allgemeine Veränderungen der Ernährungsweise seit dem Frühmittelalter daher Frauen noch mehr als Männer, weil sie von der damit verbundenen erhöhten Eisenaufnahme stärker profitierten. In Verbindung damit sei ihre Lebenserwartung gestiegen. Bei Skelettuntersuchungen erwiesen sich Eisenmangelanämien allerdings nicht als frauenspezifisch, und auch die Annahme, dass Frauen im Frühmittelalter eine besonders niedrige Lebenserwartung gehabt hätten, lässt sich schwer belegen.

Wetterzauber und Hexenverfolgung

Aus Sicht der **Geschlechtergeschichte** interessieren neben den demographischen, wirtschaftlichen und sozialen Aspekten von Klimaverläufen auch vormoderne Auffassungen und Erklärungen von Wetterphänomenen. Aus der Erfahrung, dem Wetter ausgeliefert zu sein, und den daraus resultierenden Ängsten entsprangen bis in die Neuzeit hinein Vorstellungen, man könne sich mit religiösen und magischen Mitteln schützen und es gebe Wetterzauber, ausgeübt von Frauen und Männern. In Zeiten von klimatisch bedingten Krisen, unter der Last von Missernten, Hungersnöten, Teuerung und sozialen Spannungen, wuchs anscheinend die Bereitschaft, Verantwortliche für Ungemach aller Art zu suchen und gegen sie mit dem Vorwurf der Hexerei vorzugehen. Die Kernzeit der Hexenverfolgung (1560–1630) fiel in eine Zeit der deutlichen Klimaverschlechterung und damit einhergehender Agrarkrisen. Das dabei erkennbare Wechselspiel zwischen klimatischen, sozialen und mentalen Faktoren spielte demnach eine maßgebliche Rolle bei der Verfolgung von Frauen und, wie die neuere Forschung unterstreicht, von Männern.

> **Geschlechtergeschichte** (*Gender Studies*)
> Entwickelt aus der Frauengeschichtsforschung (Women's Studies) seit den 1970er-Jahren und mittlerweile erweitert um das Konzept der Männergeschichte (Men's History), versteht sich die Geschlechtergeschichte weniger als eine Teildisziplin, denn als eine Perspektive, die auf die gesamte Geschichte zielt. Dementsprechend erforscht sie – bezogen auf alle Lebensbereiche, Gesellschaftsstrukturen und Ausdrucksformen, anhand der gesamten Quellenüberlieferung und mit den verschiedensten Methoden, die der Geschichtswissenschaft und anderen historisch arbeitenden Disziplinen (Archäologie, Anthropologie, Kunstgeschichte Theologie usw.) zu Gebote stehen –, wie Frauen und Männer dachten und agierten, mit welchen Rollen und Verhaltenserwartungen sie aufgrund ihres Geschlechts konfrontiert wurden und wie sich die Beziehungen zwischen den Geschlechtern im historischen Wandel gestalteten.

Probleme der Demographie

Die Bevölkerungsdichte und die Bevölkerungsentwicklung in Europa insgesamt und in seinen einzelnen Regionen sind mit Zahlen nicht zuverlässig anzugeben, da die dazu erforderlichen seriellen Quellen (vor allem Kirchenbücher mit Tauf-, Heirats- und Sterberegistern) weitgehend fehlen oder sich, wie vorhandene Güterverzeichnisse, Steuer- oder Bürgerlisten, nur bedingt für bevölkerungsstatistische Auswertungen eignen. Die auf J. Cox Russell, den bevölkerungsgeschichtlichen Klassiker, zurückgehenden Zahlen, die auch in der neuesten Literatur weiterhin angeführt werden, beruhen daher weitgehend auf Schätzungen. Demnach sank die Bevölkerungszahl im Frühmittelalter gegenüber der Spätantike um fast ein Drittel (von 16,8 auf 11,9 Mio.) und stieg dann bis etwa 1000 kräftig an (auf 23,7 Mio.), um sich danach in steiler Kurve bis knapp zur Mitte des 14. Jahrhunderts sogar mindestens zu verdoppeln (53,9 Mio.). Danach nahm die Bevölkerung, vor allem infolge der Pest seit 1348, deutlich ab (37,0 Mio.) und erholte sich erst allmählich wieder im Lauf des 15. Jahrhunderts.

Die Biologin und Anthropologin Gisela Grupe hat den Entwicklungstrend in eine einzige Kurve gefasst, dabei jedoch bewusst auf absolute Zahlen verzichtet, um lokalen Unterschieden in Europa gerecht zu werden und keine trügerischen „harten Daten" zu suggerieren. Sie interpretiert den Verlauf aus biowissenschaftlicher Sicht ausgehend von den in der Tierökologie gültigen Regeln und ergänzt mit diesem Ansatz zu einer „historischen Ökologie" die geschichtswissenschaftlichen Erklärungsversuche um wichtige Deutungsangebote.

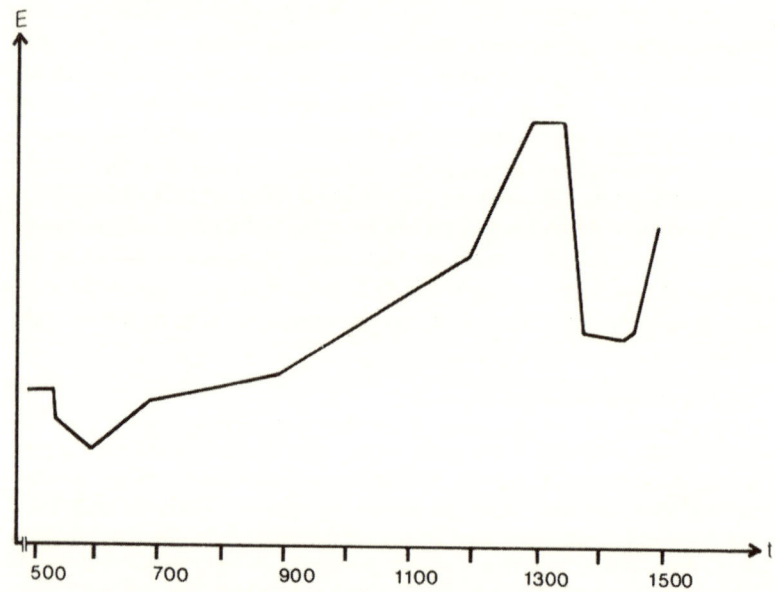

Abb. 1: Modell der Bevölkerungsentwicklung in Europa, von 500 bis 1500. Aus: Gisela Grupe: Umwelt und Bevölkerungsentwicklung im Mittelalter, S. 27.

Nach diesem Modell stagniert die Bevölkerungsentwicklung im Übergang von der Spätantike zum Frühmittelalter bzw. ist sogar rückläufig – eine Annahme, die in der Forschung kontrovers diskutiert und mit unterschiedlichen Indizien begründet wird. In der Mitte des 6. Jahrhunderts ist ein rapider Einbruch erkennbar, der vermutlich auf Seuchenzüge zurückzuführen ist. Ob es sich bei dieser sogenannten „Pest des Justinian" tatsächlich um die Pest handelte, ist nicht sicher. Für die Zeit ab etwa 600 verzeichnet Grupe ein anfänglich schnelles, dann sich allmählich verlangsamendes Wachstum. Sie verweist auf die Beobachtung, dass Bevölkerungen sich häufig nach demographischen Krisen dank einer kurzfristigen Steigerung der Geburtenrate rasch erholen. Grupe hält eine gegenüber „normalen" Zeiten erhöhte Kinderzahl pro Elternpaar denn auch für den ausschlaggebenden Faktor bei dieser Phase des frühmittelalterlichen demographischen Aufschwungs. Ein solches zu sprunghaftem Geburtenanstieg führendes generatives Verhalten erscheint vor dem Hintergrund von Ersatzstrategien – beim

Tod von (erstgeborenen) Kindern verkürzt sich der Abstand zur Geburt eines weiteren Kindes gegenüber dem sonstigen durchschnittlichen Intervall – zwar auch für das Frühmittelalter plausibel. Wir wissen allerdings wenig darüber, inwieweit damals Eltern in „normalen" Zeiten alle Möglichkeiten, Kinder zu bekommen, ausschöpfen konnten und wollten (vgl. S. 22). Eine Verhaltensänderung mit so weitreichenden demographischen Folgen muss daher hypothetisch bleiben. Andere Faktoren, wie etwa ein verbessertes Verhältnis zwischen vorhandenen Ressourcen und geschrumpfter Bevölkerung, müssten in jedem Fall ebenso berücksichtigt werden. Nach einer langsamen, aber stetigen Zunahme zwischen dem 7. und 9. Jahrhundert steigt die Kurve bis etwa 1200 steiler und schnellt dann zwischen 1200 und 1300 noch rasanter nach oben. Diese Expansion fällt zusammen mit der Zeit der Städtegründungen, des inneren und äußeren Landesausbaus, bei dem neues oder weniger fruchtbares Ackerland erschlossen wurde, agrartechnischer Neuerungen, durch die die Produktivität gesteigert wurde, und landwirtschaftlicher Veränderungen. Durch die Zunahme der Getreidewirtschaft gegenüber der vorher dominierenden Viehzucht wurde die Nahrungskette verkürzt. Diese Veränderungen trugen dazu bei, dass mehr Menschen ernährt werden konnten. Um 1300 war dann nach Grupe die Kapazitätsgrenze des Ökosystems erreicht, die Bevölkerungszahlen stagnierten. Die schon erwähnte Klimaverschlechterung und die damit verbundenen Missernten, die Verknappung von Nahrung und anderer Ressourcen wie Holz führten zu deutlichem Bevölkerungsrückgang, markiert durch eine Kette von Hungersnöten zwischen 1309 und 1317. Ab 1348 raffte die sogenannte Pest in mehreren Zügen bei großen regionalen Unterschieden einen beträchtlichen Teil – schätzungsweise durchschnittlich 40% – der europäischen Bevölkerung dahin. Bis zur Mitte des 15. Jahrhundert blieb die Zahl niedrig. Erst etwa 100 Jahre nach der ersten Pestwelle verzeichnet Grupe eine ähnlich rasche Rekonvaleszenz wie nach dem Einbruch im 6. Jahrhundert, eine bis zum Dreißigjährigen Krieg dauernde Wachstumsphase. Warum die Erholung diesmal so spät, erst nach mehreren Generationen, einsetzte, lässt sich nach Grupe im biologischen Kontext nicht erklären, so dass sie nach psychologischen Begründungen sucht: Der von Katastrophen zermürbten Bevölkerung habe nicht die Möglichkeit, sondern der Wille zum Wachstum gefehlt. Eine solche Annahme passt zu älteren, mittlerweile modifizierten Vorstellungen von der allgemeinen Krise des Spätmittelalters, vor allem des 14. Jahrhunderts, ist aber spekulativ. Wahrscheinlicher ist, dass das ständig neue Ausbrechen von Pestepidemien, bevor die Seuche endemisch wurde (das heißt in einem bestimmten Gebiet verbreitet, woraufhin sich Resistenz entwickelt), das niedrige Gesamtniveau verantwortete. Zudem gab es in den auf den ersten Ausbruch folgenden Pestepidemien Verluste vor allem unter den jüngeren Menschen, die eigentlich für die Kontinuität der Bevölkerung gesorgt hätten. Während Überlebende der vorangegangenen Pest eine gewisse Immunität erworben hatten, starben jetzt viele der mittlerweile nachgewachsenen Kinder und Jugendlichen. Bezeichnend ist die Aussage Burkard Zinks (1396–1474/1475) aus Augsburg, das dortige Sterben 1462/63, vermutlich die sogenannte Kinderpest (1361/62), habe zwar unter Alten und Jungen gewütet, aber doch mehr Junge getroffen („es sturben man und frawen, die bei 60 jarn alt waren, aber es sturben dennoch mer jung dann alter"). Auch Massengräber aus Pestzeiten („Pestfriedhöfe") bezeugen, dass die Sterblichkeit der dort bestatteten Menschen sich nach Altersgruppen unterschied. Auf lokaler Ebene lassen sich im Gefolge von Pestzügen einerseits durchaus erhöhte Heirats- und Geburtenzahlen feststellen. Andererseits könnten Bevölkerungsverschiebungen im Gefolge der Pest (Zuzug vormals ländlicher Arbeitskräfte in die Städte) das Zahlenverhältnis von Frauen und Männern in einzelnen Regionen dahin gehend beeinflusst haben, dass dort die Familiengründungschancen sanken. Eine geschlechtsspezifisch unterschiedliche Sterblichkeit von Frauen und Männern in Pestjahren wurde bisher für die Zeit vor dem 16. Jahrhundert nicht ermittelt.

Die Wachstumskurve der mittelalterlichen Bevölkerung mit den beiden Tiefpunkten im 6. und im 14. Jahrhundert lässt sich dahin gehend interpretieren, dass die demographische Entwicklung im Mittelalter im Wesentlichen durch Infektionskrankheiten, bei denen vorher unbekannte, virulente Erreger auf eine Bevölkerung ohne Immunitätsschutz trafen, bestimmt wurde. Neuere Ergebnisse dazu, ob es sich bei den mittelalterlichen Epidemien tatsächlich um die vom Erreger Yersinia pestis ausgelöste Pest gehandelt hat, bleiben abzuwarten (nach neueren Untersuchungen erscheint dies eher zweifelhaft). Demgegenüber beeinflussten die streckenweise geradezu periodisch auftretenden Hungerkrisen die Bevölkerungsentwicklung insgesamt offenbar vergleichsweise wenig. Allerdings wirken die Komplexe Infektion und Ernährung vielfältig aufeinander ein. Mangelernährung und Hunger werden bei längerer Dauer von Krankheiten begleitet, in der Folge sinken die Fruchtbarkeit und das Sterbealter. Wenn die Bevölkerung Subsistenzkrisen im Allgemeinen einigermaßen überstand, so lässt sich dies im biologisch-anthropologischen Kontext damit erklären, dass in solchen Notsituationen vor allem kleine Kinder und alte Menschen starben, während Frauen und Männer „in der reproduktiven Phase" eher überlebten. Die Verluste konnten daher durch eine kurzfristige Steigerung der Geburtenzahlen rasch ausglichen werden.

Landesausbau: von inselhaften Siedlungen zu dichten Ortsnetzen

Im Zusammenhang mit der Bevölkerungsentwicklung veränderten sich die Siedlungsverhältnisse im Lauf des Mittelalters. Im Frühmittelalter war Europa insgesamt dünn besiedelt. Neben Gebieten mit größerer Bevölkerungsdichte wie Städten, Küstengebieten und Flusstälern gab es weite, siedlungsfreie Regionen. Bis ins 11. Jahrhundert hinein hat man sich Europa über große Flächen als Urwald vorzustellen. Weite Teile des heutigen Deutschlands waren von dichten, dunklen Wäldern bedeckt, besonders rechts des Rheins. Aber auch Kohlenwald (Nordfrankreich), Ardennen, Eifel bildeten geschlossene Waldgebiete. Selbst in gallischen Gebieten, die zur Römerzeit intensiv bebaut worden waren, wie etwa das Pariser Becken, waren die Wälder wieder vorgedrungen. Innerhalb dieser Wälder waren Siedlungen inselhaft verstreut.

Mit der Zunahme der Bevölkerung mussten neue Siedlungsräume erschlossen werden durch die Erschließung von Mooren, Küsten- und Gebirgsregionen und vor allem durch die Rodung von Wäldern. Rodungen im großen Stil setzten im ausgehenden 11. Jahrhundert ein. Diese mühselige Kultivierung veränderte über zwei Jahrhunderte hinweg die Lebensbedingungen, indem sie das Gesellschaftsgefüge, die Wirtschafts- und Herrschaftsformen verwandelte. Um dazu nur einige Stichworte zu nennen:

Dörfliche Siedlungen wurden ausgebaut und neu gegründet. Die Distanzen verringerten sich, und ein Straßen- und Wegenetz verband jetzt die vormals inselhaften Orte miteinander. Dadurch wurden die Menschen in Dörfern mobiler, was neben neuen Kommunikations- und Handelsmöglichkeiten auch die Chance zur Landflucht einschloss. Die Grundherrschaft veränderte sich: Anstelle von Diensten für den Fronhof leisteten die Bauern nun Abgaben, was voraussetzt, dass sie ihre selbstständig erwirtschafteten Überschüsse auf dem Markt verkauften, um Geld für den Zins zu erhalten. Damit lockerten sich einerseits Bindungen, andererseits entstanden neue Abhängigkeiten. Die Ausweitung der Siedlungsräume ermöglichte Bevölkerungsbewegungen insbesondere in Richtung der östlichen Teile Mitteleuropas und Osteuropas, wohin zahlreiche Menschen aus dichter besiedelten Gegenden West- und Mitteleuropas zogen.

Außerdem ergaben sich Verschiebungen im Rahmen eines intensiven Urbanisierungsprozesses. Bestehende Städte expandierten und eine europaweite Stadtgründungswelle setzte ein, die ihren Höhepunkt in Deutschland im 13. Jahrhundert erreichte. Um 1300 bestand ein so dichtes Städtenetz, dass die Entfernung von Stadt zu Stadt im Allgemeinen nur einen Tagesmarsch ausmachte. Die weitaus meisten Städte waren mit einigen Hundert oder auch ein-, zweitausend Einwohnern recht klein, es gab nur wenige „Großstädte" mit mehreren Zehntausend Einwohnern. Auch im Spätmittelalter lebte der größte Teil der Bevölkerung nach wie vor auf dem Land. Der Bevölkerungseinbruch infolge der Pest machte sich im urbanen Lebensfeld allerdings überproportional bemerkbar, da das Zusammenleben auf engem Raum unter problematischen hygienischen Bedingungen die Ausbreitung von Infektionen beschleunigte.

2. Bevölkerungsstruktur: Altersaufbau und Geschlechterverhältnis

Wer die Altersstruktur und das zahlenmäßige Geschlechterverhältnis (sexratio), zwei wichtige demographische Größen, für die mittelalterliche Bevölkerung ermitteln will, sieht sich selbst bei sorgfältiger raum-zeitlicher Unterscheidung vor methodische Probleme gestellt. Die archäologisch-anthropologischen Befunde anhand von Gräberfeldern erlauben zwar vielfältige, auch nach Alter und Geschlecht differenzierende Aussagen über die Lebensbedingungen der dort bestatteten Menschen einer Region. Solange aber Friedhöfe nicht vollständig ergraben und anthropologisch ausgewertet sind, lässt sich die alters- und geschlechtsmäßige Zusammensetzung der dort repräsentierten lebenden Bevölkerung nicht unmittelbar nachvollziehen. Für Verzerrungen sorgen auch Schwierigkeiten bei der Geschlechtsbestimmung an kindlichen Skeletten sowie regional unterschiedliche und sich im Lauf der Zeit verändernde Bestattungsbräuche, etwa die Sonderbestattung ungetaufter Säuglinge. Die folgenden Ausführungen geben daher Tendenzen wieder.

Die mittelalterliche Bevölkerung lässt sich als „jung" charakterisieren in dem Sinne, dass sie zu einem hohen Anteil aus jüngeren Menschen bestand

Forschungsfragen, Schätzungen, Kontroversen

bei einem kleinen Anteil von alten Menschen. Wie für andere historische Bevölkerungsgruppen kann man annehmen, dass zwischen 45% und 60% der Bevölkerung Kinder und Jugendliche unter 20 Jahren („subadult") waren. Anhaltspunkte dafür, wie viele Menschen 60 Jahre und älter („senilis") wurden, ergeben einzelne Friedhöfe, auf denen diese Altersgruppe mit bis zu 12% vertreten war. Die im Vergleich zu heute niedrige durchschnittliche Lebenserwartung – in der Forschung finden sich immer noch Angaben von etwa 30 bis 35 Jahren – entspricht nicht dem tatsächlichen mittleren Sterbealter, sondern wurde unter Einbezug des großen Kinderanteils an der Gesamtbevölkerung und der hohen Kindersterblichkeit errechnet. Wie irreführend diese Berechnung ist, wird deutlich, wenn man bedenkt, dass nach Schätzungen jedes zweite Kind noch vor Erreichen des 14. Lebensjahres starb.

Während die Lebenserwartung von Neugeborenen wenig mehr als 30 Jahre betrug, konnten Menschen im Alter von 20 Jahren, nachdem die Kindheit überstanden war, damit rechnen, deutlich älter als 30 Jahre zu werden. Dabei entwickelte sich die Sterblichkeit nach Altersstufen und Geschlecht unterschiedlich. Mutmaßlich wurden im Mittelalter ebenso wie heute etwa 105 Jungen auf 100 Mädchen geboren. Ob sich dieser Unterschied damals analog zur heutigen Entwicklung bis ins Alter zwischen vier und sechs Jahren ausglich, lässt sich nicht mit Gewissheit feststellen, es ist aber anzunehmen, wenn man eine höhere Infektanfälligkeit und Unfallgefährdung von Knaben voraussetzt. Unter den Erwachsenen erreichten weniger Frauen als Männer das 40. Lebensjahr, so dass im reifen Alter („maturus", 40 bis 60 Jahre) Männer tendenziell in der Überzahl waren. Frauen jenseits der 40 Jahre wiederum hatten größere Aussichten als Männer, über 60 Jahre alt zu werden, das heißt der vorherige Männerüberschuss glich sich unter den Alten aus, bzw. Frauen waren in dieser Altersgruppe sogar überrepräsentiert.

In der Forschung sind die hier skizzierten Tendenzen im Detail umstritten. Angesichts unterschiedlicher Befunde auf einzelnen Gräberfeldern ist zu berücksichtigen, dass Faktoren wie die Standes- und Schichtenzugehörigkeit, das städtische oder ländliche Umfeld oder die regionale Ökonomie auch die Entwicklung des zahlenmäßigen Geschlechterverhältnisses in den verschiedenen Altersstufen beeinflussten.

a) Mädchen und Jungen: Überlebenschancen und Entwicklungsperspektiven

Die im Vergleich zur erwachsenen Bevölkerung sehr hohe Sterblichkeit von Kindern im Mittelalter wird durch schriftliche Zeugnisse wie durch anthropologisch-archäologische Daten zweifelsfrei belegt. Auch wenn auf vielen Friedhöfen insbesondere des Frühmittelalters Kleinkinder schwächer vertreten sind, als zu erwarten ist, kann man veranschlagen, dass jedes zweite Kind starb. Für das Überleben spielten die Umwelt- und Sozialverhältnisse, vor allem die Bewältigung von Infektionen und Ernährungsproblemen sowie der elterliche Fürsorgeaufwand, eine zentrale Rolle. Während der Kindheits- und Jugendjahre gab es besonders krisenhafte Phasen, erkennbar etwa mit dem Auslaufen der Stillzeit im Alter von ungefähr zwei Jahren, vielleicht auch nach dem siebten Lebensjahr, wenn im Zusammenhang mit dem Eintritt ins Arbeitsleben die Unfallgefahr gestiegen sein mag. Mit dem siebten Lebensjahr war nach mittelalterlichem Verständnis die Kindheit im engeren Sinn abgeschlossen. Im Alter von etwa 10 bis 14 Jahren wiederum waren Kinder bzw. Jugendliche im Vergleich zur Gesamtbevölkerung besonders „gesund": Sie hatten die Kindheitsrisiken überlebt und die Gefahren des Erwachsenenalters noch vor sich. Das juvenile Alter bis etwa 20 Jahre war durch eine im Vergleich zur Kindheit und zum frühen Erwachsenenalter („frühadult", ca. 20 bis 30 Jahre) ausgesprochen niedrige Sterblichkeit gekennzeichnet.

Welche Rolle der Faktor Geschlecht für das Überleben von Kindern spielte, ist eine kontroverse Frage, bei deren Beantwortung die verschiedenen Disziplinen auf Hypothesen angewiesen sind. Die anthropologische Geschlechtsbestimmung anhand der Skelette oder Zähne von Kindern im vorpubertären Alter bzw. im Milchzahnalter ist methodisch schwierig, so dass bis in die jüngste Zeit meistens darauf verzichtet wurde. Eindeutige Aussagen ermöglicht dagegen die archäologische Geschlechtsbestimmung anhand geschlechtsbezogener Grabbeigaben, mit denen Verstorbene auf sogenannten Reihengrabfriedhöfen der Merowingerzeit vom 5. bis zum 8. Jahrhundert bzw. in slawischen Gebieten im 9. und 10. Jahrhundert ausgestattet wurden, bevor dieser Brauch mit der Entstehung kirchlicher Friedhöfe aufgegeben wurde. Da bei Weitem nicht alle Bestatteten Beigaben erhielten, können allerdings auch auf diesem Weg nicht alle Gräber geschlechtsmäßig zugeordnet werden. Für Schlussfolgerungen hinsichtlich einer unterschiedlichen oder gleichen Sterblichkeit von Knaben und Mädchen müssen daher schriftliche Quellen, am besten viele verschiedene Textsorten, ausgewertet werden, wobei ein beträchtlicher Interpretationsspielraum besteht.

Zweifellos war während des ganzen Mittelalters bei Eltern aller sozialen Schichten (das heißt ungeachtet der Unterschiede von Besitz, Prestige und Macht) in der Regel die Geburt eines Sohns und künftigen Erbens willkommener als die einer Tochter.

unterschiedliche Überlebenschancen von Mädchen und Jungen?

Bericht über ein Wunder der heiligen Verena von Zurzach († 344)   Q
Der im frühen 11. Jahrhundert verfasste Bericht lässt erkennen, wie wichtig für adlige Frauen die Geburt eines männlichen Erben war. Die hagiographische Darstellung spiegelt zugleich das kirchliche Wohlwollen gegenüber Gebeten kinderloser Eheleute um Nachwuchs. Das Geschehen wird hier dramatisch so zugespitzt, dass die Leistung der Heiligen in möglichst hellem Licht erstrahlt.
Aus: Adolf Reinle: Die heilige Verena von Zurzach. Legende, Kult, Denkmäler, Basel 1948, Mirakelbuch, Kapitel VI, S. 52f.

Eine vornehme Matrone im Elsass, schon lange mit einem Manne vermählt, war unfruchtbaren Leibes. Sie begann inständig den Namen der heiligen Odilia anzurufen, damit sie durch deren Güte ein Kind erhielte. Ihr Leib vergrößerte sich durch eine Empfängnis, und sie gebar eine Tochter. Sie sah, dass das Kind ein Mädchen war; sie wollte aber einen Knaben haben und hörte nicht auf, die Hilfe der Jungfrau zu erflehen. Von neuem empfangend, gebar sie eine zweite Tochter, die sie sehr verabscheute. Aber sie ließ nicht ab, die heilige Odilia zu bitten. Doch nach der dritten Empfängnis gebar sie eine dritte Tochter. Als sie dies erkannte, fiel sie auf ihr Schmerzenslager und konnte von niemandem getröstet werden. Und da sie nicht erhört worden war, lag sie halbtot am Boden. Es kam aber die heilige Odilia, die sich ihres Elends erbarmte, und tröstete sie mit sanften

> Worten: „Warum tust du so? Was denkst du so unvernünftig? Was du von mir er-
> batest, tat ich, soweit ich konnte. Aber wenn du Söhne haben willst, so bitte die
> heilige und verehrungswürdige Jungfrau Verena. Diese nämlich, nicht ich, hat
> die Gnade, Söhne und Töchter zu schenken." Dies sagend entschwand sie ihren
> Augen. Die genannte Matrone aber nahm ihre Kräfte zusammen, rief die Priester
> jenes Ortes und erfragte von ihnen, wo der Leib der heiligen Verena ruhe. Nach
> ihrem Rate diente sie daraufhin der heiligen Verena alle Tage ihres Lebens. Sie
> begann beständig und ohne Unterlass den Namen der heiligen Jungfrau Verena
> um einen Knaben anzuflehen. Sie empfing und gebar bei der lange erwarteten
> Niederkunft durch ihr Erbarmen Zwillinge, zwei Söhne. Von vielen noch könnten
> wir die Namen nennen, aber es ist nicht notwendig, sie einzeln zu beschreiben.
> Denn noch heute sind ihrer viele, die um die gleiche Gnade bitten.

Aus dieser Haltung heraus könnten Eltern, zumal wenn sie viele Kinder aufzuziehen hatten, Töchter weniger intensiv versorgt haben als Söhne. Vor allem in Notlagen mag sich ein „ungleicher Fürsorgeaufwand" bzw. ein „dif-
ferentielles Elterninvestment", wie es in der Soziobiologie heißt, spürbar zugunsten von Söhnen ausgewirkt haben. Bezeichnenderweise waren unter
den Kindern, die seit dem Frühmittelalter in italienischen Städten in Findel-
einrichtungen gegeben wurden, deutlich mehr Mädchen als Jungen. Für Familien im mittelalterlichen Deutschland wurden bisher keine Unterschiede
ermittelt, was die Pflege, Ernährung und emotionale Zuwendung für Töchter
und Söhne angeht. Hingegen zeigten florentinische Eltern in der Renaissance die Neigung, männliche Säuglinge zu Hause, unter eigener Aufsicht
von teuren Ammen versorgen zu lassen und weibliche Säuglinge zu preis-
werteren Ammen aufs Land zu schicken. Ungleichen Fürsorgeaufwand seitens der Eltern erfuhren (und erfahren) Kinder allerdings auch entsprechend
der Rangfolge ihrer Geburt, als ältere oder jüngere Geschwister.

Mädchentötung im Frühmittelalter verbreitet? Wenngleich sich wenig Anhaltspunkte dafür finden, dass wegen der offenkundigen Bevorzugung von Knaben- gegenüber Mädchengeburten Eltern
ihre Töchter vernachlässigten und damit deren Überlebenschancen schmä-
lerten, wurde in den 1970er- und 1980er-Jahren in geschichtswissenschaftlichen wie in archäologisch-anthropologischen Publikationen die These verfochten, im Frühmittelalter seien gezielt und regelmäßig Mädchen getötet
worden. Mit der Tötung von Neugeborenen, vor allem von neugeborenen
Mädchen, und deren Beseitigung außerhalb von Friedhöfen sollte aus Sicht
einiger Forscher das als „Kleinkinderdefizit" bezeichnete Phänomen erklärt
werden, dass auf vielen frühmittelalterlichen Friedhöfen deutlich weniger
bestattete Kinder gefunden wurden, als ihr großer Anteil an der Bevölkerung
und die hohe Kindersterblichkeit erwarten lassen. Inzwischen wurde demgegenüber plausibel argumentiert, die Untervertretung von Säuglingen und
Kleinkindern sei vor allem darin begründet, dass diese vor dem Hintergrund
zeitgenössischer religiöser und magischer Vorstellungen gesondert, das
heißt abseitig oder außerhalb des Friedhofs, bestattet wurden.

Auch der vermeintliche Männerüberschuss in der lebenden Bevölkerung,
der sich auf einzelnen Gräberfeldern sowie in Polyptycha der Karolingerzeit
abzuzeichnen scheint (vgl. S. 17), wurde auf Mädchentötungen zurückge-
führt. Polyptycha sind Güterverzeichnisse von klösterlichen und adligen
Grundherrschaften, die den Landbesitz, die zu erwartenden Einnahmen und
die dort lebenden und arbeitenden abhängigen Personen – Haushaltsvor-

stände von Höfen bzw. Herdstellen, deren Ehefrauen, Kinder, Knechte und Mägde – aufführen. Aus der Überzahl von Männern und Jungen gegenüber Frauen und Mädchen, die am Polyptychon von St. Germain-de-Prés errechnet wurde, ergab sich die Schlussfolgerung, dass neugeborene Mädchen getötet oder ausgesetzt wurden, um je nach der Größe der Höfe und der Bewohnerzahl die Anzahl der dort lebenden Frauen zu regulieren. Die Mädchen hätten den Bauern als eine Belastung ihrer hart erarbeiteten Lebensgrundlage gegolten. Ihr zukünftiger Arbeitsbeitrag sei als gering eingeschätzt worden, und man habe die Mitgift sparen wollen. In weiteren Untersuchungen von Polyptycha zeigte sich demgegenüber, dass die ungenaue Art der Personenerfassung in diesen Aufzeichnungen (Männer wurden gelegentlich doppelt, Mädchen als Jungen verzeichnet usw.) demographische Schlüsse erschwert, dass ein allgemein verbreiteter Männerüberschuss in Grundherrschaften auf dieser Basis nicht angenommen werden kann und dass lokal bestehende Ungleichgewichte auf den Höfen mit der höheren Mobilität von Frauen erklärt werden können. Letztlich fehlen somit sämtliche Indizien für eine verbreitete Praxis der Mädchentötung im Frühmittelalter.

Selbst aus der Übergabe von Mädchen an Findelinstitutionen spricht eher der Wille, sie versorgt zu wissen, als mangelndes Interesse. Eine grundsätzliche rechtlich-soziale Geringschätzung oder Missachtung von Mädchen, wie sie aus Gesellschaften bekannt ist, die gezielt die weiblichen Nachkommen dezimieren, scheint es nicht gegeben zu haben. Gleichwohl nahmen Mädchen aufgrund ihres Alters und Geschlechts in der frühmittelalterlichen Gesellschaft, für die nicht Gleichheit, sondern Ungleichheit ein Grundprinzip war, einen nachgeordneten Rang ein. In den frühmittelalterlichen Stammesrechten (Leges) wird bei der Wertschätzung von Frauen unter anderem nach Lebensabschnitten differenziert in Verbindung mit dem Kriterium der Gebärfähigkeit. Ein freies, noch nicht gebärfähiges junges Mädchen (*puella ingenua, antequam infantes habere possit*) hat daher nach dem Pactus legis Salicae ebenso wie eine ältere, nicht mehr gebärfähige Frau „nur" das gleiche Grundwergeld wie ein freier Mann, das heißt ihre Tötung soll mit 200 *solidi* gebüßt werden. Bei der Tötung einer freien Frau im gebärfähigen Alter wird dagegen das dreifache Wergeld in Höhe von 600 *solidi* fällig.

Fraglos kamen Kindestötungen während des ganzen Mittelalters vor, aber wohl nicht im Sinne einer verbreiteten Maßnahme der Familienplanung, sondern vielmehr als Ultima Ratio in schwierigen Lebenslagen. Vereinzelten Nachrichten über die Tötung missgebildeter Kinder stehen weitaus mehr Belege dafür gegenüber, dass körperlich beeinträchtigte, pflegebedürftige Töchter und Söhne innerhalb der Familie aufgezogen oder Klöstern und Stiften überantwortet wurden. Motive dafür, unehelich geborene Kinder heimlich zu beseitigen, entstanden erst im Spätmittelalter, als sich, vor allem im zünftig verfassten städtischen Handwerk, die Auffassung von Illegitimität als gesellschaftlichem Makel verstärkte. Die zunehmende Zahl von Kleinkindern auf hochmittelalterlichen Friedhöfen ist eher mit religiös bedingten Veränderungen des Bestattungsbrauchtums zu erklären als damit, dass Kinder jetzt höher geschätzt und seltener getötet worden seien. Zwar wandelten sich durchaus gesellschaftliche Einstellungen und rechtliche Normen. Während das germanische Recht unter bestimmten Umständen die Tötung neugeborener Kinder erlaubt hatte und in frühmittelalterlichen

mittelalterliche Haltungen gegenüber Kindern und Kindestötungen weltlichen Rechtsvorschriften die Tötung des eigenen Kindes kaum vorkam – allein das im 9. Jahrhundert aufgezeichnete friesische Recht gestattete der Mutter die bußlose Tötung unmittelbar nach der Geburt –, wurde im Zuge der Verchristlichung der Gesellschaft die Handlung als Delikt aufgefasst und kriminalisiert. Aus wiederholten kirchlichen, vom späten Mittelalter an auch aus weltlichen Verboten und Strafandrohungen kann jedoch nicht ohne Weiteres auf die Verhaltensweisen, die mit wachsender Intensität reglementiert und kontrolliert werden sollten, geschlossen werden. Besonders problematisch erscheint in diesem Zusammenhang die in kirchlichen normativen Texten wie Bußbüchern oder Konzilsbeschlüssen wiederholte Unterstellung, dass Mütter bzw. Eltern ihre Säuglinge im Schlaf absichtlich oder fahrlässig durch Erdrücken erstickten (*oppressio infantium*). Die dafür vorgesehenen Bußen (Fasten bei Wasser und Brot) richteten sich danach, warum das Kind von der Mutter bzw. den Eltern ins Bett mitgenommen worden war (zum Warmhalten und zum Schutz gegen Tiere oder aus Bequemlichkeit beim Stillen?), ob die Eltern sich achtlos und grob verhielten, betrunken waren usw. Abgesehen davon, dass die meisten Eltern gar keine andere Wahl hatten, als die Schlafstätte mit den Kindern zu teilen, hat die Bettgemeinschaft von Mutter und Kind nach heutigen medizinischen Erkenntnissen gewisse Vorteile für beide, weil damit ein eher leichter Schlaf verbunden ist. Es ist daher schwer vorstellbar, dass dabei Kinder durch Unfälle zu Tode kamen. Der Umstand, dass die Kindeserdrückung in weltlichen Rechtstexten nicht erwähnt wird, verstärkt die Zweifel, ob solche Vorfälle in der Grauzone von Tötung und Unfall tatsächlich wie behauptet in der Lebenswirklichkeit öfter geschahen.

Unfallgefährdung von Jungen und Mädchen

Fast allgegenwärtige Gefährdungen stellten für Kinder dagegen Unfälle im Haus und auf der Straße, beim Spiel und bei der Arbeit dar. Auch wenn die Überlieferung keine Unfallstatistiken zulässt, deutet sie darauf hin, dass von einem bestimmten Alter an Jungen größeren Risiken, verletzt zu werden oder umzukommen, ausgesetzt waren als Mädchen. In den ersten Lebensjahren wurden Töchter und Söhne gemeinsam im Umfeld von Müttern, Ammen und weiblichen Haushaltsmitgliedern aufgezogen. Soweit in diesem Alter ihre Spiele, Aufenthaltsorte und ihr Bewegungsradius übereinstimmten, drohte ihnen in ähnlichem Maß die Gefahr von Stürzen, Verbrennungen oder Ertrinken. Nach dem Kleinkindalter setzte eine deutlicher geschlechtsspezifisch orientierte Sozialisationsphase ein, in der Kinder stärker auf eine weibliche bzw. männliche Geschlechtsidentität, die entsprechenden Rollen und künftigen Arbeitätigkeiten hin geprägt wurden. Sowohl bei ihren Spielen als auch beim Erziehungs- und Ausbildungsprogramm bzw. bei ihrer Integration ins Arbeitsleben wurden Mädchen jetzt stärker ans Haus gebunden als Jungen. Je nach Herkunft und Lebensort (Stadt, Land, Adelshof) verrichteten sie vielfältige Tätigkeiten im Haus und seiner Umgebung, vor allem bei der Textilherstellung, der Kleintierhaltung, der Beaufsichtigung kleinerer Kinder. Sie besuchten, wenn überhaupt, nur wenige Jahre die Schule für eine Elementarausbildung und blieben auch während der Absolvierung einer Lehre meistens in ihrer Heimatstadt. Jungen waren demgegenüber insgesamt mobiler: bei ihren nach draußen gerichteten Bewegungs- und Waffenspielen sowie beim sportlich-militärischem Training, beim Viehhüten und in der Waldwirtschaft, beim Unterwegssein in der

Fremde als Schüler, Student, Lehrling, Geselle, Knappe, auf Kavalierstour von Hof zu Hof oder, in begleitender oder kämpfender Funktion, bei Kriegszügen. Mit diesen weiter ausgreifenden, zum Teil gefährlichen Aktivitäten verband sich ein höheres Unfallpotential.

Allerdings sollte beim Abwägen von geschlechtsspezifischen Gefährdungen im Zuge der Sozialisation berücksichtigt werden, dass der Werdegang von Kindern desselben Milieus viele Übereinstimmungen aufwies: Bäuerliche Mädchen und Jungen arbeiteten auf dem Feld, hüteten Tiere und verrichteten körperlich schwere Tätigkeiten, adlige Töchter erlernten ebenso selbstverständlich das Reiten und Jagen wie ihre Brüder, Söhne wie Töchter aus verschiedenen sozialen Schichten wurden von den Eltern, zumal bei hoher Kinderzahl, in den Haushalt von Verwandten gegeben, die sie erzogen, ausbildeten und als Arbeitskräfte einsetzten. Auch könnte die Überzahl an dokumentierten Unglücksfällen von Knaben mit dem Ungleichgewicht der Quellen zusammenhängen. Autobiographische Erinnerungen an eigene Kindheitserlebnisse, wie die von Johannes Butzbach (1477–1516), Thomas Platter (1499–1582), Girolamo Cardano (1501–1576) oder Hermann Weinsberg (1518–1597) lebendig geschilderten Unfälle, Strapazen, Misshandlungen und sonstigen Leiden, stammen fast ausschließlich von männlichen Verfassern. Weitere ergiebige Quellen wie die zahlreich überlieferten Wunderberichte, die tendentiell mehr Heilungen verunglückter oder kranker Jungen als von Mädchen verzeichnen, spiegeln nach Ansicht mancher Historiker vor allem die unterschiedliche gesellschaftliche Wertschätzung der Geschlechter und sind daher statistisch mit Vorsicht zu betrachten. Immerhin bestätigen Gerichtsprotokolle aus England den Eindruck aus Wunderberichten, dass sich im spätmittelalterlichen ländlichen Leben vor allem Unfälle von Knaben häuften. Gewiss waren männliche Jugendliche häufiger als weibliche in gewalttätige Auseinandersetzungen verstrickt, als Täter wie als Opfer. Damit sind hier nicht körperliche Züchtigungen seitens der Eltern und Lehrer gemeint, deren Härte sowohl unter Erziehungstheoretikern wie zwischen Eltern und Lehrern umstritten war. Mögen solche Schläge Mädchen und Jungen im Kindesalter noch unterschiedslos getroffen haben – auch wenn fast alle überlieferten Anekdoten von geprügelten Knaben handeln –, so war Gewalt im weiteren männlichen Sozialisationsgang geradezu als fester Bestandteil verankert. Bei den Gespannen älterer und jüngerer Schüler, die gemeinsam auf Wanderschaft zum Besuch von Schulen und Universitäten gingen, wurden die jüngeren von den älteren ausgebeutet und misshandelt. Für Studienanfänger war ein brutaler Initiationsritus unter Kommilitonen vorgesehen, über dessen tatsächliche Durchführung wenig bekannt ist. Während des Studiums scheinen trotz aller Verbote Schlägereien, bewaffnete Übergriffe und Alkohol befeuerte Exzesse an der Tagesordnung gewesen zu sein. Lehrlinge und Gesellen durften vom Meister mit Schlägen gezüchtigt werden, solange ein gewisses Maß gewahrt blieb – ein Meisterrecht, das Konflikte zusätzlich schürte. Zusammenschlüsse von Jugendlichen im Handwerk randalierten und gingen gewalttätig gegen Außenstehende und andere Gruppen wie etwa Studenten vor. In den Oberschichten schließlich stand bei der Aneignung des adlig-männlichen Habitus die physische und mentale Gewaltfähigkeit geradezu im Zentrum.

Den Gefährdungen von Jungen im Kindes- und Jugendalter stand auf der Seite junger Mädchen das Risiko früher Schwangerschaften gegenüber. Schwangerschaften während der Adoleszenz gelten in der heutigen medizinischen Diskussion als hohe Belastung für den sich noch entwickelnden weiblichen Organismus und als komplikationsträchtig. Mangels anthropologischer Daten lässt sich für die breite Bevölkerung schwer abschätzen, ab welchem Alter Mädchen konzeptionsfähig waren, ob viele Heranwachsende schwanger wurden und ob viele von ihnen während der Schwangerschaft oder im Kindbett verstarben. Das durchschnittliche Alter von Mädchen bei ihrer ersten Heirat könnte Anhaltspunkte liefern für den Beginn zumindest des innerehelichen „kindens" – das Austragen, Gebären und Aufziehen von Kindern –, doch es ist für den größten Teil der Bevölkerung nicht zu ermitteln. Sicher waren die meisten Bräute bis ins Spätmittelalter deutlich unter 20 Jahren. Spricht aus dem frühmittelalterlichen weltlichen Recht die Annahme einer Gebärfähigkeit ab etwa zwölf Jahren, so schrieb auch das Kirchenrecht ein Mindestalter von zwölf Jahren für Mädchen bei der Heirat vor (gegenüber 14 Jahren für Knaben), und nach dem weltlichen Recht wurden vielerorts Mädchen mit zwölf Jahren mündig, damit aber nicht notwendig sogleich auch ehemündig.

Kulturell und biologisch bedingt dürften einige Unterschiede zwischen jungen Mädchen verschiedener sozialer Schichten geherrscht haben, was Schwangerschaften und Heiraten anging. So wird der Eintritt der Menarche durch hohe körperliche Belastung verzögert, und auch die Ernährung beeinflusst den Hormonstatus. Mädchen aus privilegierten Kreisen waren daher körperlich eventuell eher „reif" für eine Empfängnis. Aufgrund ihrer allgemeinen Lebensumstände waren sie wohl auch den Belastungen einer Schwangerschaft eher gewachsen. Die für den spätmittelalterlichen Hochadel günstige Quellenlage erlaubt es, Tendenzen des generativen Verhaltens in dieser Gruppe zu skizzieren. Adlige Eltern waren bestrebt, ihre Kinder so früh wie möglich zu verheiraten, um die mit der Heirat verbundenen politischen Allianzen zu sichern. Sie orientierten sich daher am kirchenrechtlichen Mindestalter von zwölf Jahren für heiratende Mädchen. Zugleich wollten sie ihre Töchter vor Schwangerschaften und Geburten in diesem Alter schützen. Mit 14 Jahren hingegen erschienen ihnen die Mädchen offenbar weit genug entwickelt, eine Schwangerschaft zu wagen. Deshalb fand entweder die Hochzeit samt dem Beilager erst in diesem Alter statt, oder aber es wurde zunächst nur die Trauung durchgeführt, während sexueller Verkehr bis zum Erreichen des 14. Lebensjahrs unterbleiben sollte. Tatsächlich gebaren auffällig viele königliche und adlige Frauen ihr erstes Kind mit etwa 14 Jahren.

Gegen Ende des Mittelalters stieg nicht nur im Adel, sondern generell das Heiratsalter von Frauen und Männern deutlich an. Forschungsthesen zufolge sollte mit einem höheren Heiratsalter von Frauen ein Rückgang der Kinderzahlen angestrebt werden; zugleich sei daran eine zunehmende Ablehnung früher Schwangerschaften durch den Adel abzulesen. Während dies angesichts der nachweislichen Vielzahl „junger Mütter" im Adel überzeugt, muss offenbleiben, inwieweit Erkenntnisse zum Adel auf andere Bevölkerungsgruppen übertragbar sind. Beim gegenwärtigen Forschungsstand deuten die meisten errechneten Sterblichkeitskurven eher darauf hin, dass junge Frauen zwischen 15 und 20 Jahren die riskantesten Jahre noch vor sich hatten.

b) Lebenserwartung und Sterblichkeit von Frauen und Männern

Anders als Neugeborene konnten Menschen im Alter von 20 Jahren damit rechnen, deutlich älter als 30 Jahre zu werden. Eine mittlere Lebenserwartung für die gesamte erwachsene Bevölkerung in Zahlen anzugeben, ist problematisch wegen der großen Abweichungen in verschiedenen Zeitabschnitten, Regionen und Lebenskreisen. Die städtische Lebensweise etwa bedeutete in hygienischer Hinsicht eine Verschlechterung, in puncto Ernährungsvielfalt eine Verbesserung der Lebensbedingungen gegenüber dem Landleben. Adlige Männer hatten dank ihrer besseren Konstitution (Körpergröße, Ernährung, Training) die Aussicht auf eine längere Lebensspanne als sich bei der Arbeit verschleißende Männer der unteren Schichten; in Klöstern mit gesicherter Versorgung lebende Frauen und Männer erreichten eher ein sehr hohes Alter von 80 und mehr Jahren als Laien in der Welt. Die Demographien einzeln ausgewerteter Gräberfelder weichen stark voneinander ab, Bevölkerungsvergleiche fehlen noch weitgehend.

Umstritten ist auch, ob bzw. in welchem Maß es Sterblichkeitsunterschiede der Geschlechter gab. Auf den meisten Gräberfeldern zeichnet sich ab, dass Männer im Durchschnitt mehrere Jahre älter wurden als Frauen. Exemplarisch lässt sich das an einem hoch- und einem spätmittelalterlichen Friedhof bei der Stadtkirche St. Johann in Schaffhausen ablesen. Hier konnte ein 20-jähriger Mann damit rechnen, knapp 58 Jahre alt zu werden, während eine 20-jährige Frau erwarten konnte, knapp 50 Jahre alt zu werden. Das Schaffhausener Beispiel führt, neben einem beträchtlichen Sterblichkeitsunterschied, vor Augen, dass die hier bestatteten Stadtbewohner beiderlei Geschlechts – Angehörige der Oberschicht? – eine recht hohe Lebenserwartung hatten, gemessen an gängigen Vorstellungen von der Kurzlebigkeit mittelalterlicher Menschen. Es ist jedoch noch einmal zu betonen, dass andere Gräberfelder abweichende Sterblichkeitsverhältnisse anzeigen.

Die geringere Lebenserwartung von Frauen gegenüber Männern resultierte daraus, dass bis zum Alter von ungefähr 40 Jahren proportional mehr Frauen als Männer starben. Im Alter zwischen 20 und 30 Jahren („frühadult"), einer für beide Geschlechter riskanten Lebensphase, war die „Übersterblichkeit jüngerer Frauen" besonders ausgeprägt. Ab etwa 40 Jahren kehrte sich der Trend um. Jetzt gab es einen Anstieg der Sterblichkeit bei den Männern zwischen 40 und 50 Jahren („frühmatur") hin zu einem sogenannten zweiten Sterbegipfel, während die Frauensterblichkeit in der Altersgruppe der 40- bis 60-Jährigen kontinuierlich abnahm. Ab 50 Jahren sank dann auch die Männersterblichkeit, bis sie im Alter von etwa 60 Jahren der Frauensterblichkeit ungefähr entsprach.

Die Lebenserwartung von Frauen und Männern variierte also je nach der Altersstufe. Bei den Frauen deuten das „Sterbemaximum" im Alter zwischen 20 und 30 Jahren sowie der deutliche Rückgang der Sterblichkeit in dem Alter, in dem möglicherweise die „reproduktive Phase" ausklang, darauf hin, dass ihre Überlebenschancen als jüngere Erwachsene vor allem davon abhingen, wie sie Schwangerschaften und Geburten bewältigten. Hinsicht-

Sterblichkeitsunterschiede der Geschlechter je nach Altersstufe

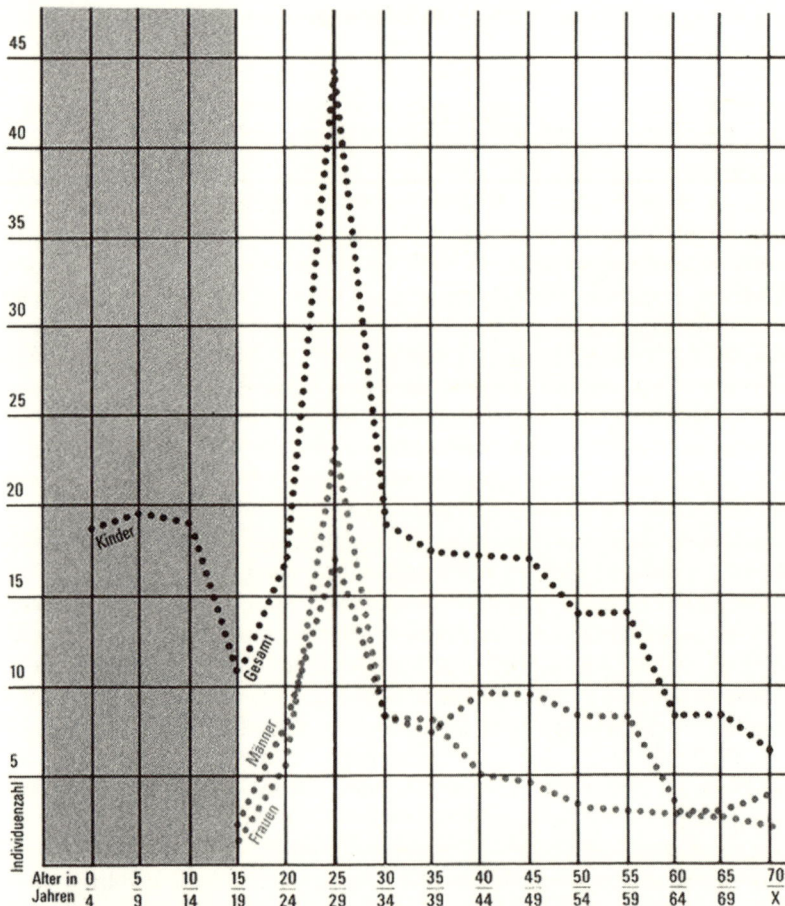

Abb. 2: Altersverteilung der auf dem Spitalfriedhof in Heidelberg bestatteten und anthropologisch untersuchten Individuen (249 Personen). Ab einem Alter von etwa 15 bis 19 Jahren konnte das Geschlecht ermittelt werden. Obwohl die Belegung eines Spitalfriedhofs keinen repräsentativen Bevölkerungsquerschnitt spiegelt, zeigt die hier errechnete Kurve große Übereinstimmungen mit Kurven anderer Gräberfelder.
Aus: Joachim Wahl: Der Heidelberger Spitalfriedhof, in: Stadtluft, Hirsebrei und Bettelmönch. Die Stadt um 1300, S. 479–82, hier S. 481.

lich der hohen Sterblichkeit jüngerer Männer zwischen 20 und 30 Jahren und reiferer Männer zwischen 40 und 50 Jahren kann man mutmaßen, dass sich bei der ersten Gruppe überdurchschnittliche Arbeitsbelastung, Unfälle sowie Gewalthändel, bei der zweiten Gruppe degenerative Erkrankungen infolge starker körperlicher Beanspruchung und generelle Erschöpfung auswirkten. Infolge der unterschiedlichen Sterblichkeitsentwicklung im Lebenslauf war das zahlenmäßige Geschlechterverhältnis in den einzelnen Altersgruppen verschieden. Wie erwähnt, führte die hohe Sterblichkeit von Frauen zwischen 20 und 40 Jahren zu einem Männerüberschuss in der Altersgruppe der 40- bis 60-Jährigen.

In der Forschung wurde lange und intensiv erörtert, ob, über die mäßigen Verschiebungen der Geschlechterrelation innerhalb der Alterspyramide hinaus, ein deutlicher Männerüberschuss in der ländlichen Bevölkerung des Frühmittelalters und ein ausgeprägter Frauenüberschuss in spätmittelalterlichen Städten bestanden und welche bevölkerungsbiologischen, ökonomischen und soziokulturellen Faktoren für eine solche Unausgewogenheit verantwortlich gewesen sein könnten. Während sich der anhand von Polyptycha errechnete generelle Männerüberschuss auf frühmittelalterlichen Domänen verflüchtigt hat (und somit der These vom verbreiteten Mädcheninfantizid weitgehend der Boden entzogen wurde), diskutiert die Grundherrschaftsforschung weiterhin unter anderem die Unterschiede zwischen abhängigen bäuerlichen Wirtschaftsbetrieben (tendenziell mehr Männer) und Herrenhöfen (tendenziell mehr Frauen).

„Männerüberschuss", „Frauenüberschuss"

Beim Vergleich vorkirchlicher und kirchlicher, älterer und jüngerer, kleinerer und größerer Gräberfelder bis zum 11. Jahrhundert ergibt sich kein einheitliches Bild. Unausgeglichene Relationen mit einem Mehr an Männern oder auch an Frauen finden sich ebenso wie ein tendenziell ausgeglichenes Geschlechterverhältnis. Insgesamt sind Männer unter den Bestatteten leicht überrepräsentiert. Daraus kann man vorsichtig auf ein Überwiegen von Männern in der lebenden Bevölkerung schließen – vorausgesetzt, dass nicht durch Bestattungsbräuche oder die unvollständige Ergrabung bzw. anthropologische Bestimmung von Gräberfeldern die Proportionen verschoben worden sind. Flächendeckende Ergebnisse liefern Grabungen selbstverständlich ebenso wenig wie die auf den fränkischen Raum zwischen Seine und Rhein konzentrierten Grundherrschaftsstudien.

Die ältere These eines allgemein erheblichen Frauenüberschusses in spätmittelalterlichen deutschen Städten wurde seit den 1980er-Jahren dahin gehend modifiziert, dass es durchaus auch Städte mit Männerüberschuss gab, dass das Geschlechterverhältnis sich in verschiedenen, durch Einwohnerzahl, Wirtschaftsstruktur, Berufspektrum usw. bestimmten Stadttypen unterschied und dass es sich in Abhängigkeit von der Konjunktur und der weiteren Stadtentwicklung veränderte.

Entscheidend für die Entwicklung des Geschlechterverhältnisses in einer Siedlung war in erster Linie der Zuzug von Frauen und Männern von außen. Für die Bevölkerung von Neugründungen mit starker Zuwanderung in der frühen Aufbau- und Wachstumsphase dürfte charakteristisch gewesen sein, dass Männer zahlenmäßig überwogen und dass es nur wenige alte Menschen gab („Gründereffekt"). Im weiteren Verlauf hing der Zustrom von Frauen und Männern wesentlich davon ab, welche Arbeitsmöglichkeiten ihnen offenstanden. Eine hohe Mobilität von arbeitenden Männern, die als Lehrlinge, Gesellen, Tagelöhner, Knechte, Kaufleute unterwegs waren, galt in der Forschung stets als verbürgt. Über die Migration von Frauen war lange wenig mehr bekannt, als dass diese zahlreich in die Städte zogen, um dort als Dienstboten ihr Auskommen zu finden. Eine starke Nachfrage nach weiblichen Arbeitskräften, die durch deren durchgehend geringere Bezahlung und einen Mangel an männlichen Arbeitskräften in Krisen- und Kriegszeiten gestützt wurde, kann zwar für einige Tätigkeitsfelder nachgewiesen werden; dies allein wird aber nicht einen beträchtlichen Frauenüberschuss verursacht haben.

Geschlechterverhältnis und Migration

Weitere Aufschlüsse versprechen gender-orientierte Forschungen zur Migration und ihrer ökonomischen und sozialen Bedeutung. Mittlerweile wird genauer untersucht, wieweit das Migrationsverhalten von Frauen und Männern geschlechtsspezifisch und lebenszyklisch geprägt war. Unterschieden sich Frauen und Männer hinsichtlich ihrer Motive und Ziele, knüpften zum Beispiel Frauen eher als Männer an die Einwanderung die Hoffnung auf eine Heirat? Bevorzugten Frauen bestimmte Orte wie etwa größere Städte mit einer differenzierten Wirtschaftsstruktur, in denen sie besonders große Handlungsspielräume hatten? Waren Männer vorrangig in jüngeren Jahren unterwegs und ließen sich dann nieder, während Frauen auch in späteren Lebensphasen, etwa als Witwe oder als geflüchtete Ehefrau, migrierten? Zogen viele (Ehe-)Paare gemeinsam als „Arbeitspaar" von Stadt zu Stadt? Hatten Männer einen weiträumigeren Bewegungsradius als Frauen? Gegenwärtig bleiben viele Überlegungen noch hypothetisch und bedürfen, gerade in Anbetracht der offenkundigen Bedeutung der Migration für das Geschlechterverhältnis, empirischer Überprüfung.

Die zunehmende Skepsis gegenüber der Aussagekraft von Bevölkerungsstatistiken für das Mittelalter und die Entwicklung neuer Fragestellungen haben dazu geführt, dass das Thema eines generellen Überschusses von Frauen oder Männern in den Hintergrund getreten ist. Das Interesse richtet sich mittlerweile stärker darauf, wie Frauen und Männer an verschiedenen Beziehungsnetzen, sozialen Gruppen und „Räumen" teilhatten und darin agierten. Ihre zahlenmäßige Präsenz ist dabei nur ein Faktor neben anderen.

c) Lebensbewältigung im Alter

Im Zusammenhang mit der altersstufen- und geschlechtsbezogenen Sterblichkeit wurde bereits festgestellt, dass unter den alten Menschen jenseits der 60 Jahre ein ausgewogeneres Geschlechterverhältnis bestand als in der Altersgruppe der 40- bis 60-Jährigen. Frauen und Männer hatten im Alter von 60 Jahren gute Aussichten, noch deutlich älter zu werden. Neben Kindern waren allerdings auch Alte in Versorgungs- und Seuchenkrisen besonders gefährdet. Die Pestzüge nach der Mitte des 14. Jahrhunderts wiederum überstanden alte Menschen besser als die Jüngeren und Jüngsten, die noch keinen Immunschutz ausgebildet hatten. Für England jedenfalls wurde nach 1350 eine starke Zunahme des Anteils alter Menschen an der Bevölkerung konstatiert, ebenso ein deutlicher Anstieg der Lebenserwartung dieser Alten. Für Annahmen, dass sich generell die Lebenserwartung im Lauf des Mittelalters erhöhte, fehlen konkrete Anhaltspunkte.

Was heißt „alt" im Mittelalter?

Wer im Mittelalter nach eigener oder fremder Einschätzung „alt" war, das ist nicht genau in Lebensjahre zu fassen. Weder moderne Klassifizierungen noch mittelalterliche Einteilungen der einzelnen „Lebensalter" stimmen ohne Weiteres mit den überlieferten Selbst- und Fremdwahrnehmungen überein. Altern und Alter waren eher ein fließender Prozess als eine durch klare Zäsuren abgesteckte Etappe. Insgesamt galten anscheinend Frauen im Vergleich zu Männern früher als alt. Möglicherweise wurde die Menopause als Übergang zum Altern begriffen. Während für Männer das Nachlassen der körperlichen Funktions- und Arbeitsfähigkeit ein zentrales Kriterium für den Beginn des Alters war, lässt sich bei den Frauen kein ähnlich entscheidendes Merkmal erkennen. Wegen des großen Übergewichts an von Männern verfassten Selbstzeugnissen ist überhaupt vergleichsweise wenig über den Alterungsprozess aus weiblicher Perspektive zu erfahren.

Zwar erscheint das Greisenalter in literarischen Texten und Alterskommentaren häufig als eine Phase des Verfalls, aber es wurde keineswegs grundsätzlich mit Siechtum und Gebrechlichkeit assoziiert. Vielmehr hängt es von den verschiedenen Textsorten ab, welche Facetten des Alters dominieren. Wer die Aufnahme in ein Spital beantragte, unterstrich seinem Anliegen entsprechend seine Hinfälligkeit und Hilfebedürftigkeit, während Briefe und autobiographische Aufzeichnungen auch andere, positivere Erfahrungen mitteilen, bis hin zur Freude an der eigenen Vitalität.

Für Frauen und Männer aller sozialen Schichten entschied die Absicherung der Lebensgrundlagen – Ernährung, Wohnung, Pflege – darüber, wie sich ihr Alter gestaltete. Einen Ruhestand im modernen Sinn genossen die meisten Menschen nicht, von einigen adligen „Pensionären" und „Pensionärinnen" abgesehen, die ihre Herrschaftsrechte gegen die Sicherung eines komfortablen Lebensstils eintauschten. Ein Rückzug aufs Altenteil war in ländlichen wie in städtischen Verhältnissen möglich, wurde aber, jedenfalls in den Städten, nicht als allgemeine Einrichtung praktiziert. Bei diesem Altenteil bzw. Ausgedinge gab es verschiedene Formen von selbstständiger Haushaltsführung oder Einbindung in den Haushalt der nachrückenden Generation, des separaten Wohnens in eigenen Gebäuden bzw. Räumen oder der gemeinsamen Raumnutzung.

> Auskommen und Teilhabe im Alter

Wichtig erschien vor allem, auch in fortgeschrittenen Jahren so lange wie möglich am Arbeits- und Familienleben beteiligt zu bleiben. Die meisten männlichen Familienvorstände waren bestrebt, bis zu ihrem Tod die Kontrolle über den Haushalt und den Familienbesitz zu behaupten. Vor allem aus adligen Familien ist bekannt, dass diese Weigerung der Väter abzutreten zu heftigen Konflikten mit den auf Selbstständigkeit drängenden Söhnen führte. Verwitwete ältere Frauen zogen häufig zu ihren erwachsenen Kindern, abgesehen von Witwen im Hochadel, denen ein eigener Wohnsitz außerhalb der Familienresidenz zugewiesen wurde. Die Einbindung in familiale und andere Beziehungsnetze schützte alte Menschen davor, aus ihrer gesellschaftlichen Position verdrängt zu werden oder gar Entbehrung zu leiden.

In einer Vielzahl aus dem Spätmittelalter überlieferter Versorgungsverträge kamen alternde Frauen und Männer mit Familienangehörigen, Verwandten, Nachbarinnen und Nachbarn überein, dass sie im Austausch gegen ihren Besitz von ihnen eine Unterkunft, Nahrung, Kleidung und Pflege erhalten sollten. Die schriftlichen Vereinbarungen legten oft bis ins Detail die Qualität und Quantität der für die Alten zu erbringenden Leistungen fest, bis hin zur Heizung und Instandhaltung ihrer Wohnräume, zur Güte ihrer Speisen und Getränke, zum Baderecht usw. Diese Genauigkeit sollte späteren Auseinandersetzungen vorbeugen und gewährleisten, dass die Ressourcen tatsächlich im vereinbarten Umfang bereitgestellt wurden. Vergleichbare Verträge über den Erwerb von Versorgungsleistungen durch die Übertragung von Vermögenswerten wurden bereits im Frühmittelalter auch mit Klöstern sowie im Spätmittelalter mit Spitälern abgeschlossen.

19

Q

Formular für eine Besitzübertragung

Formular (Mustertext) für eine Urkunde über eine Besitzübertragung und die Aufnahme als Wohngast in einem Kloster (aus der von Notker Balbulus am Ende des 9. Jahrhunderts im Kloster St. Gallen zusammengestellten Formelsammlung).
Aus: Collectio Sangallensis Salomonis III. tempore conscripta, hg. von Karl Zeumer, MGH, Formulae Merowingici et Karolini Aevi, LL in quarto, sect. 5, Hannover 1886, S. 390–432, Nr. 15. Übersetzung von Gesine Jordan: „Nichts als Nahrung und Kleidung", S. 14. Jordan hebt die religiösen Motive dieser Altersvorsorge hervor, die „ein Modell moderater Konversion am Lebensabend" gewesen sei.

Ich, N(ame), in Erwartung meines Alters und dessen, was gewöhnlich diesem folgt, des Elends nämlich, übertrage jenem Kloster, oder einem beliebigen mächtigen Mann, was ich bekanntermaßen an Besitz oder rechtmäßigem Erbe oder käuflich Erworbenem habe; und zwar in der Weise, dass derselbe Mann oder Bischof oder die Leiter desselben Klosters sofort und von jetzt an dieselben Dinge für sich empfangen und dass sie zugleich auch mich in ihre Sorge und Versorgung aufnehmen und bis zum Tage meines Todes niemals zögern, mir jedes Jahr 2 Leinenkleider und eben so viele wollene (Kleider) und ausreichende Versorgung in Brot und Bier und Gemüse und Milch, an den Festtagen jedoch in Fleisch zu gewähren. Jedes 3. Jahr sollen sie mir einen Mantel geben sowie Handschuhe, Schuhe, Schenkelbinden, Seife und Badewasser, wie es vor allem für Kranke sehr notwendig ist, und Stroh. Damit ich das Nötige habe, sollen sie mir das fortdauernd gewähren, weil ich weder meinem Sohn noch irgendjemandem aus meiner Verwandtschaft, sondern nur jenen meine ganze Habe hinterlassen habe.

Auch vermögenslose alte Frauen und Männer, die ihren Lebensunterhalt nicht mehr selbst erarbeiten konnten und keine Angehörigen hatten, fanden mit Glück einen Platz in einer klösterlichen Versorgungseinrichtung (im Frühmittelalter Xenodochium, später Hospital genannt), in einem städtischen Spital oder einem privat gestifteten Haus. Für alte, bedürftige Handwerker sorgten Zünfte, Gilden, Bruderschaften sowie Familienstiftungen wie etwa die Mendelsche Zwölfbrüderstiftung in Nürnberg, die zwölf alte, kranke Männer aufnahm, sofern sie nicht bettlägerig waren. Ob Frauen im gleichen Umfang wie Männer von karitativen Institutionen aufgefangen wurden, wäre in einer – noch weitgehend ungeschriebenen – Geschlechtergeschichte des Hospitalwesens zu untersuchen. Anscheinend waren insgesamt Frauen, trotz ihrer höheren Anfälligkeit zu verarmen, unter den Insassen nicht in der Überzahl.

Einige Arbeitgeberinnen und Arbeitgeber kümmerten sich um die Altersversorgung ihrer weiblichen und männlichen Dienstboten. Bestallungsverträge für – meist männliche – Funktionsträger an Adelshöfen hielten fest, dass diese bei Arbeitsunfähigkeit im Alter weiterhin besoldet und unterhalten werden sollten. In städtischen Haushalten wurden vor allem Mägde, gelegentlich auch Knechte durch Legate abgesichert, mit denen ihre Herrinnen und Herren ihnen langjährige Dienste dankten. Gerade Frauen kamen im Alter Beziehungen zu Bessergestellten zugute, die auf ihre ehemaligen Arbeits- und Dienstverhältnisse zurückgingen.

Wer als besitzloser, arbeitsunfähiger alter Mensch auf sich allein gestellt war, dem blieb nur das Betteln. Der große Anteil von Greisinnen und Greisen unter den Bettlern und Almosenempfängern, der unter anderem in bildlichen Darstellungen christlicher Caritas ins Auge fällt, verweist darauf, dass im Alter ein hohes Verelendungsrisiko bestand. Frauen waren davon noch stärker bedroht als Männer, da sie in der Regel weniger Rücklagen bilden konnten und oft bereits in jüngeren Jahren, etwa als alleinstehende Mütter mit Kindern, einen sozialen Abstieg hinnehmen mussten.

3. Lebensrisiken von Frauen und Männern

Ein komplexes Bündel biosozialer Faktoren lag den Risiken zugrunde, die den Lebenslauf von Frauen und Männern begleiteten. An die Stelle älterer Tendenzen, die Fragilität der menschlichen Existenz in einem mittelalterlichen Universum von Krankheit, Gewalt und existentiellen Härten schlechthin zu behaupten, sind längst Analysen der biologisch und sozio-kulturell geformten Lebensumstände getreten, in denen nach Gruppenzugehörigkeit, sozial-ständischem Kontext, Alter und Geschlecht differenziert wird. Erkenntnisgewinne verdanken sich insbesondere der Hinwendung zur materiellen Kultur sowie der Einbeziehung paläopathologischer Forschungen und körpergeschichtlicher Fragestellungen.

Forschungstrends

Zurzeit stehen vergleichende Untersuchungen noch weitgehend aus. Zwar belegen regional zugeschnittene Studien zu einzelnen Bevölkerungsgruppen die Zusammenhänge von Milieu, Gesundheit, Krankheit und Geschlecht, doch es fehlt an systematischen, verschiedene Zeiten und Räume erfassenden Vergleichen zwischen Stadt und Land, Oberschichten und Basisbevölkerung, Laien und Religiosen.

Die folgenden Kapitel erörtern, mit welchen geschlechts- und schichtenspezifischen Belastungen und Gefährdungen Frauen und Männer in verschiedenen Gesellschaftsschichten konfrontiert waren. Es handelt sich dabei um eine Auswahl von Phänomenen mit einer gewissen Repräsentativität für einen Großteil der Bevölkerung. Der Schwerpunkt liegt auf alltäglichen Verhaltensweisen und Erfahrungen – vom ehelichen Umgang über Krankheitsreaktionen und Arbeitsbedingungen bis zur Gewalttätigkeit. Außerordentliche Geschehnisse wie zum Beispiel Morde bleiben unberücksichtigt, und Normen und Ideale gesellschaftlicher, rechtlicher, religiöser oder medizinischer Art kommen nur unter dem Aspekt ihrer praktischen Umsetzung zur Sprache. Bedingt durch die Überlieferungs- und Forschungslage steht das Spätmittelalter hier im Zentrum.

a) Schwangerschaften und Geburten

Bei Überlegungen, wie belastend sich Schwangerschaften und Geburten im Leben von Frauen auswirkten, stellt sich zunächst die Frage nach den Geburtenzahlen und damit nach dem generativen Verhalten von Paaren. Brachte das Eheleben über Jahre hinweg eine Kette von rasch aufeinanderfolgenden Schwangerschaften und Geburten mit sich? Die Kinderverzeichnisse adliger und stadtbürgerlicher Familien des Spätmittelalters legen diesen Schluss nahe. Sie bilden eine recht zuverlässige Basis zur Ermittlung von Geburtenzahlen, sind aber lückenhaft hinsichtlich der Zahl von Schwangerschaften, da sie vorzeitige Fehlgeburten in der Regel nicht erfassen.

generatives
Verhalten

Am Beispiel ausgewählter Hochadelsfamilien im spätmittelalterlichen Reich wurde eine Zahl von durchschnittlich zehn Geburten in einem Abstand von nur je 20 Monaten errechnet. In diesem Befund spiegelt sich das Ziel des adligen Ehemodells, innerhalb der Ehe so viele Nachkommen wie möglich hervorzubringen. Erhebungen zum spätmittelalterlichen Stadtbürgertum in Deutschland, in Frankreich und in Italien ergaben Werte, die den adligen Geburtenzahlen und -abständen annähernd entsprechen. Übereinstimmungen hinsichtlich des generativen Verhaltens in den adligen und nichtadligen Oberschichten zeigen sich auch in der Praxis, Kinder von Ammen stillen zu lassen. Damit wurde verhindert, dass die leiblichen Mütter, solange sie stillten, nur eingeschränkt empfängnisfähig waren („Laktationsamenorrhoe"). Strebten wohlhabende Familien also die volle Ausschöpfung der ehelichen Fruchtbarkeit an, so regulierten sie die Kinderzahl in erster Linie durch späte Heiraten (vgl. S. 14).

Mangels schriftlicher Quellen können für die breite Bevölkerung keine durchschnittlichen Geburtenzahlen errechnet werden. Auch Skelettuntersuchungen erlauben anhand von Veränderungen des knöchernen Schambeins („geburtstraumatische Läsionen") nur Aussagen darüber, ob eine Frau viele oder wenige Kinder geboren hat, was als Basis für eine zahlenmäßige Berechnung nicht ausreicht. Aller Wahrscheinlichkeit nach bekamen Paare der unteren sozialen Schichten weniger Kinder als privilegierte Paare. Wohl nur für die Bitterarmen, Notleidenden ist damit zu rechnen, dass – zumal in Krisenzeiten – die Fruchtbarkeit von Frauen (und Männern) in Verbindung mit Mangelernährung und einem schlechten gesundheitlichen Status herabgesetzt war. Eine breitere Wirkung auch in der Basisbevölkerung werden eher Maßnahmen zur Geburtenbeschränkung entfaltet haben. Achteten schon niederadlige Familien mit geringem Besitz nachweislich darauf, ihren Nachwuchs zu begrenzen, so dürften erst recht arme Paare die Geburtenzahlen den Ressourcen angepasst haben. Für die frühe Neuzeit ist eine solche Familienplanung armer Haushalte beobachtet worden.

Verschiedene Formen der Empfängnisverhütung kamen dabei in Betracht: sexuelle Praktiken, die eine Empfängnis ausschließen, Enthaltsamkeit, ferner die Verwendung von kontrazeptiv und abortiv wirkenden Mitteln, deren Rezepturen aus dem Mittelalter überliefert sind. Es lässt sich allerdings nicht mit letzter Gewissheit klären, welche Kenntnisse und welche Techniken in der Bevölkerung verbreitet waren. Im Dunkeln bleibt auch, ob Ehepaare gemeinsame Entscheidungen trafen, ob Frauen aufgrund ihres Körperwissens und größerer heilkundlicher Erfahrungen für die Geburtenplanung zuständig waren und welche Freiräume ihre Männer ihnen dabei ließen.

Welche Rolle eine innereheliche Geburtenbeschränkung in der Praxis auch gespielt haben mag, sie wurde mit Sicherheit zum einen von der hohen Kindersterblichkeit beeinflusst. Angesichts dieser Gefahr zeugten vermutlich selbst weniger vermögende Paare mehrere Kinder in der Hoffnung, dass wenigstens einige von ihnen überlebten. Zum anderen waren die weibliche Fruchtbarkeit und die männliche Zeugungsfähigkeit der Angelpunkt der Institution Ehe mit ihrem prokreativen Zweck. Kinderlosigkeit bedeutete für verheiratete Frauen und Männer einen sozialen Makel. Auch in Anbetracht des Umstands, dass im Mittelalter nicht anders als heute eine beträchtliche Anzahl von Ehen unbeabsichtigt kinderlos blieb, stellte die eheliche Fruchtbarkeit im Denken der meisten Menschen ein besonderes Gut dar.

Das Ehepaar Elisabeth Störkler († 1440) und Burkard Zink (1396–1474/1475) bekam in 20-jähriger Ehe neun Kinder, von denen sechs im Kindesalter starben. Burkard Zink hatte aus vier Ehen und aus nichtehelichen Beziehungen insgesamt 16 leibliche Kinder sowie zwei Stiefkinder:

1420 Juni 2	1. Heirat mit Elisabeth Störkler
1421 Juli 4	Geburt des 1. Kindes Anna
1423 April 4 (10)	Geburt des 2. Kindes Johannes
1425 Dez. 21	Geburt des 3. Kindes Dorothea
1429 Jan. 25	Geburt des 4. Kindes Konrad
1429 Dez. 26	Tod des 1. Kindes Anna
1431 (vor Nov. 18)	Tod des 3. Kindes Dorothea
1431 Nov. 18	Geburt des 5. Kindes Dorothea
1432 Sept. 4	Geburt des 6. Kindes Anna
1432 Nov. 9	Tod des 6. Kindes Anna
1434 Mai 23	Geburt des 7. Kindes Wilhelm
1436 Juli 22	Geburt des 8. Kindes Jakob
1436 Juli 24	Tod des 8. Kindes Jakob
1438 Nov. 3	Geburt des 9. Kindes Barbara
1438 Dez. 12	Tod des 4. Kindes Konrad
1440 Okt. 20	Tod der 1. Ehefrau Elisabeth Störkler
1450 Nov. 24	Tod des 9. Kindes Barbara

Die Tabelle basiert auf Klaus Arnold: Kindertotenbilder – Neue Zugänge zu Leben und Tod von Kindern im späten Mittelalter und der frühen Neuzeit, in: Kinderwelten, hg. von Kurt Alt und Ariane Kemkes-Grottenthaler, S. 208–222, hier S. 217f.

Unter den Faktoren, die für die hohe Sterblichkeit von Frauen im Alter zwischen 20 und 40 Jahren verantwortlich waren, rangierte die Belastung durch Schwangerschaften und Geburten gewiss weit oben. Allerdings wird vor allem aus soziobiologischer Sicht bestritten, dass Schwangerschaften und Geburten in der Vormoderne einen so stark lebensverkürzenden Effekt hatten, wie gemeinhin angenommen wurde. Insbesondere darf die eigentliche Wochenbettsterblichkeit, so befinden anthropologische und geschichtswissenschaftliche Untersuchungen seit den 1990er-Jahren, nicht überschätzt werden. Der Tod durch Kindbettfieber ist eher eine Erscheinung der Neuzeit mit ihren anfangs hygienisch problematischen Geburtskliniken.

Zum Risiko wurden Schwangerschaften und Geburten, wenn es an Hygiene fehlte, wenn Frauen mangelhaft ernährt waren, wenn sie schwere körperliche Arbeit leisten mussten und insgesamt überbeansprucht waren, zum Beispiel durch eine rasche Abfolge von Schwangerschaften, zwischen denen sie sich nicht genügend erholen konnten. Vor allem schwangere Frauen, die körperliche Schwerarbeit verrichteten – dazu gehörte unter anderem das Schleppen von Lasten, das bei der Wasserversorgung, der Wäsche und anderen Frauenaufgaben anfiel –, waren Komplikationen und Fehlgeburten ausgesetzt. Vermutlich hatten gerade sie auch in anderer Hinsicht (Hygiene, Ernährung, Versorgung) keine guten Voraussetzungen. Bes-

Lebensumstände schwangerer Frauen

ser gestellte Frauen hingegen erfuhren während der Schwangerschaft, Entbindung und im Wochenbett intensive Fürsorge und Pflege. Für adlige Familien ist dokumentiert, dass sorgfältig ausgewählte Hebammen, Pflegerinnen und andere Heilkundige einbestellt, die Räume für die Niederkunft mit feinem Bettzeug, Pelzdecken und Waschgefäßen behaglich und hygienisch ausgestattet sowie kräftigende Speisen und Getränke eingekauft wurden. Dank so günstiger Ernährungs- und Versorgungsbedingungen konnten viele Frauen der Oberschicht zehn, zwölf oder mehr Geburten überstehen, auch wenn es bei einigen von ihnen Hinweise darauf gibt, dass sie nach einer Kette von Schwangerschaften erschöpft und schwach waren.

Zwar gefährdeten und belasteten Schwangerschaften Frauen in verschiedenen Milieus in unterschiedlichem Maß. Allen Frauen gemeinsam war aber die Furcht, eine Geburt nicht zu überleben. Auf den Leib gelegte oder sonst wie berührte Amulette und Reliquien sollten ebenso wie Gebete in allen Bevölkerungsschichten zu einer glücklichen Entbindung verhelfen, Testamente für den Todesfall vorsorgen. Die schwangere Königin Blanca von Aragon (1283–1310) etwa setzte im Alter von 25 Jahren, nachdem sie neun Kinder geboren hatte, ausdrücklich aus Furcht vor der bevorstehenden nächsten Entbindung ihr Testament auf. Tatsächlich starb sie 27-jährig bei der Geburt ihres zehnten Kindes.

Von den Ehemännern wurde erwartet, dass sie die Sorgen und Strapazen ihrer Frauen teilten, indem sie sich den Schwangeren gegenüber feinfühlig verhielten und bei den Geburtsvorbereitungen mitwirkten. Tatsächlich, das lassen Briefe und Familienaufzeichnungen erkennen, wichen manche Ehemänner um die Zeit der Niederkunft nicht von der Seite ihrer Frauen. Sie verschoben anfallende Reisen oder kehrten eigens von Geschäftsreisen zurück und standen wie Ludwig von Diesbach (1452–1527) und Thomas Platter mit nassgeschwitztem Hemd ihren Frauen während der Wehen bei bis zu dem Moment, in dem die Hebamme übernahm. Bei Komplikationen riefen sie die Heiligen an und legten Gelübde ab, wobei ihnen das Überleben ihrer Frauen noch mehr am Herzen lag als das der Kinder. Schwangerschaft und Geburt waren zwar Frauenwerk, doch die Männer waren in dieses Geschehen unmittelbar einbezogen. Selbst wenn sicher nicht alle Ehemänner dem Ideal des rücksichtsvollen Partners entsprachen, waren die meisten wohl auch im eigenen und Familieninteresse bemüht, die Geburtsrisiken zu mildern. Es ist anzunehmen, dass über die Lebensgefährdung und Gesundheitseinbußen hinaus, denen Frauen als Gebärende ausgesetzt waren, ein „Verschleiß" im Sinne einer sozialen Vernachlässigung nicht in Kauf genommen wurde.

b) Gesundheit – Krankheit – Geschlecht

Die Sorge, gesund zu bleiben, und die Erfahrung, krank zu sein, begleiteten die Menschen des Mittelalters in ihrem Alltag als geradezu allgegenwärtiges Thema. Was sie zur Erhaltung und Wiedererlangung der Gesundheit tun konnten, unterschied sich in den diversen Milieus, abgesehen von religiösen Verhaltensweisen wie der Anrufung von Heiligen, Wallfahrten und Gelübden, die in allen Bevölkerungsschichten verbreitet waren. Das städtische und ländliche Umfeld, die geistliche oder weltliche Lebensform, Vermögensverhältnisse und Bildung bestimmten mit, welche Maßnahmen zur Gesunderhaltung und Krankheitstherapie getroffen wurden. Dabei herrschte generell ein vielgestaltiges Nebeneinander von Krankheitskonzepten, Behandlungsmethoden, Heilmitteln und ärztlich tätigen Personen.

Entsprechend den unterschiedlichen Lebensbedingungen (Ernährung, Wohnen, Arbeitsbeanspruchung, Hygiene, Pflege) prägten sich auch viele Leiden schichtenspezifisch unterschiedlich aus. So breiteten sich unter den gedrängt zusammenlebenden Bewohnern ärmerer städtischer Quartiere Infektionen rasch aus. Rheumatische Erkrankungen waren Begleiterscheinungen des Hausens in feucht-kalten Wohnungen, aber auch des Unterwegsseins und Arbeitens draußen bei Wind und Wetter. Die üppige Ernährung in manchen Klöstern schlug sich in übergewichtsbedingten Skelettdeformationen nieder, und unter Adligen (genauer: adligen Männern) traten verschiedene Syndrome wie Gelenkbeschwerden, Steinleiden und „Melancholie" so häufig auf, dass sie geradezu als „Hofkrankheiten" (*morbi aulici*) eingeordnet wurden. Jede Lebensweise kannte somit eigene Risiken.

Welche Zusammenhänge bestanden innerhalb der verschiedenen Lebenskreise und Gesellschaftsgruppen zwischen Gesundheit, Krankheit und Geschlecht? Damit wird vordergründig danach gefragt, ob Frauen oder Männer auf der organisch-biologischen Ebene gesünder oder kränker als das andere Geschlecht waren und ob bestimmte Krankheiten sich unterschiedlich auf die Geschlechter verteilten. Seitens der Anthropologie und der Geschichtswissenschaft werden einhellig Morbiditätsunterschiede festgestellt, die indes abweichend interpretiert werden. So lässt sich die Annahme, dass Frauen genetisch bedingt gegenüber Infektionskrankheiten resistenter sind als Männer, am anthropologischen Befund nicht ohne Weiteres nachvollziehen. Skelettmerkmale, die sich erst nach der Überwindung von Infektionen und/ oder Mangelernährung bilden, wurden auf einigen Friedhöfen häufiger bei Männern als bei Frauen festgestellt. Daraus folgern manche Anthropologinnen und Anthropologen, dass unter den dort Bestatteten die vermeintlich weniger gesunden, weil infektanfälligeren Männer letztlich Krisen besser überstanden als die Frauen, die solche Stress-Situationen nicht überlebten. Ausgangspunkt für diese These ist das umstrittene „osteological paradox", demzufolge es sich bei den Skeletten mit bestimmten pathologischen Veränderungen durchaus um die zu Lebzeiten gesünderen Individuen einer Bevölkerung handeln kann. Bei Schlussfolgerungen zum Gesundheits- und Krankheitszustand anhand von Skeletten ist im Übrigen grundsätzlich zu bedenken, dass diese nicht alle durchlebten Krankheiten dokumentieren. Kurz und heftig verlaufende Infektionskrankheiten beispielsweise hinterlassen ebenso wenig wie Erkrankungen der Sinnesorgane Spuren am Skelett. Auch über Schmerzempfindungen und das allgemeine Befinden geben Skelette nur wenig preis. Schriftliche Quellen wiederum benennen und beschreiben eine Vielfalt unterschiedlicher Krankheiten, Symptome, Begleiterscheinungen und Verhaltensweisen im Angesicht des Leidens. Aus medizinhistorischer Sicht sind retrospektive Diagnosen anhand der Texte jedoch irreführend: Selbst wenn einige der geschilderten Krankheitsbilder an heutige Krankheiten erinnern, sind sie nicht mit diesen identisch.

Infolge dieser Quellenprobleme, zu denen noch das Ungleichgewicht der schriftlichen Überlieferung zu Frauen und Männern kommt, sind nur zu-

„Männerkrankheiten"

25

rückhaltende Schlussfolgerungen hinsichtlich geschlechtsspezifischer Krankheitspanoramen möglich. Schichtenübergreifend scheinen zum Beispiel Leistenbrüche eine typische (wenngleich nicht ausschließliche) Männerkrankheit gewesen zu sein, die oft schon im Knabenalter auftrat. Funde von eisernen Bruchbändern des Frühmittelalters bezeugen die Verbreitung dieses Leidens ebenso wie bildliche Operationsdarstellungen, Wunderberichte, spätmittelalterliche Briefe und Selbstzeugnisse. Nachdrücklich hebt zum Beispiel Hermann Weinsberg hervor, wie folgenreich für sein ganzes Leben der Leistenbruch war, der ihn seit dem zehnten Lebensjahr plagte: Er wurde durch „dies heimliche Gebresten" zu einem ruhigen, sesshaften Lebenswandel gezwungen, statt nach seinem juristischen Studium die diplomatische Laufbahn im fürstlichen Dienst einzuschlagen. Auch seine Heiratschancen sah er beeinträchtigt, war er doch „scheu gemacht junge Frauen zu nehmen". Als eine unter Männern verbreitete „Alltagskrankheit" rheumatischer bzw. gichtförmiger Art trat die sogenannte Gicht („Zipperlein") bzw. die Fußgicht („Podagra") auf. Die Betroffenen wussten aus Erfahrung, dass die Krankheit „vererbt" wurde und sich vor allem im kalten Winter bemerkbar machte. Nach heutiger Kenntnis förderten wohl auch eine fleischlastige Ernährung und hoher Alkoholkonsum Gichtanfälle, die mit starken Schmerzen und Fieber einhergingen und bei einer chronischen Entwicklung der Krankheit die Beweglichkeit auch auf Dauer stark einschränkten. Von Leistenbrüchen über Lähmungen und Beingeschwüre bis zur Fußgicht: Die unteren Körperregionen scheinen bei Männern besonders häufig krankheitsbetroffen gewesen zu sein. Die dabei auftretenden Störungen der Motorik wurden vermutlich als Einbußen der Funktions- und Arbeitsfähigkeit besonders aufmerksam beobachtet. Dies gilt auch für Schlaganfälle und ihre Folgen, die dank ausführlicher Erfahrungsberichte tendenziell ebenfalls als Männerkrankheit erscheinen. Schließlich gehörten auch noch Steinleiden zum für Männer charakteristischen Krankheitsspektrum.

Das Tagebuch des Lucas Rem

Das Tagebuch des Augsburger Kaufmanns Lucas Rem (1481–1542) liest sich streckenweise wie ein Krankheitsjournal. Rem notierte ausführlich, an welchen Beschwerden er litt, welche Ärzte er konsultierte und welche zum Teil strapaziösen Therapien diese anwandten (vor allem Reinigungen durch Abführmittel, Klistierung, Aderlass und Schwitzkuren).
Aus: Tagebuch des Lucas Rem, S. 15f., 27.

adi 8 Aug[usto 1510] rit ich von Augsburg. solt eilends gen Lion reitten. Kam gen *Ravespurg* adi. 9 dito, fast krank am gerechten fuos. Adi 12 dito erlahmt ich ganz und gar an al mein glider und leib. Ward je krank, je nit. (die krankhait) fuor hin und her. lidt unseglich gros schmertzen und leyden. Gab got eben ain wunderperlich glück, (dass) ich alda krank wardt. Dan da was *Doctor Mathaeus*, der beremptest arzt disser lender. Der tatt gros fleis mit purgieren, cristieren – unglaplich – und laussen, und zuoletzt schwitzen on mas. Bracht mich, daz nur haut und bain an mir, gar kein fleisch, bluot was. […]
adi 11. Julio [1535] abends, zwischen 3 und 4 ur, griff mich gott mit seim gwalt an, des man nennet den schlag, und erlamet mir mein gerechten Seitten, foran mein grechten arm fast, die hand gar, (ganz) schenckel und fuos gnuog. Doch begnadet er mich hoch, daz er mir mein vernunft ganz und guot, auch die sprach luos. Ungefar 4 tag hett ich daz potegran an der grechten hand heftig. Aber in meim zuofall und darvor was ich frölich, gar guotter ding.

Das Feld der unter Frauen verbreiteten Krankheiten zeichnet sich weniger deutlich ab. Dies mag, neben der spärlicheren Überlieferung, damit zusammenhängen, dass Frauenkrankheiten nicht so eindeutig an bestimmten Körperzonen lokalisiert und die Beschwerden seltener mit Krankheitsnamen bezeichnet wurden. Von gynäkologischen Erkrankungen abgesehen, gab es Unterschiede gegenüber den Männern in erster Linie bei der Häufigkeit, mit der einzelne Leiden auftraten. Dass Frauen zum Beispiel seltener an der Gicht litten als Männer, wurde bereits im Mittelalter von einer Empirikerin wie Hildegard von Bingen (1098–1179) beobachtet. Diese sah dabei die reinigende Kraft der Menstruation am Werk. Aus heutiger Sicht könnten Unterschiede in der Arbeitstätigkeit hier ins Gewicht gefallen sein, während geschlechtsbezogene Ernährungsunterschiede als mögliche Ursachen bisher nicht nachgewiesen worden sind. Auffallend hoch ist der Frauenanteil unter den Blinden in ausgewählten Mirakelberichten des frühen und späten Mittelalters. Mangels anderer Quellen lässt sich nicht erhärten, ob zur Erblindung führende Augenkrankheiten Frauen besonders häufig befielen, ob sie zum Beispiel unter den älteren Menschen mit inoperablen Formen des Star bzw. der „Altersblindheit" überrepräsentiert waren. Dass blinde Frauen und Männer in Straßburg im 15. Jahrhundert gemeinsam zur ihrer Absicherung eine Bruderschaft der „armen blinden lute" gründeten, spricht für die Betroffenheit beider Geschlechter. Ob beim breiten Spektrum geistig-seelischer Beeinträchtigungen und Auffälligkeiten Frauen in besonderem Maß betroffen waren, wurde vonseiten psychohistorischer Ansätze und der Hexenforschung diskutiert. Allerdings ist es gerade hier schwierig, über zeitgenössische Erklärungsmuster hinaus zu lebensgeschichtlichen Erfahrungen vorzudringen. Verschiedene Formen von Geistes- und Gemütsstörungen wurden im Mittelalter sowohl Frauen wie Männern zugeordnet, aber geschlechtsbezogen unterschiedlich interpretiert. Frauen wurden häufiger als „besessen" eingestuft. Ihre Anatomie prädisponierte sie angeblich für bestimmte Formen der Verwirrung und Schwermut („Hysterie", „Uterus-Melancholie"). Einigen Mirakelsammlungen zufolge wurden in der Mehrzahl Frauen von Zuständen geheilt, die nach heutigem Ermessen psychische Krankheiten waren. Der Eindruck aus Wunderberichten, dass Frauen vielfach im Zusammenhang mit Schwangerschaft, Geburt und Wochenbett anfällig für seelisch-geistig-körperliche Schwächezustände waren, bestätigt sich in Mitteilungen, die Ehemänner in Briefen, Tagebüchern und Familienchroniken über das Befinden ihrer Frauen machten.

Wer neben den biologisch-organischen Vorgängen auch die sozialen Aspekte von Krankheit ins Auge fasst, steht vor vielen derzeit noch kaum bearbeiteten Fragen. Beteiligten sich Frauen und Männer auf ähnliche Art oder eher arbeitsteilig an der Gesundheitsfürsorge für sich selbst und ihre Angehörigen? Wer übernahm in einer Zeit, in der eine Hospitalisierung von Kranken in der Regel nicht vorgesehen war, die häusliche Pflege? Erfuhren Frauen und Männer das Kranksein in unterschiedlicher Weise, weil sie verschieden mit der „Krankenrolle" umgingen, weil ihnen die Zuwendung seitens ihres Umfeldes in unterschiedlichem Maß zuteil wurde und weil sich die medizinische Versorgung auch nach dem Geschlecht richtete? Antworten auf solche medizinsoziologischen Fragen können hier nur mit wenigen Stichworten angedeutet werden. Auf dem Feld der Gesundheitspflege waren Frauen und Männer gleichermaßen aktiv. Als „Hausväter" und „Hausmütter" kümmerten sie sich um das häusliche Gesundheitswesen von der Medikation bis hin zu Hygienevorkehrungen unter dem Personal. Frauen und Männer suchten, oft samt ihren Ehepartnern und Kindern, Badestuben auf, sie reisten, wenn sie es sich leisten konnten, in Heilbäder und unterzogen sich regelmäßig vorbeugenden Prozeduren wie dem Aderlass bzw. dem für Frauen empfohlenen Schröpfen. Es war ferner üblich, auch von Haushalt zu Haushalt mit weiblichen und männlichen Verwandten und Freunden Ratschläge, Rezepte und gesundheitsfördernde Mittel auszutauschen. Während die meisten Gesundheitsratgeber auf Männer zugeschnitten waren, dominierten in der alltäglichen Praxis die Frauen. In ihren Händen lag offenkundig auch die Versorgung kranker oder gebrechlicher Familien- und Haushaltsmitglieder, ob es sich um die eigenen Kinder, Eltern, Dienstboten oder Arbeitgeberinnen und Arbeitgeber handelte. Dazu kultivierten Frauen Heilpflanzen im Garten (der weiblichen Domäne schlechthin), sie stellten Hausmittel her und verabreichten sie, und sie kooperierten mit Ärzten und anderen heilkundigen Personen, die gegebenenfalls beigezogen wurden. Seitens der männlichen Angehörigen wurde ihre Sachkunde als häuslich praktizierende „Ärztinnen" bereitwillig anerkannt.

Die Pflege gerade von langfristig und schwer erkrankten Angehörigen stellte für die meisten Familien eine erhebliche Belastung dar, vor allem wenn die Kranken nichts zum Lebensunterhalt beitragen konnten und hohe Behandlungskosten anfielen. Beim Fürsorgeaufwand scheint es kaum geschlechtsbezogene Unterschiede gegenüber weiblichen und männlichen Kranken gegeben zu haben. Ob im Krankheitsfall akademisch geschulte Doktoren, die ein hohes Honorar verlangten, preiswertere Wundärzte oder Heilerinnen konsultiert wurden, wurde vom Milieu, vom Familienvermögen sowie von der Art der Erkrankung bestimmt. Das Maß an materieller und emotionaler Zuwendung, das ein kranker Mensch erhielt, war zudem vorrangig an seiner (vom Geschlecht mitbestimmten) Position im Familien- und Haushaltsverband orientiert. Während erkrankte Haushaltsvorstände, die eigenen Ehepartner und Kinder im Mittelpunkt der Aufmerksamkeit standen, mussten Dienstboten im Fall einer längeren Krankheit damit rechnen, nach einer Schutzfrist entlassen zu werden.

Wie Frauen und Männer das Kranksein erlebten, hing schließlich auch davon ab, inwieweit ihre gewohnte soziale Rolle mit der „Krankenrolle" vereinbar war. Je bedeutsamer Vitalität und körperliche Leistungsfähigkeit für die Aufrechterhaltung der gesellschaftlichen Stellung waren, desto schwerer war krankheitsbedingte Schwäche zu akzeptieren. Am wenigsten konnten sich Bauern und adlige Männer in regierender Position offenkundige Hinfälligkeit leisten. So mancher fürstliche und königliche Herrscher verschwieg bezeichnenderweise denn auch in der Öffentlichkeit schwere Krankheiten und Verletzungen, um keine politischen Nachteile zu riskieren.

c) Arbeitsbelastung: Verschleiß, Unfälle und Invalidität

Als Inbegriff schwerer Arbeit im Mittelalter gelten nach heutigen Maßstäben vor allem landwirtschaftliche und handwerkliche Tätigkeiten, die viel körperliche Kraft erforderten, unfallträchtig oder gesundheitsgefährdend waren.

Tatsächlich erlebten wohl die meisten Frauen und Männer, unabhängig vom Metier, ihren Arbeitsalltag als anstrengend und kräftezehrend. Aus dem Spätmittelalter sind entsprechende Äußerungen überliefert: Der Kaufmann Lucas Rem etwa führt seine Krankheiten auf Überarbeitung („überflisse fil flis") zurück. Der niederadlige Kriegsmann Wilwolt von Schaumburg (um 1450–1510) und seine Gefährten bitten nach zweijährigem ununterbrochenem Feldlager um Urlaub, nachdem ihnen die Rüstungen und das Pferdezeug verdorben und die Kleider am Leib verfault sind. Alte, arbeitsunfähige Männer beantragen die Aufnahme in ein Spital, da sie durch „saure Handarbeit" verschlissen seien. Frauen erklären in ihren Testamenten, ihr Kapital durch mühselige Arbeit erworben zu haben. In positiver Erinnerung hat Burkard Zink die Zusammenarbeit mit seiner Frau Elisabeth Störkler zu Beginn ihrer Ehe, als die beiden Tag und Nacht zu Hause schreiben bzw. spinnen mussten, um über die Runden zu kommen: „und gieng uns gar wol und gewunnen was wir bedorften".

Die Arbeitszeiten im Handwerk und in der Landwirtschaft richteten sich nach dem Tageslicht. Bauarbeiter in Nürnberg zum Beispiel arbeiteten Mitte des 15. Jahrhunderts im Winter mindestens acht Stunden und im Sommer 16 Stunden lang, bei schätzungsweise sieben bis 13 Stunden reiner Arbeitszeit. Vorschriften zur Begrenzung der täglichen Arbeitszeit kamen erst gegen Ende des Mittelalters auf, ebenso die Fünftagewoche. Dank der Sonntage und der vielen kirchlichen Feiertage wurde im Spätmittelalter an rund 100 Tagen im Jahr nicht gearbeitet.

Zwar ist die Intensität mittelalterlichen Arbeitens nicht ohne Weiteres nachvollziehbar. Belastend konnten sich jedenfalls langfristig alle Formen körperlicher Beanspruchung auswirken. Auch manuelle Tätigkeiten, die mit geringem Kraftaufwand verbunden waren (etwa die Stickerei), führten auf die Dauer zu degenerativen Erscheinungen. Dagegen gab es keinen Schutz, während für besonders riskante Berufsfelder wie beispielsweise das Baugewerbe, die Gerberei und die Metallverarbeitung gezielte, jedoch unzulängliche Sicherheitsmaßnahmen gegen Stürze, Verletzungen, Vergiftungen und Erkrankungen der Atemwege entwickelt und zum Teil auch angewendet wurden. Allerdings litten unter den Belastungen durch die Gerberei und vor allem durch die Metallverarbeitung nicht nur die in diesen Bereichen arbeitenden Menschen, sondern die gesamte Umwelt.

Menschen, die durch Körperschäden infolge von chronischen Erkrankungen und (Arbeits-)Unfällen an der weiteren Ausübung ihrer Tätigkeit gehindert wurden, suchten nach anderen Erwerbsmöglichkeiten. Vor allem im diversifizierten städtischen Handwerk eröffneten sich für körperlich Beeinträchtigte Chancen, ihren Lebensunterhalt zu erarbeiten. Gehbehinderte etwa fanden öfter ihr Auskommen als Schneider, auch Goldschmiede an Krücken und beinamputierte Schlosser sind belegt. In Memmingen wurde der Fleischerberuf ausdrücklich jenen vorbehalten, die aufgrund ihrer körperlichen Beeinträchtigung „kein ander handwerk treiben" konnten (1459). Wer seine Arbeitsfähigkeit völlig einbüßte, war auf den Unterhalt durch Angehörige angewiesen. Versorgungseinrichtungen von Zünften, Bruderschaften, Kirchen und Kommunen fingen einige von denen auf, denen ein familiales Netz fehlte. Diejenigen, die dort nicht unterkamen, mussten betteln gehen.

Zeichnen sich bei den gesundheitlichen Folgen strapaziöser und riskanter Arbeiten geschlechtsbezogene Muster ab? Hierbei ist zu bedenken, dass eine dafür ursächliche geschlechtsspezifische Aufgabenteilung bei Weitem nicht alle Arbeitsbereiche charakterisierte. Viele Tätigkeiten wurden nach Bedarf sowohl von Frauen wie von Männern verrichtet. Zudem wandelten sich im Lauf des Mittelalters mit den Arbeiten selbst auch die Zuordnungen.

Arbeitsfelder von Frauen und Männern mit spezifischen Risiken

Die in einigen Tätigkeitsfeldern praktizierte Arbeitsteilung zwischen Frauen und Männern schlug sich in der Tat auch im Krankheits- und Unfallgeschehen nieder. Zahlreiche Wundererzählungen berichten über Unfälle von Männern bei der Waldarbeit, bei der Feldbestellung und bei Transportarbeiten mit Ochsen und Büffeln, beim Reiten und beim Umgang mit Pferden, beim Einzäunen von Feldern und beim Abernten von Obstbäumen. In der Landwirtschaft waren Männer demnach deutlich gefährdeter als Frauen.

Das Kriegshandwerk war ein Berufsfeld, in dem Männer der gesellschaftlichen Elite ebenso wie Söldner niederer Herkunft riskierten, verwundet und verstümmelt zu werden, selbst durch kleinere, unzureichend behandelte Verletzungen dauerhafte Schäden an Gliedmaßen und Sinnesorganen zu erleiden, von den in Feldlagern grassierenden Seuchen befallen und bei ausgedehnten Kriegszügen unter widrigen klimatischen und hygienischen Bedingungen aufgerieben zu werden. Im Zuge einer Kriegsführung, die eher auf Lösegeldzahlungen als auf die Tötung der Gegner setzte, wurden Kriegsgefangene und Geiseln vielfach unter Bedingungen gehalten, die ihre Gesundheit ruinierten. Neuere Forschungen zum spätmittelalterlichen und frühneuzeitlichen Kriegswesen aus geschlechter- und körpergeschichtlicher Perspektive heben in diesem Zusammenhang hervor, dass Frauen als Mitglieder des Tross ebenfalls von Gewalttätigkeit und Entbehrungen bedroht waren. Erst in jüngster Zeit wird thematisiert, wie sich Kriegsversehrtheit auf die Betroffenen und ihre Familien auswirkten, wie Invaliden, die für den Kriegsdienst nicht mehr taugten, ihren Lebensunterhalt gewannen bzw. versorgt wurden und wie sich der Verlust kriegerischer Männlichkeit auf ihr Selbstverständnis auswirkte.

Unter den Frauenarbeiten blieb die Textilherstellung während des ganzen Mittelalters, trotz aller die Männer einbeziehenden Spezialisierungs- und Professionalisierungsvorgänge, eine weibliche Domäne quer durch alle sozialen Schichten hindurch. Die damit verbundene intensive manuelle Beanspruchung spiegelt sich in Wunderberichten über Erstarrungen von Fingern, Händen und Armen ebenso wie in degenerativen Veränderungen der Handgelenke, die an weiblichen Skeletten festgestellt wurde. Die höhere Arthrosebelastung etwa, die die Handgelenke der auf dem sogenannten slawischen Fürstengräberfeld Starigard/Oldenburg (10. Jahrhundert) bestatteten Frauen im Vergleich zu den Männern aufwiesen, wurde mit Tätigkeiten im Textilhandwerk in Verbindung gebracht. Besonders unter den Spinnerinnen, die in einem für die Garne günstigen feuchten Raumklima arbeiteten, dürften rheumatische Erkrankungen verbreitet gewesen sein.

Generell scheinen sich belastend für Frauen eher die Dauer und Häufigkeit ihrer Verrichtungen ausgewirkt haben, während bei den Männern vor allem Unfälle und Kraftakte Spuren hinterließen. Während zum Beispiel Skelettbefunden zufolge Frauen in der hochmittelalterlichen Bevölkerung Schleswigs häufiger von Veränderungen der Bandscheiben (Spondylose) betroffen waren, zeigen Männerskelette dort eher das Spät- bzw. Folgestadium dieser Degeneration (Spondylarthrose). Vermutlich waren diese Männer, wiewohl insgesamt seltener befallen, absolut höheren Belastungen ausgesetzt als die Frauen. Dass bei einigen der Schleswiger Bestatteten sich Knochenauflagerungen an den Schienbeinen gebildet hatten, könnte auf häufiges und langes Stehen, etwa beim Fischfang im kalten Wasser, zurückzuführen sein. Bemerkenswerterweise waren Frauen davon häufiger betroffen als Männer. Erkrankungen der Schulter-, Ellbogen- und Hüftgelenke verteilen sich auf verschiedenen Gräberfeldern mit leichten Abweichungen auf Skelette von Frauen wie von Männern und werden, unter Berücksichtigung von Konstitution und Altersstufe, durchgängig als Indizien für schwere körperliche Arbeit – das Reiten und Fahren eingeschlossen – gedeutet.

Bei der geschlechtsbezogenen Zuordnung von Arbeiten spielte die Frage des Kraftaufwands und der körperlichen Anstrengung zwar eine gewisse Rolle, sie stand aber nicht im Mittelpunkt. Typische Frauenarbeiten wie die Wäscherei oder das bis ins 11. Jahrhundert von Hand durchgeführte Getreidemahlen – beides eher Mägde- als Hausfrauensachen – erforderten viel physische Kraft, ebenso von Frauen und Männern verrichtete Arbeiten auf der Baustelle, in der Schmiede, im Wein- und Ackerbau. Das Tragen schwerer Lasten – Holzladungen, Eimer, Kessel – erscheint geradezu als ein Charakteristikum niederer Frauenarbeiten in Bildern und Texten.

Aus der höheren Unfallgefährdung von Männern könnte man schließen, dass sie und ihre Familien in besonderem Maß von Invalidität samt den unter Umständen gravierenden sozialen und ökonomischen Folgen bedroht waren. Doch auch die vielen Frauen, die für niedrige Löhne bzw. außerhalb der Zunftberufe arbeiteten, waren im Fall der Arbeitsunfähigkeit mit drohender Verelendung konfrontiert, fehlte ihnen doch in der Regel die Absicherung durch Zünfte und Genossenschaften. Alleinstehende Frauen und Ehefrauen gering verdienender Männer hatten es in einigen Städten schwerer als Witwen, die auf die Aufnahme in spezielle Fürsorgeinstitutionen hoffen konnten. Allerdings gab es an manchen Orten auch Armenhäuser und Hospitäler, die ausdrücklich eine Anzahl von Plätzen für unverheiratete, bedürftige Personen „beiderlei Geschlechts" vorsahen, sowie Frauen vorbehaltene „Seelhäuser" wie das von Mechthild Ruf in Augsburg 1353 zur Verfügung gestellte Haus für zehn ehrbare, „unversprochene" arme Frauen. Der allgemeine Mangel an Plätzen – obwohl es in vielen Städten im Spätmittelalter mehrere hospitalartige Fürsorgeeinrichtungen nebeneinander gab, konnte mit deren Kapazitäten nur ein Bruchteil der bedürftigen Menschen versorgt werden – dürfte Frauen besonders empfindlich getroffen haben. Wie für Paris im 13. Jahrhundert nachgewiesen wurde, verbanden sich Frauen intensiver als Männer in nachbarschaftlichen Solidargemeinschaften, um sich in Situationen von langwieriger Krankheit und Arbeitsunfähigkeit gegenseitig zu unterstützen.

d) Alltägliche physische Gewalt

Zahlreiche Studien zu den Formen und Funktionen von Gewaltanwendung haben seit den 1990er-Jahren die bis dahin verbreiteten Vorstellungen revidiert, eine impulsive, ungezügelten Affekten entspringende Gewalttätigkeit

Forschungsfragen

sei geradezu ein Signum mittelalterlicher Mentalität gewesen. Auch die geschlechtsbezogenen Aspekte von Gewaltausübung im Zusammenhang mit Kriegsführung und Fehdewesen, mit Konfliktverhalten, Delinquenz und Sanktionen sowie mit Machtverhältnissen in Ehe, Familie, Haushalt und Betrieb werden seither überprüft. Damit erheben sich grundlegende Fragen wie die, welche Verhaltensweisen im Mittelalter überhaupt als – legitime oder illegitime – Gewalt wahrgenommen wurden und welche Rolle Gewalt bei der Konstituierung von Geschlechterordnungen und -identitäten spielte. Die Charakteristika weiblicher und männlicher Gewaltausübung – Ritualisierung, Waffenverwendung, räumliche und zeitliche Verortung (Haus, Straße, Wirtshaus, Tag und Nacht) – werden ebenso untersucht wie die Präsenz von Frauen und Männern vor Gericht als Täter, Opfer, Zeugen, Kläger und Beklagte. Als zentral erwies sich der Zusammenhang von Gewalt und Ehre. Bei allen Unterschieden zwischen dem männlichen und dem weiblichen Ehrkonzept waren Mannes- und Frauenehre unmittelbar aufeinander bezogen. Frauen wie Männer mussten dieses Gut mit den ihnen zu Gebote stehenden Mitteln – Anrufung des Gerichts, verbale Auseinandersetzung bzw. Gewalttätigkeit – verteidigen.

Eine verallgemeinernde Zuordnung von Gewalt zu „Männlichkeit" verbietet sich angesichts der Vielfalt von Männlichkeitsentwürfen im Mittelalter. Die Modelle laikaler Männlichkeit definierten sich in unterschiedlichem Maß über die Kampfbereitschaft. Während die Sozialisation adliger Jungen durch die kriegerische Ausbildung von Geist und Körper geprägt war, stellten junge Männer in Studenten- und Handwerkskreisen ihre Kraft und ihr Draufgängertum bei sportlichen Wettkämpfen, Raufereien untereinander und Gruppenattacken gegen Außenstehende unter Beweis. Für bürgerliche Hausväter wiederum kam es darauf an, nach außen ihre Angehörigen und ihren Besitz wehrhaft zu verteidigen und nach innen ihre Autorität aufrechtzuerhalten. Solange sie ihr Züchtigungsrecht aus berechtigtem Anlass und maßvoll ausübten, galt ihr Handeln nicht als gewalttätig. Allerdings herrschten in Norm und Praxis uneinheitliche Auffassungen darüber, wie weit sie gehen durften.

Gewalt von Männern gegen Männer und Frauen

Im städtischen Alltag des Spätmittelalters waren, Gerichtsakten nach zu urteilen, gewalttätige Übergriffe von Männern gegen Männer gang und gäbe. Bewaffnete Drohungen, Schläge mit Fäusten und Gegenständen wie Hockern und Kannen, Messerstiche und andere Körperverletzungen führten die Deliktskala in vielen Städten an. Die hohe Gewaltbereitschaft scheint weniger eine Frage der Schichtenzugehörigkeit als des Alters gewesen zu sein. Jedenfalls waren Männer aller gesellschaftlichen Schichten an solchen Auseinandersetzungen beteiligt, die in der Regel nach einem feststehenden Muster abliefen: Verbale Beleidigungen, also Ehrverletzungen, zogen zunächst die Androhung von Gewalt, das Zücken von Messern und dann die physischen Angriffe nach sich. Etliche Studien zu verschiedenen europäischen Städten schätzen die von dieser Alltagsgewalt ausgehende Bedrohung nicht sehr hoch ein, da es sich in den meisten Fällen um minder schwere Konfrontationen gehandelt habe, bei denen kein Blut floss. Wie schwer die Blessuren waren, geht aus den von den Gerichten verhängten Bußen und Anordnungen hervor, ob der Täter Arztkosten, entgangenen Lohn bei Arbeitsunfähigkeit und Schmerzensgelder übernehmen musste. Der glimpfliche Ausgang der meisten Auseinandersetzungen gilt als Beleg dafür, dass trotz eines hohen Aggressionspotentials gewisse Spielregeln eingehalten wurden und dass die Kontrahenten es nicht darauf anlegten, den Gegner bleibend körperlich zu schädigen oder zu töten. Die Gewalthändel seien weder Ausdruck einer gesellschaftlichen Krise des Spätmittelalters noch mangelnder Affektkontrolle, sondern als Manifestation einer spezifischen Konfliktkultur zu interpretieren.

Männer verübten Gewalt gegen Männer meistens in der Freizeit, am Abend nach Arbeitsschluss, an Sonn- und Feiertagen, in Schenken, Trinkstuben, Bordellen, beim Spiel und unter Alkoholeinfluss. Allerdings waren Wirtshäuser in der Stadt und auf dem Land keine ausschließlichen Männerräume. Sie wurden auch von Frauen bewirtschaftet, und weibliche Gäste kamen dorthin, um nicht anders als männliche Besucher in geselliger Runde zu trinken. Diese Aufenthalte galten nicht als anstößig, solange sie tagsüber stattfanden. Nach Einbruch der Dunkelheit hatten „ehrbare" Frauen Straßen und Wirtshäuser zu meiden, wenn sie sich nicht in Gefahr von Überfällen bringen wollten. Neuere Forschungen unterstreichen zum einen die Funktion von Wirtshäusern als Freizeitorte und Kommunikationszentren im Alltag beider Geschlechter, zum anderen die Gefährdung (auch) des weiblichen Personals und der weiblichen Gäste durch die Gewalttätigkeit angetrunkener männlicher Besucher. Demgegenüber traten Frauen in Wirtshäusern anscheinend selten gewalttätig in Aktion.

Gestützt auf das Recht, ja die Verpflichtung von Familienvorständen und Eheherren, ihre Angehörigen zu disziplinieren, griffen Männer jeglicher Herkunft bei familialen und ehelichen Streitigkeiten zum Mittel häuslicher Gewalt – mochte auch in Predigten das Prügeln der Ehefrau als bäurisch und pöbelhaft gegeißelt werden. Die autoritär-hierarchische Ordnung adliger Familien ermöglichte dem Oberhaupt die Ausübung physischen Zwangs: Einsperrung, Verbannung, Isolierung, Nahrungsentzug, Schläge und sonstige Drangsalierung sollten widerspenstige Ehefrauen und Angehörige gefügig machen. Schutz und Zuflucht boten im äußersten Notfall die Verwandtschaft und der Kaiser.

Zahlreiche Verfahren an städtisch-weltlichen und geistlichen Gerichten befassten sich im Spätmittelalter mit Klagen misshandelter Ehefrauen über das „tyrannische", „ungebührliche", „unredliche" Verhalten ihrer Männer. Dabei wurde verhandelt, ob die Männer ihre Frauen „über das in der Ehe übliche Maß" (*ultra modum conjugalem*) hinaus gezüchtigt hatten. Die um Verharmlosung bemühte Argumentation der beschuldigten Männer lässt darauf schließen, dass diese Ohrenziehen, Ohrfeigen und Schläge mit den bloßen Händen, soweit diese keine Wunden und Knochenbrüche verursachten, sowie Würfe mit Gegenständen als im Rahmen des Erlaubten betrachteten. Als nicht akzeptable Grausamkeit erschienen hingegen schwere Prügel, die Verwendung von Waffen, wiederholte Misshandlungen, Übergriffe gegenüber Schwangeren und Kindbetterinnen – kurz: lebensbedrohende Tätlichkeiten. Einige Männer stellten ihre Übergriffe als eine berechtigte „Strafe" für das Fehlverhalten ihrer Frauen dar, die zum Beispiel ohne Erlaubnis abends das Haus verlassen und auf ihre Bewegungsfreiheit gepocht hätten, ungehorsam und zankhaft gewesen seien, den ehelichen Verkehr verweigert oder die Ehe gebrochen hätten. Das vom weltlichen Recht

häusliche Gewalt

den Ehemännern eingeräumte Recht, ihre beim Ehebruch in flagranti ertappte Frau und deren Liebhaber bußlos zu töten, scheint nur in Einzelfällen umgesetzt worden zu sein.

Wenngleich nicht abzuschätzen ist, wie verbreitet die von Ehemännern begangenen Akte „kleiner" und „großer" Gewalt waren, so erscheint die Ehe doch aufgrund der ihr inhärenten strukturellen Gewalt nicht eben als ein Hafen der Sicherheit für Frauen. Verwandte und Nachbarn konnten zwar schützend und vermittelnd eingreifen, und bei eskalierenden, die öffentliche Ordnung störenden Konflikten wurde die Obrigkeit aktiv. Gerichtlicherseits wurden gegen brutale Ehemänner Sanktionen wie eine vorübergehende Inhaftierung oder Geldstrafen verhängt, Kautionszahlungen oder Urfehdeschwüre sollten ihr künftiges Wohlverhalten garantieren. Letzte Sicherheit bot aber wohl nur die gerichtliche Anordnung des vollständigen, die Tisch- und Bettgemeinschaft beendenden Getrenntlebens.

sexuelle Gewalt　Vergewaltigung wurde im ganzen Mittelalter der Rechtsnorm nach als ein mit schweren Strafen bedrohtes Kapitalverbrechen eingestuft. Der Umgang mit sexueller Gewalt war trotz dieser Grundeinstellung ausnehmend vielschichtig, unter anderem weil es im Einzelfall von der Konstellation der Beteiligten abhing, ob ein Übergriff als Vergewaltigung gewertet und ob bzw. wie er geahndet wurde. So mussten im Frühmittelalter unfreie Mädchen und Frauen, verheiratet oder ledig, damit rechnen, dass ihr Herr sie, seinem Herrenrecht entsprechend, sexuell in Anspruch nahm, während er sie vor dem Zugriff anderer Männer zu schützen suchte. Freie Ehefrauen und Töchter waren im Frühmittelalter in dem Maß vor Entführung, Raub (zur Erzwingung einer Ehe) und Vergewaltigung geschützt, in dem ihre Familien sie bewachten (den Tatbestand „Vergewaltigung in der Ehe" gab es bekanntlich nicht). Während des ganzen Mittelalters galten Mädchen und Frauen als umso gefährdeter, je mehr sie sich aus dem engeren Lebensbereich und von ihren Angehörigen entfernten – Reiseverbote und Warnungen vor dem Verlassen des Hauses in der Dunkelheit usw. nahmen darauf Bezug. Besondere Gefahrenzonen bildeten offenbar einige Quartiere spätmittelalterlicher Großstädte, in denen Banden junger Männer (Handwerksgesellen, Studenten) umherschweiften, zu deren Mannbarkeitsriten auch Frauenbelästigungen bis hin zu Gruppenvergewaltigungen gehörten. Vergewaltigte Frauen konnten bedingt damit rechnen, dass die Täter büßen mussten, vorausgesetzt, dass das Opfer die Tat bekannt machte, Zeugen beibrachte und die eigene Ehrbarkeit nachwies – eine insgesamt schwierige Beweisführung. Abgesehen von der im Frühmittelalter praktizierten Familienrache und einigen dokumentierten Fällen, in denen Frauen den Angreifer eigenhändig töteten und dafür nicht bzw. milde zur Rechenschaft gezogen wurden, dominierten vermutlich noch bis ins späte Mittelalter außergerichtliche Einigungen gegenüber Gerichtsverfahren. Prozesse scheinen selten mit harten Strafen gegen die Angeklagten ausgegangen zu sein; indem sie aber im Fall einer Verurteilung den Angeklagten stigmatisierten, kompensierten sie zugleich den Ehrverlust der vergewaltigten Frau.

Frauen als　Auch Frauen wandten Gewalt an. Dazu zählte nach mittelalterlichen
Gewalttäterinnen　Maßstäben nicht die maßvolle Züchtigung von eigenen Kindern, Dienstboten und Lehrlingen, die als selbstverständliche Pflicht der für Disziplin sorgenden Mutter und Hausherrin geradezu erwartet wurde. Analog zu den

Regelungen für männliche Lehrlinge und Meister wurden auch für Lehrtöchter und Meisterinnen Grenzen abgesteckt, an denen Züchtigung in unerlaubte Gewalt umschlug. So durfte der Lehrmeister den Lehrling mit einer dünnen Rute schlagen und ihn stoßen, „daß ihm die Nase blutend wird", ihn aber nicht „mit Arglist" schlagen, und die Lehrmeisterin durfte ihre Lehrtochter keinesfalls auf den Kopf schlagen. Lehrknaben litten anscheinend oft darunter, dass nicht nur der Meister, sondern auch seine Frau ihnen gegenüber hart durchgriff. Heftige, auch handgreifliche Zusammenstöße führten zum vorzeitigen Abbruch vieler Ausbildungsverhältnisse durch junge Männer, die sich dem Meister und der Meisterin nicht länger unterordnen wollten.

Gelegentlich wurden vor Gericht Fälle verhandelt, in denen Ehefrauen ihre Männer zerkratzt, verdroschen und aus dem Bett geworfen hatten. Gerichtsnotorische weibliche Gewaltdelikte gegen Ehemänner und andere Personen (vor allem Nachbarinnen und Nachbarn) kamen jedoch deutlich seltener vor als von Männern verübte Gewalttaten. Auch war die von Frauen ausgehende Gewalt insofern weniger gefährlich, als dabei selten Hieb- und Stichwaffen verwendet wurden.

In der Forschung wird diskutiert, inwieweit verbale Aggression ein spezifisch weibliches Konfliktverhalten darstellte, wie physische Gewalt mit der weiblichen Geschlechterrolle zu vereinbaren war und wie Modelle von Männlichkeit und Weiblichkeit über den Gewaltdiskurs fixiert wurden („were ich ein man, so wölt ich dich schlagen"). Dabei wird auch betont, dass gewalttätige Ehrenhändel und ritualisierte Vorgehensweisen keineswegs allein „Männersache" gewesen seien. Derzeit sind noch viele Fragen dazu offen, welche Rolle strukturelle und manifeste Gewalt im Alltagsleben von Frauen und Männern im Einzelnen spielte und welche Veränderungen sich unter dem Einfluss einer zunehmenden Sozialdisziplinierung ergaben.

II. Konzepte, Normen und Leitbilder

1. „Menschen beiderlei Geschlechts"

Was bedeuteten die Kategorien „Frau" und „Mann", „weiblich" und „männlich" nach mittelalterlichem Verständnis? Was waren die gemeinsamen bzw. unterschiedlichen Charakteristika von „Frauen" und „Männern"? Verhielten sich die als mehr oder weniger andersartig konzipierten Geschlechter auf ontologischer Ebene polar oder komplementär, gleichrangig oder hierarchisch zueinander? Solche Fragen betreffen die verschiedensten lebensweltlichen Bereiche, da Entwürfe von Weiblichkeit und Männlichkeit mit Leitbildern und Normen, mit sozialen Rollen und Praktiken interagieren. Sie sind ebenso Grundlagen wie Folgen von Gesellschafts- und Geschlechterordnungen.

Vielfalt der Entwürfe   In Anbetracht der Vielfalt unterschiedlicher Konzeptionen, die im Mittelalter nebeneinander bestanden, sich überlagerten oder verknüpften, sind allerdings einfache, verkürzende Antworten nicht möglich. Weder im naturwissenschaftlich-naturphilosophischen, im medizinischen noch im theologischen Diskurs oder im „populären" Denken herrschten einheitliche Auffassungen über die geschlechtsspezifischen Wesenszüge von Frauen und Männern. Vorstellungen von Ähnlichkeit, Gleichheit und Gleichwertigkeit hinsichtlich der körperlichen und psychisch-geistigen Konstitution, von fließenden Geschlechtergrenzen und der Möglichkeit des Geschlechtswechsels standen neben Modellen, die eher Unterschiede, Kontraste und Ungleichwertigkeiten betonten. Manche Entwürfe waren in sich widersprüchlich und ambivalent.

Ausgangspunkt der meisten Konzepte war die Annahme, dass der Mensch als Gattungswesen durch zwei Geschlechter repräsentiert wird. Diese Zweigeschlechtlichkeit kommt in der feststehenden Bezeichnung „Menschen beiderlei Geschlechts" (*homines utriusque sexus*) zum Ausdruck, die mittelalterliche Autoren für „jedermann", „alle Menschen" verwendeten. Der Begriff *sexus* bezieht sich auf den Geschlechterunterschied auf der Ebene des äußeren, körperlichen Erscheinungsbildes und der „Biologie". Die Formel „Menschen beiderlei Geschlechts" signalisiert, dass Frauen und Männer wesensmäßig und daher auch der Bezeichnung nach „Menschen" sind. Diese sprachliche Wendung ist vor dem Hintergrund der Bedeutungsverengung des Frauen und Männer einschließenden Begriffs „Mensch" (*homo*) auf „männlicher Mensch" zu sehen; analog dazu verschwand auch die ursprünglich weitgefasste Bedeutung von gemeingermanisch „leod" und von „man" – vergleiche heute „Leute", „jemand", „niemand", „man". Unterscheidende, trennende Bezeichnungen setzten sich durch, bzw. Erläuterungen wie „beiderlei Geschlechts" wurden notwendig. Tatsächlich musste auf der Synode von Mâcon des Jahres 585, wie Gregor von Tours berichtet, ein Bischof darüber aufgeklärt werden, dass auch die Frau als Mensch zu bezeichnen ist.

Die Synode von Mâcon von 585
Aus: Gregor von Tours, Libri historiarum decem VIII.20. Die Übersetzung folgt Hans-Werner Goetz, Frauen im frühen Mittelalter, S. 73.

Q

Auf dieser Synode trat einer von den Bischöfen mit der Behauptung auf, man könne die Frau (*mulier*) nicht als Menschen (*homo*) bezeichnen. Als er aber von den Bischöfen belehrt worden war, beruhigte er sich; denn die heilige Schrift des Alten Testaments lehrt dies ausdrücklich; gleich im Anfang, wo von der Schöpfung des Menschen gehandelt wird, sagt sie nämlich: ‚Gott schuf sie, einen Mann (*masculus*) und eine Frau (*femina*), und hieß ihren Namen Adam [Gen. 5.2]', das heißt Erdenmensch. So nennt sie die Frau so gut wie den Mann, denn beide bezeichnet sie als Mensch. Auch unser Herr Jesus Christus wird deshalb des Menschen Sohn genannt, weil er der Jungfrau, also einer Frau Sohn war. Denn er spricht zu ihr, als er das Wasser in Wein verwandeln wollte: ‚Frau, was habe ich mit dir zu schaffen' usw. Noch durch viele andere Beweisgründe wurde die Sache beseitigt und abgetan.

In der Forschung wird diskutiert, welche Rolle bei diesem Vorfall grammatikalisch-philologische und theologisch-anthropologische Probleme spielten und ob der Bischof tatsächlich Zweifel am Menschsein der Frau hegte.

a) Christliche theologische Anthropologie

Mittelalterliche Theologen gründeten ihre Sicht des Geschlechterverhältnisses argumentativ auf die biblische Schöpfungsgeschichte und folgten deren Auslegung durch spätantike Kirchenlehrer, allen voran Augustinus (354–430), der maßgeblichen patristischen Autorität im Westen. Die Frage, ob die Frau ebenso wie der Mann nach Gottes Ebenbild geschaffen sei, bildete dabei ein Kernstück der Diskussion. Der eine, nach heutigem Wissen jüngere Schöpfungsbericht, dem zufolge Gott den Menschen nach seinem Abbild schuf, und zwar als Mann und Frau (Gen. 1.27), lässt keinen Zweifel daran, dass beide Geschöpfe gottesebenbildlich sowie von Beginn an gleich und gleichberechtigt waren. Der andere Schöpfungsbericht erzählt, dass Gott den Menschen aus Lehm schuf und ihm nachträglich, damit er nicht allein sei, aus seiner Rippe eine „Gehilfin" bzw. „Hilfe" (*adiutorium*) formte (Gen. 2.7, 2.18 ff.). An dieser Fassung entzündete sich die Diskussion, ob gemäß der Schöpfungsordnung allein der Mann Gottes Ebenbild sei, während die Frau nur ein Abbild des Mannes darstelle, für den und aus dem sie geschaffen sei, wie schon Paulus betonte (vgl. 1. Kor. 11,7 ff.). Bis weit ins Mittelalter hinein standen unterschiedliche und widersprüchliche Exegesen nebeneinander: hier das Postulat von der Gleichheit der Geschlechter in der Schöpfungs- und Erlösungsordnung aufgrund der gemeinsamen Gottesebenbildlichkeit, dort die Behauptung einer Differenz. Augustinus sprach zwar Frauen wie Männern als Menschen die Gottesebenbildlichkeit zu, nicht aber der Frau in ihrer Eigenschaft als weibliches Wesen. Ihm folgend sahen einige Autoren wie Thomas von Aquin (1224/25–1274) „mit Bezug auf die geistige Natur" in der Frau ebenso wie im Mann ein Abbild Gottes. Im Hinblick auf die körperliche Natur, so Thomas, „liegt freilich im Manne ein Bild Gottes vor, wie es sich in der Frau nicht findet. Denn der Mann ist Ursprung und Ziel der Frau, wie Gott Ursprung und Ziel der gesamten Schöpfung ist."

Schöpfungsgeschichte und Gottesebenbildlichkeit

ursprüngliches Ge-
schlechterverhältnis

Aus Evas Erschaffung aus Adams Rippe folgerten viele Theologen, dass die Frau dem Mann von Anfang an nach- und untergeordnet gewesen sei. Andere, darunter Hugo von St. Victor († 1141) und auch Thomas von Aquin, deuteten das ursprüngliche Verhältnis von Mann und Frau als eine partnerschaftliche Verbindung (*socialis conjunctio*), als eine Gemeinschaft der Liebe (*consortium dilectionis*). Eva sei als Adams Gefährtin (*socia*), nicht als seine Herrin (*domina*) oder Magd (*ancilla*), geschaffen worden – aus der Rippe, und eben nicht aus Adams Kopf oder aus seinen Füßen. Bereits Augustinus hatte aus der ursprünglichen Verbindung eine positive Bewertung der Ehe abgeleitet, die ihm „nicht ausschließlich wegen der Zeugung von Kindern", „sondern gerade auch wegen der von Natur aus gegebenen Gemeinschaft bei verschiedenem Geschlecht" als ein Gut erschien. Nachhaltiger ins Mittelalter hinein wirkten allerdings Augustins Aussagen, die Ehe habe vorrangig sexuelle und reproduktive Funktionen und die Frau sei dem Mann als Gehilfin zur Seite gestellt worden, um Kinder hervorzubringen – wäre es um die Bedürfnisse des Mannes nach Arbeitsunterstützung, Trost, Zuwendung und Geselligkeit gegangen, so hätte Gott ihm wohl eher einen männlichen Freund zur Seite gestellt. Thomas von Aquin propagierte ebenso, dass die Frau entgegen anderslautenden Behauptungen einzig als Gehilfin beim Zeugungswerk geschaffen worden sei; bei jedem anderen Werk fände der Mann im anderen Mann eine bessere Hilfe als in der Frau. Offenkundig teilten längst nicht alle diese Auffassung vom Geschlechterverhältnis, die im Übrigen auch im Widerspruch zu anderen Äußerungen der beiden Kirchenlehrer Augustinus und Thomas steht. Aufgrund der Zwiespältigkeit, Komplexität und Mehrdeutigkeit von Augustins Theologie und Anthropologie ist letztlich seine Haltung nicht genau zu bestimmen und wird daher bis heute unterschiedlich interpretiert und bewertet.

Folgen des
Sündenfalls

Neben dem Theologumenon der Gottesebenbildlichkeit wurde der Sündenfall zur Erklärung des Geschlechterverhältnisses herangezogen. Dieser, der Ursprung allen Elends schlechthin, brachte nach Ansicht einiger Theologen erst die Herrschaft von Menschen über Menschen hervor und unterwarf die Frau als Urheberin der Sünde der Gewalt des Mannes. Nicht die Natur (*natura*), sondern Schuld (*culpa*) machte nach Augustinus den Mann zum „Herrn der Frau". Ohne den Sündenfall wäre die Frau weiterhin die Gefährtin und gleichrangige Partnerin (*par*) des Mannes geblieben, so früh- und hochmittelalterliche Bibelkommentatoren. Andere Kirchenlehrer interpretierten den Sündenfall dahin gehend, dass durch ihn die schon vorher gegebene schöpfungs- bzw. naturgemäße Unterordnung der Frau zu einer schmerzhaften Strafe verschärft worden sei. Einig waren sich fast alle, bis auf wenige Gegenstimmen, darin, dass Eva die eigentliche Verantwortung für den Sündenfall trug. Tertullians Verunglimpfung der Frau als „Pforte des Teufels" (*diaboli janua*) im 3. Jahrhundert wirkte durch die Jahrhunderte nach, wenngleich die meisten Autoren ihre kritische Beurteilung milder formulierten. Mit Evas Verführbarkeit und Verführung verband sich die Annahme einer spezifisch weiblichen Schwäche. Wegen ihrer angeblichen *fragilitas sexus* erschienen Frauen den Exegeten im Vergleich zu Männern als verstandesmäßig minderbegabt, moralisch gefährdeter und stärker durch ihren Körper bestimmt. Die Seele oder der Geist könne sich in einem weiblichen Körper weniger gut entfalten als in einem männlichen und sei daher schwächer (*infirmior*), erklärten die Scholastiker des 13. Jahrhunderts. Im schwachen weiblichen Körper herrsche eher Gefühl bzw. Instinkt (*animalis corporis sensus*) als Ratio vor, so Isidor von Sevilla (um 560–636). Der Sündenfall bemakelte nach Isidors traditionsbildender Lehre die körperliche Verfasstheit der Frau stärker als die des Mannes. Über die im Bibelbericht verhängten geschlechtsspezifischen Strafen hinaus – während der Mann sich fortan mit mühseliger Arbeit vom Erdboden nähren muss, soll die Frau mit Schmerzen gebären (Gen. 3.16f.) – machte demnach der Sündenfall die Frau zum *animal menstruale*, dessen Blut alles, was mit ihm in Berührung kommt, zerstört. Aus der Antike überkommene Anschauungen und Bibelexegese vereinten sich hier zu langfristig wirksamen Vorstellungen von der Unreinheit der Frau während der Menstruation und nach der Geburt. Verknüpfte sich die Auslegung des Sündenfallberichts insgesamt mit einem von Inferiorität geprägten Frauenbild und einer hierarchischen, männerbestimmten Geschlechterkonzeption, so gab es doch auch Stimmen, die Evas „weiblicher Schwäche" unter Heilsaspekten etwas Gutes abgewinnen konnten. Zum Glück, meinte Hildegard von Bingen, beging die weichere, schwächere Eva vor dem starken Adam den Sündenfall: „Hätte Adam früher als Eva das Gebot übertreten, dann wäre diese Übertretung so stark und unheilbar gewesen, daß der Mensch in eine so große, unverbesserliche Verhärtung gefallen wäre, daß er gar nicht mehr erlöst hätte werden wollen und können. Weil aber Eva das Gebot zuerst übertrat, konnte die Schuld leichter getilgt werden, weil sie gebrechlicher als der Mann war."

Die Lehrmeinungen patristischer und mittelalterlicher Theologen zum Geschlechterverhältnis und insbesondere zur Disposition des weiblichen Geschlechts wurden zumal in den früheren Phasen feministischer und frauengeschichtlich orientierter Theologie und Geschichtswissenschaft gelegentlich pauschal als Ausfluss „klerikaler Misogynie" und als „Diskriminierung" von Frauen eingestuft. Ein solch generalisierendes Urteil erscheint angesichts der Pluralität von Äußerungen ungerechtfertigt. Es hat inzwischen differenzierteren Sichtweisen Platz gemacht, die das Nebeneinander verschiedener Denkströmungen in ihrer Bedingtheit durch den jeweiligen religiösen und sozialen Kontext stärker berücksichtigen und zugleich einräumen, dass die Kirchenlehrer einem mehr oder weniger androzentrischen Weltbild und einer patriarchalen Gesellschaftsverfassung verhaftet waren. Das Geschlechterverhältnis samt den damit verbundenen Fragen – zum Beispiel nach der Gottesebenbildlichkeit der Frau – zu erhellen, war im Übrigen kein zentrales Anliegen der mittelalterlichen Theologie. Zum Thema wurde es vor allem, wenn theologische Positionen mit naturphilosophischen und medizinischen Traditionen zusammentrafen, etwa im Zuge der hochmittelalterlichen Aristotelesrezeption. Auch dienten einschlägige Äußerungen oft der Propaganda für kirchenpolitische Ziele (Durchsetzung des Zölibats, des sakramentalen Eheverständnisses usw.).

Welche Wirkmacht die verschiedenen theologischen Wahrnehmungs- und Beschreibungsmuster entfalteten, kann hier nur knapp angesprochen werden. Denkfiguren der Gleichheit bzw. Ungleichheit der Geschlechter flossen in kirchliche Rechtssätze sowie in die Propagierung verschiedener Modelle idealer weltlicher und geistlicher Lebensführung ein. Zweifellos basierten der Ausschluss von Frauen vom Priesteramt, das zunehmend ver-

Denkmuster und Lebenspraxis

schärfte Verbot, liturgische Funktionen auszuüben sowie die Einschränkung von Seelsorge, Lehre und Predigt vor allem auf theologisch-anthropologischen Argumenten, dass das weibliche Geschlecht ein Hindernis (*impediens sexus*) für amtskirchliche Funktionen darstelle. Gleichwohl spendeten bis ins Spätmittelalter Äbtissinnen und religiös lebende Frauen den Segen, teilten die Kommunion aus, lehrten und predigten vor geistlichen und weltlichen Zuhörerschaften. Auf dem Gebiet der asketisch-spirituellen Vervollkommnung wurden Frauen und Männer hinsichtlich ihrer seelisch-geistigen Qualitäten als gleich konzipiert, doch mussten Frauen gleichzeitig ihre weibliche „Natur" überwinden und sich als *virago* dem Mann (*vir*) angleichen – ein Gedanke des frühkirchlichen Jungfräulichkeitsideals, der erst im Lauf des Mittelalters durch andere Imaginationen (die *religiosa* als Braut oder als Gefäß der mystischen Präsenz Christi und charismatischer, visionärer Begabung) ergänzt wurde. In der Bildersprache des Gebärens, Stillens, Fütterns und Weidens, mit der die geistliche Zuwendung und Unterweisung durch Äbte, Äbtissinnen, Bischöfe, Priester und Religiosen beiderlei Geschlechts als „mütterlich" wie auch „väterlich" qualifiziert wurde, bildete sich keine unterscheidende und wertende Wahrnehmung des Körpers in seiner „weiblichen" oder „männlichen" Geschlechtlichkeit ab. Trotz vieler egalitärer Züge, trotz geistlicher Partnerschaften zwischen weiblichen und männlichen Religiosen und trotz großer Handlungsspielräume so mancher heiliger Frauen stand die Praxis religiöser Lebensweisen von Frauen insgesamt stärker als die von Männern unter misstrauischer und kontrollierender Beobachtung.

Kirchliches Eherecht und Verhaltensvorschriften für Eheleute wiederum vereinbarten den Grundsatz, dass der Mann der Frau übergeordnet sei (*vir caput mulieris*), seit der Spätantike mit der Maxime, dass es nur „ein Gesetz für Männer und Frauen" gebe, das heißt dass die Ehepartner in jeder Hinsicht (gegenseitige sexuelle Rechte und Pflichten, Kompromissbereitschaft, Rücksichtnahme, Treue, Unauflösbarkeit der Ehe usw.) einander gleichgestellt seien. Zugleich wurde den Gläubigen seit dem Frühmittelalter immer wieder eingeschärft, dass Männer „männlich" und Frauen „fraulich" bleiben, das heißt den ihnen bestimmten Platz innerhalb der Ordnung einnehmen sollten. Hinsichtlich der Grundsätze christlicher Lebensführung unterschieden Seelsorger bei ihren Belehrungen nicht nach dem Geschlecht. An Christinnen wie an Christen gleichermaßen („Gläubige beiderlei Geschlechts") richteten sich zum Beispiel Predigten, die die drei verschiedenen Lebensformen bzw. *ordines* der weiblichen und männlichen „Jungfrauen", „Witwen" und „Verheirateten" im Hinblick auf den künftigen Lohn im Himmelreich – 100-facher, 60-facher, 30-facher Ertrag – unterschiedlich bewerteten. Erst im späteren Mittelalter diente dieses ursprünglich auf die gesamte christliche Gesellschaft bezogene Modell nur noch zur Einteilung der Frauen und wurde dementsprechend gegenüber einem weiblichen Publikum verwendet.

Je nachdem, welchen Adressatenkreis die theologischen Lehrsätze, umgemünzt in Ermahnungen und Vorbilder in Predigten, Traktaten, Viten und anderen Erzählungen, erreichten, wird man ihren praktischen Lebensbezug einzuschätzen haben. Pastoralen und didaktischen Erfordernissen entsprechend ging es den Autoren solcher Texte meist weniger um grundsätzliche

Geschlechterreflexionen als um Frauen und Männer in konkreten gesellschaftlichen Positionen: im Ehestand, in geistlichen Würden, als Inhaber weltlicher Macht und materieller Güter. Ihr amts- und standesgemäßes Verhalten, etwa das kirchenpolitische Engagement von Herrscherinnen und Herrschern, war daher von entschieden größerem Interesse als ihr Geschlecht. Entsprechend ähnelten sich in ausgesprochen praxisorientierten Texten die Erwartungen und Bewertungen gegenüber Frauen und Männern derselben sozial-ständischen Gruppe.

b) Medizin und Naturphilosophie

In medizinischen, naturkundlichen und naturphilosophischen Texten des Mittelalters wurde die Zweigeschlechtlichkeit des Menschen als Tatsache vorausgesetzt. Zugleich galt die Höherwertigkeit „männlicher" Qualitäten gegenüber „weiblichen" als naturgegeben. Im Rahmen dieser Grundannahme einer hierarchisch geordneten Geschlechterdualität blieb Spielraum für unterschiedliche Auffassungen, wie im Einzelnen sich Frauen und Männer in Bezug auf ihre körperliche und geistige Konstitution, die Physiognomie, Physiologie und Anatomie sowie das Verhalten unterscheiden und welche Ausprägungs-, Übergangs- und Sonderformen des Männlichen und des Weiblichen es gibt. Gingen einige Modelle eher von Variationen innerhalb eines Kontinuums aus, so konzipierten andere Analogien oder betonten die Abweichungen. Selbst in Zusammenhängen, in denen die Geschlechter dichotomisch gegenübergestellt wurden, geschah dies unter dem Vorzeichen der Komplementarität und nicht der Gegensätzlichkeit.

Hierarchie und Komplementarität der Geschlechter

Bei den mittelalterlichen Entwürfen handelte es sich um Adaptionen antiker Wissenschaft, vertreten vor allem durch Platon (427–347 v. Chr.), Aristoteles (384–322 v. Chr.), die Hippokratiker (5.2. Jh. v. Chr.) sowie die Ärzte Soran von Ephesos (2. Jh.) und Galen (129 – ca. 200/216). Diese Autoritäten entfalteten erst vom Hochmittelalter an ihre volle Wirkung, nachdem im 11. Jahrhundert die umfassende Rezeption klassischer medizinischer und naturphilosophischer Texte dank Übersetzungen aus dem Griechischen und Arabischen ins Lateinische, die von der Schule von Salerno und ihren Gelehrten ausgingen, angestoßen worden war. Erst jetzt befassten sich Autoren und Autorinnen des lateinischen Westens ausführlicher und systematischer mit Fragen der Geschlechtlichkeit des Menschen.

Rezeption antiken Wissens

Im Frühmittelalter hingegen war antikes Wissen über die Natur des Menschen als Geschlechtswesen, über sexualkundliche Fragen, generatives Verhalten sowie zur Frauenmedizin und Geburtshilfe bruchstückhaft und verkürzt in dürftigen Übersetzungen, Kompilationen, Auszügen und Remakes tradiert worden – eine Folge des Verschwindens wissenschaftlich gebildeter Ärztinnen, Ärzte und Hebammen mit Griechischkenntnissen, für die in der Antike entsprechende Fachschriften verfasst worden waren, und der Verortung der Heilkunde im monastischen Rahmen, die dem Frühmittelalter die allzu vereinfachende Bezeichnung als „Zeitalter der Klostermedizin" eingebracht hat. Zu den bedeutendsten Bewahrern und Vermittlern antiker Kultur im Frühmittelalter gehörte der spanische Bischof und Enzyklopädist Isidor von Sevilla, dessen naturkundliche Texte ebenso Schule machten wie seine Exegese. In seinem 20-bändigen Werk „Etymologien", das jahrhundertelang das wichtigste Handbuch des Wissens blieb, beschreibt Isidor auch den Körper des Menschen von Kopf bis Fuß (*de capite ad calcem*, 11. Buch) und äußert sich zu Unterschieden zwischen den Geschlechtern. Dazu zählen unter anderem die Kopfbehaarung bzw. Glatze, die Zahl der Zähne (Männer haben angeblich mehr davon), die weibliche Brust in ihrer Milch spendenden Funktion, die Lenden als Sitz der männlichen Libido, die Oberschenkel als Region des Geschlechterunterschieds, die Geschlechtsorgane und ihre Funktionen bei der Entstehung von Kindern, männlicher Samen und weibliches Menstruationsblut. Da sich nach Isidor aus den Bezeichnungen Erkenntnisse über die Dinge selbst erschließen lassen, erklärt er anhand von Wortbedeutungen das Wesen und das Verhältnis der Geschlechter. Die Bezeichnung *vir* für den Mann bringt er mit *vis* und *virtus*, also Kraft, Stärke, Macht, Tapferkeit in Verbindung, die der Mann in größerem Maß als die Frau besitze und die ihm Gewalt über die Frau gäben. Die Bezeichnung *mulier* für die Frau sei abgeleitet von *mollis,* weich bzw. *mollier*, weicher. Ihre körperliche Schwäche erleichtere die Unterwerfung unter den Mann. Isidors Ausführungen blieben ein Bezugsrahmen für spätere Geschlechterlehren, auch nachdem im 11. Jahrhundert der unmittelbare Rückgriff auf antike Quellen möglich wurde.

Die Grundlage für das Konzept einer eher graduellen als prinziellen Geschlechterdifferenz bildete die antike **Humoralpathologie**, nach deren Theorie im menschlichen Körper Säfte mit den Primärqualitäten Hitze, Kälte, Trockenheit und Feuchtigkeit zirkulieren.

E

Humoralpathologie (Säftelehre)

Die Lehre von den vier Säften (*humores*) bildete seit Galen zusammen mit der antiken Elementenlehre ein geschlossenes wissenschaftliches Leitsystem, das die Medizin bis zur Beschreibung des Blutkreislaufs durch William Harvey (1628) prägte. In der Verknüpfung von Makro- und Mikrokosmos schuf es eine universale Ordnung. In jedem lebendigen Körper gibt es demnach vier Säfte, die mit den vier Elementen korrespondieren, mit den Jahres- und Tageszeiten sowie mit den Lebensaltern verknüpft sind und folgende Qualitäten haben: Das Blut ist feucht und warm, der Schleim (Phlegma) ist kalt und feucht, die rote Galle ist warm und trocken, die schwarze Galle trocken und kalt. In jedem Menschen herrscht ein Saft vor und bestimmt seinen Charakter, sein Temperament (sanguinisch, phlegmatisch, cholerisch, melancholisch). Gesundheit bedeutet, dass die vier Säfte, auch wenn jeweils einer über die anderen dominiert, in ausgewogener Mischung, das heißt im rechten *temperamentum*, im Organismus vorhanden sind. Krankheit bedeutet Ungleichgewicht und wird durch den Überfluss eines Saftes oder die Verdorbenheit der Säfte hervorgerufen.

Den Säftemischungen und den in unterschiedlicher Abstufung vorhandenen Primärqualitäten entsprechend gibt es eine große Bandbreite verschiedener Konstellationen, wobei der Lehre nach Männer eher von trocken-warmem, Frauen eher von feucht-kaltem Konstitutionstypus sind. Ein fundamentaler Faktor bei dieser Geschlechtereinteilung ist die Wärme, die als die Hauptkraft der Natur, das Agens schlechthin gedacht wird. Mit den Wärmeunterschieden wird den Geschlechtern ein unterschiedlicher Grad an Perfektion zugeschrieben, denn nach Galens Aussage ist das wärmere Männliche vollkommener als das kältere Weibliche. Die medizinische Theorie des Wärmeunterschieds formte Geschlechterrollen unmittelbar mit, zum Beispiel über praktische Anleitungen zur gesunden Lebensführung: Die Empfehlungen zu Ernährungsweisen, sexuellen Aktivitäten, sportlicher Bewegung (für Männer) oder ruhigerer, „sitzender" Lebensführung (für Frauen) orientierten sich unter anderem am Wärmekriterium.

Hinsichtlich der menschlichen Anatomie nahmen die meisten Mediziner und Philosophen im Anschluss an Galen keine grundsätzliche Geschlechterdifferenz an. Auch wenn sie durchaus anatomische Unterschiede beobachteten, verfochten sie das Analogieprinzip. Ihre Vorstellungen von geschlechtsbestimmenden und -unterscheidenden Körperregionen und Organen unterschieden sich teilweise von heutigen, wie bereits der Hinweis auf den Oberschenkel bei Isidor deutlich gemacht hat. Besondere Aufmerksamkeit widmeten sie den Genitalien in ihrer Eigenschaft als „Zeugungsinstrumenten". Ausgehend vom männlichen Körper, beschrieben die Autoren die weiblichen Geschlechtsorgane als Entsprechungen bzw. Varianten der männlichen Organe. So sagt etwa Avicenna (980–1037), „daß das Instrument der Zeugung bei der Frau die Gebärmutter (*matrix*) ist und daß sie geschaffen wurde ähnlich dem Instrument der Zeugung beim Manne, das heißt dem Glied und dem, was dieses umgibt". Gebärmutter, Eierstöcke und Vagina entsprechen demnach dem Hodensack, den Testikeln und dem Penis, wobei die Vergleiche im Einzelnen variieren. Aus solchen Beschreibungen, in denen die Frau als ein gleichsam nach innen gewendeter Mann erscheint, wurde gefolgert, bis ins 18. Jahrhundert sei ein „Ein-Geschlecht-Modell" gedacht worden. Diese These wirkt durchaus schlüssig in Bezug auf die Anatomie, zumal vor dem Hintergrund einer Tradition, in der der Mann als Maß der Dinge galt; sie blendet allerdings die überwiegenden Aussagen zur Zweigeschlechtlichkeit aus.

Übereinstimmung herrscht bei vielen antiken und mittelalterlichen Autoren hinsichtlich der im Vergleich zum Mann minderen genitalen Ausstattung der Frau. Im Unterschied zu den männlichen Organen sehen sie die weiblichen Äquivalente kleiner, gewissermaßen unausgereift oder verkümmert und im Körperinneren geblieben, sozusagen „ungeboren". Als eigentliches Charakteristikum des weiblichen Körpers, analog zum geschlechtsbestimmenden Penis beim Mann, erscheint der Uterus. Seine Lage, sein Aufbau, seine Funktionen und Qualitäten sind nach antiker und mittelalterlicher Auffassung für den allgemeinen Gesundheitszustand der Frau ebenso bestimmend wie die Menstruation, die ein weiteres spezifisches Merkmal des weiblichen Geschlechts darstellt. Die Beschaffenheit des Uterus und der Menstruation wurde denn auch seit der Antike eingehend im frauenmedizinischen Kontext sowie im Hinblick auf die Zeugung und Empfängnis behandelt.

Der generative Beitrag von Frau und Mann war ein Hauptgegenstand wissenschaftlicher Kontroversen über die weibliche und die männliche „Natur". Aus der Antike waren zwei verschiedene Lehren überliefert worden, an denen die meisten mittelalterlichen Autoren sich mehr oder weniger orientierten. Nach hippokratischer und galenischer Tradition wirken bei der *generatio* ein weiblicher und ein männlicher Samen (*sperma*) zusammen. Demnach ist es für die Zeugung unabdingbar, dass Frauen ebenso wie Männer Lust empfinden und ejakulieren. Mit der Idee zweier – gleichwertiger oder ungleichwertiger – Formen von Sperma wird Frauen und Männern

Annahme einer analogen Anatomie von Männern und Frauen

Theorien zum generativen Beitrag von Frau und Mann

43

eine ähnlich aktive Zeugungsfunktion zugeordnet. Die Verfechter der Zwei-Samen-Theorie waren sich allerdings nicht einig darüber, welche Kraft das weibliche „Sperma" im Verhältnis zum männlichen habe. Stoßen nach Hippokrates Frauen wie Männer manchmal stärkeren, manchmal schwächeren Samen aus, so dass situativ der Samen der Frau dem ihres Partners überlegen sein kann, so ist nach Galen der männliche Samen grundsätzlich kraftvoller, stärker „formgebend" als der weibliche. Mit der Samenqualität und -menge hängt zusammen, ob ein Paar weibliche oder männliche Nachkommen und diese in stärkeren oder schwächeren Versionen hervorbringt.

Gegenüber der Zwei-Samen-Theorie gewann im Zuge der Aristoteles-übersetzungen die Auffassung an Boden, dass allein der Mann mit seinem Samen eine aktive, formende Rolle bei der *generatio* übernehme. In diesem Modell einseitiger männlicher Gestaltungskraft stellt die Frau passiv die Materie bereit – als *operatio agentis et patientis* beschreibt Thomas von Aquin das generative Zusammenspiel, in dem er wie Aristoteles einmal mehr den höheren Rang des männlichen Prinzips der Form gegenüber dem weiblichen Prinzip der Materie bestätigt sieht. Die Vertreter der Ein-Samen-Theorie lösten, indem sie die Existenz eines weiblichen Samens bestritten, heftige Debatten aus, wie der empörte Ausruf „Die dies behaupten, verbreiten nichts als Lügen!" des Thomas von Cantimpré (um 1201 – um 1270) belegt.

Hildegard von Bingen, eine zugleich „orthodoxe" und eigenwillige, auf dem Boden von Konventionen originell denkende Autorin, setzte sich besonders tiefgründig und differenziert mit Vorgängen der Zeugung und Empfängnis sowie mit anderen Aspekten der Sexualität auseinander. Ihre Ausführungen repräsentieren eine von vielfältigen Weisen, wie mittelalterliche Autoren antike *generatio*-Lehren verschiedener Provenienz verarbeiteten und weiterentwickelten. Hildegard war sich anscheinend nicht recht schlüssig, ob es einen weiblichen Samen (*semen*) gibt und welche Bedeutung dieser im Vergleich zum männlichen Samen hat. Sie schreibt Frauen und Männern einen „Schaum" (*spuma, spuma seminis*) zu, wobei der weibliche „Schaum" seltener und spärlicher ausgestoßen wird. Er ist „schwächer", aber nicht schlechter als der männliche „Schaum". Die Vermischung beider „Schäume" im Geschlechtsakt bewirkt die Empfängnis. Erst dadurch, dass der zunächst „kalte" männliche Schaum bzw. Samen durch den weiblichen „Schaum" im Körper der Frau erwärmt wird, bildet und entwickelt sich der Fötus. Infolge dieser ungewohnten Zuordnung von Wärme bzw. Kälte zum weiblichen bzw. männlichen Prinzip übernimmt die Frau bei Hildegard einen formgebenden, schöpferischen Part. Selbst die Gesichtszüge des Kindes werden von der weiblichen Wärme mitbestimmt in dem Maße, in dem diese die Oberhand gegenüber dem männlichen Samen gewinnt. Dickere, das heißt wärmere (und gesündere) Frauen gebären nämlich angeblich Kinder, die ihnen ähnlich sehen, dünnere Frauen hingegen Kinder, die dem Vater ähnlich sehen. Während Hildegard traditionsgemäß die Kraft des männlichen Samens als ausschlaggebend für das Geschlecht des Kindes betrachtet – aus starkem Samen entsteht ein Junge, aus schwachem ein Mädchen –, ist der Charakter des Kindes davon abhängig, ob die Eltern beim Zeitpunkt der Empfängnis einander zugeneigt sind. Im Idealfall entsteht aus starkem väterlichem Samen und wechselseitiger „tugendhafter Liebe" (*rectus amor caritatis*) der Eltern ein mit allen guten Eigenschaften ausgestatteter Junge. Im schlechtesten Fall, wenn der väterliche

Samen schwach ist und kein Elternteil den anderen liebt, kommt ein Mädchen mit boshaftem Charakter heraus. Spiegelt sich somit in den verschiedenen Kombinationen von Geschlecht und Charakter der Vorrang des Männlichen, so wirken in Hildegards Entwurf gleichwohl beide Geschlechter annähernd symmetrisch an der Kindesentstehung mit.

Fragen der Sexualität werden in medizinischen und naturkundlichen Texten des Mittelalters unbefangen und ohne moralische Wertung behandelt. Die Autoren gehen einhellig davon aus, dass Sexualität ein anthropologisches Wesensmerkmal ist. Die Kinderzeugung setzt Begehren, Lust und Orgasmus voraus – beim Mann, aber nach gängigen Lehren auch bei der Frau. Außerdem schließt eine gesunde Lebensführung den regelmäßigen Koitus ein, wobei jedes Zuviel und Zuwenig der Gesundheit vermeintlich abträglich ist. Sexualität und Lust

Hinsichtlich des sexuellen Verhaltens differenzierten die Gelehrten, gestützt auf humoralpathologische und anatomische Argumente, zwischen den Geschlechtern. Zunächst einmal leiteten sie aus der feucht-kalten weiblichen und der trocken-warmen männlichen Konstitution ab, dass Frauen und Männer über einen unterschiedlich stark ausgeprägten sexuellen Antrieb verfügen und unterschiedlich intensive Lust empfinden. In Diskussionen darüber wurden verschiedene Positionen vertreten. Mal wurde Frauen ein Mehr an sexuellem Verlangen und Lust zugeschrieben, mal ging der Tenor dahin, dass im Vergleich zur männlichen Feurigkeit die weibliche Begierde wie feuchtes Holz sei – schwer zu entflammen, aber lange brennend. Hildegard von Bingen kleidete entsprechende Überzeugungen in die Worte, die männliche Lust flackere wie ein Feuer auf und falle ebenso in sich zusammen. Die weibliche Lust sei dauerhafter, sie halte sich wie ein Schiff auf den Wogen im leichten Wind, weil die weibliche Natur maßvoller sei.

Hinzu kamen unterschiedliche Lokalisierungen der Libido im weiblichen und im männlichen Körper. Dabei ging es nicht um „erogene Zonen" im heutigen Verständnis; diese spielten in den wissenschaftlichen Werken nur eine untergeordnete Rolle. Geläufig war die von Isidor tradierte Annahme, dass der Sitz des weiblichen Begehrens der Nabel sei, während die männliche Libido von den Lenden ausgehe. Mit dem Nabel war vermeintlich die Uteruswurzel, mit den Nieren in der Lendenregion die Peniswurzel verbunden. Am Penis interessierte vor allem das Zustandekommen der Erektion durch psychologische und nichtpsychologische Ursachen. Den Uterus betrachteten viele Autoren im Anschluss an Platon und die Hippokratiker als ein nach körperlicher Vereinigung und Kinderzeugung gierendes Lebewesen, das bei sexueller Abstinenz durch den Körper der Frau zu wandern oder sie gar zu ersticken drohte. Bei Hildegard von Bingen dagegen kontrastiert die geräumige, luftige und offene Gebärmutter mit dem engen, zusammengezogenen und verschlossenen männlichen Lendenbereich. Hildegard folgert daraus, dass die weibliche Lust (*delectatio*) sich im Körper weitflächiger verteilt, milder und gleichmäßiger ist als die eng fokussierte, heiße und heftige Lust des Mannes. Sie ist daher leichter unter Kontrolle zu halten und ideal für die Fruchtbarkeit wie die Sonne, „die einschmeichelnd, linde und beständig die Erde mit ihrer Wärme durchgießt, so daß sie Früchte hervorbringt".

Hildegard vergleicht allerdings nicht einfach weibliche und männliche Sexualität, sondern differenziert innerhalb beider Geschlechter nach Temperamenten. Indem sie den Körperbau, das Aussehen, den Charakter, die Libido, die sexuellen Vorlieben und Verhaltensweisen sowie die Fruchtbarkeit cholerischer, sanguinischer, phlegmatischer und melancholischer Männer und Frauen ohne durchgehende Systematik beschreibt, ordnet sie einzelnen männlichen und weiblichen Typen auch Eigenschaften des jeweils anderen Geschlechts zu und kategorisiert sie als mehr oder weniger „männlich" bzw. „weiblich". So erscheint zum Beispiel der Choleriker als die Reinform des männlichen Mannes (*virilis vir*), nicht zu verwechseln mit dem Idealtypus des Mannes, als welcher der Sanguiniker gezeichnet wird: Dieser harmoniert aufgrund seiner glücklichen, moderaten Anlagen besonders gut mit Frauen. Der Phlegmatiker zeigt ausgesprochen wenig männliche Züge, sondern ähnelt körperlich und wesensmäßig den weichen, schwachen Frauen, und die Phlegmatikerinnen – sie „sind tüchtig, brauchbar und besitzen einen etwas männlichen Geist" – haben unter anderem männliche Qualitäten.

abgestufte Ausprägungen von „Weiblichkeit" und „Männlichkeit" So einzigartig Hildegards nach Temperamenten ordnende Typologie ist, sie entspricht der generellen Tendenz, innerhalb der Geschlechterdualität graduelle Unterschiede und vielfältige Ausprägungen von „Weiblichkeit" und „Männlichkeit" wahrzunehmen. Verschiedene Texte antworten auf die Erfahrung, dass nicht alle Frauen und Männer gleichermaßen „weiblich" bzw. „männlich" wirken und dass es zwittrige Sonderformen gibt, mit Beschreibungen, wie „maskuline Frauen", „feminine Männer" und Hermaphroditen aussehen und sich verhalten. Zur Erklärung der Schwankungen und Abweichungen vom Idealtypus wurde unter anderem das Modell des siebenkammerigen Uterus verwendet. Danach bestimmt die Lage des Fötus während der Schwangerschaft darüber, welches Geschlecht ein Kind hat und in welchem Grad es „weiblich" bzw. „männlich" ist. In der rechten, warmen Seite des Uterus entsteht ein Knabe, in der linken, kalten ein Mädchen, in der mittleren Kammer ein Hermaphrodit. Je näher das Kind an der wärmenden Leber heranwächst, desto männlicher wird es. Das heißt ein männlicher Embryo entwickelt sich bei geringer Wärmeeinwirkung zu einem „weibischen" Mann (*vir effeminatus*) und ein weiblicher Embryo bei Hitzeeinwirkung zu einer Frau mit „mannhaftem" Wesen (*femina virilis, virago*).

Mit Klassifizierungen von Männern als *effeminatus* und von Frauen als *virilis* in wissenschaftlichen Texten gingen Wertungen einher, wobei maskuline Eigenschaften wegen der dem Männlichen innewohnenden größeren Perfektion insgesamt höher eingestuft wurden. Im Großen und Ganzen akzeptierten naturkundliche und medizinische Autoritäten allerdings sexuelle Ambiguität, Misch- und Sonderformen, was das Erscheinungsbild und die Verhaltensweisen anging, als Naturphänomene, die aus dem Zusammenwirken verschiedener Kräfte wie zum Beispiel Hitze und Kälte resultierten. Diese offene Haltung ist weder in religiös belehrenden Schriften (unter Umständen von denselben Verfassern) zu finden noch in den Genres weltlicher Literatur, die gerade im Spätmittelalter „Abweichungen" von der konventionellen Zweigeschlechtlichkeit und deren sexuellen Normen anprangerten. Herrschte auf der Ebene abstrakten Wissens Aufgeschlossenheit gegenüber allen Erscheinungsformen des Geschlechtlichen, so wurden Unübersichtlichkeit und „Unordnung" hinsichtlich der Geschlechterrollen als bedrohlich für das Gesellschaftsgefüge wahrgenommen. Dies betraf gleichermaßen Kleidertausch, gleichgeschlechtliche sexuelle Aktivitäten und jegliche Verhaltensweisen, die dem allgemeinen Postulat, dass ein Mann „männlich" und eine Frau „fraulich" bleiben solle, nicht zu entsprechen schienen.

Das in medizinischen und naturphilosophischen bzw. naturkundlichen Texten enthaltene, vielfach in Enzyklopädien zusammengestellte Wissen wurde durch Übersetzungen und Bearbeitungen im Spätmittelalter volkssprachlich weit verbreitet. Je mehr Manuskripte auch heute noch gefunden und kritisch ediert werden, desto deutlichere Konturen gewinnt die zeitgenössische Rezeption. Wie im Einzelnen sich wissenschaftliche Aussagen über die „Natur" von Frauen und Männern durch die Verknüpfung mit Theologie, religiösen Lehren und rechtlichen Normen zu Geschlechterrollen in Welt und Kirche verdichteten, wird auf zunehmend breiterer Quellenbasis untersucht. Ohne ins Detail zu gehen lässt sich festhalten, dass hierarchisch geordnete Funktionszuweisungen an Frauen und Männer durch die Wahrnehmung des Männlichen als Standard zwar nicht generiert, aber gefördert wurden. Ins Auge springt, wie die Konzentration vieler Texte auf die *generatio* mit der besonderen Hochbewertung weiblicher Fruchtbarkeit und Gebärleistung in der mittelalterlichen Gesellschaft korrespondierte. Die Annahme, der Mann sei als das wärmere, aktive Lebewesen perfekter, trug zu hohen Erwartungen an seine Überlegenheit auf allen möglichen Gebieten bei. In neueren Forschungen wird denn auch betont, dass gerade vor dem Hintergrund vermeintlich höherer Vollkommenheit die verantwortungsvollen Aufgaben als Ehemann, Familienvater, Amtsträger usw. regelrechte Bürden für Männer darstellten. Für Männer galten (mindestens) ebenso strikte Rollenzuweisungen wie für Frauen; sie konnten sich überdies kein Versagen leisten, sondern mussten vielmehr immer aufs Neue ihre „Männlichkeit" im Sinne von Überlegenheit gegenüber anderen Männern und gegenüber Frauen demonstrieren. Vor allem in Zeiten gesellschaftlicher Umbrüche entstand Verunsicherung, bis sich neue Modelle durchgesetzt hatten.

2. Adlig-höfische Ethik

Seit dem Frühmittelalter verstand sich die aristokratische Spitze der Gesellschaft als eine Gruppe, die sich durch ihre vornehme Abkunft und durch ein besonderes Ethos von der übrigen Bevölkerung abhob. Adel war somit ererbt und musste zugleich im Verhalten ständig neu bewiesen werden. Weltliche Qualitäten und christliche Tugenden paarten sich in einem Wertesystem, das eine spezifische Kultur – Lebensstil und Habitus, Handlungsweisen und Einstellungen – entstehen ließ. Die entsprechende Sozialisation fand am Hof des Königs bzw. des Fürsten statt. Der Hof bildete den herrschaftlichen, repräsentativen, kulturellen und geselligen Mittelpunkt adliger Existenz und war der Ort, an dem standesgemäße Verhaltens- und Umgangsformen gelebt und gelehrt wurden.

Zwar handelte es sich bei der für den Adel propagierten Ethik und der daraus gespeisten Kultur um Phänomene, die eine zahlenmäßig kleine Oberschicht für sich reklamierte und bewusst zur sozialen Abgrenzung nach unten einsetzte. Adlige Verhaltensnormen entwickelten sich langfristig aber viel-

Orientierung an adligen Vorbildern

47

fach auch zu Maßstäben, an denen sich Nichtadlige orientierten. Das Ideal höfischen Wesens („hövescheit") beispielsweise wandelte sich zum Postulat der Höflichkeit, und „ritterliches" Verhalten wurde in Regeln zum männlichen Umgang mit Frauen tradiert. Die demonstrative Inszenierung adliger Lebensform vor städtischem Publikum regte die Oberschichten zur Nachahmung an. Wohlhabende, gebildete Bürger trugen im Spätmittelalter die höfische Kultur mit: Sie traten als Mäzene und Sammler von Literatur hervor, veranstalteten Turniere, erwarben die Ritterwürde und bauten sich Burgen im Umland. Selbst unter Gesellen und Bauern wurden Geschicklichkeitskämpfe und Wettbewerbe wie das Gesellenstechen oder Ringreiten modern, die von adligen Kampfspielen abgeleitet waren. Adlig-höfische Ethik und Kultur entfalteten im Übrigen nicht nur in verschiedenen Bevölkerungskreisen aufgrund ihres Vorbildcharakters Wirkung, sondern vereinten auch, trotz mancher Antagonismen, die geistlich-klerikale und die weltliche Elite.

Vermittlung adliger
Verhaltensnormen

Die ethischen Normen des adligen Wertekodex wurden adligen Frauen und Männern unter anderem durch eine Vielzahl verschiedener belehrender, beratender, erbaulicher und unterhaltender Schriften erzieherisch vermittelt. Die meisten überlieferten Texte stammen von geistlichen Autoren, doch bemerkenswerterweise treten bereits in der Merowinger- und Karolingerzeit auch zwei weltliche Aristokratinnen in Erscheinung, die ihren Söhnen Richtlinien an die Hand geben, wie sie sich am Königshof und unter Standesgenossen gemäß christlich-religiösen und adligen Grundsätzen verhalten sollen. Im frühen 7. Jahrhundert richtet Herchenefreda († nach 630), eine Frau vermutlich vornehmer galloromanischer Abstammung, Briefe an ihren Sohn Desiderius († 655), der als oberster Finanzbeamter (*tesaurarius*) am Pariser Königshof Karriere macht und später Bischof von Cahors wird. Darin fordert die Mutter den Sohn dazu auf, seine Pflichten als Christ wie als Hofmann zu erfüllen. Er soll dem König treu sein, seine Gefährten wert halten, Gott lieben und fürchten sowie seinen Standesgenossen ein Vorbild guter Lebensführung sein, Nächstenliebe, Keuschheit und Vorsicht in Wort und Tat beachten. Zu Beginn der 840er-Jahre schreibt die fränkische Adlige Dhuoda († nach 843) für ihren 16-jährigen Sohn Wilhelm († 850), den sein Vater an den Königshof Karls des Kahlen geschickt hat, ein Handbuch, das ihm als Anleitung für ein christlich-adliges Leben dienen soll. Sie mahnt zu Gottesliebe, Gehorsam gegenüber dem Vater und dem König, gibt Verhaltensanweisungen im Umgang mit den Großen, dem Klerus und anderen Mitgliedern der Hofgesellschaft und warnt vor ungezügelten Leidenschaften wie dem „männlichen Zorn" (*ira viri*). Nachdrücklich ruft sie Wilhelm zur Vervollkommnung seines geistigen Krieger- bzw. Rittertums (*militia animae*) auf und schärft ihm ein, dass der Adel des Geistes vornehmer ist als der Geburtsadel.

Zu Recht ist seitens der jüngeren Forschung betont worden, dass höfisches Verhalten bereits an den frühmittelalterlichen Königshöfen ausgeprägt wurde und dass königliche und adlige Frauen dabei entscheidend mitwirkten. Sie wurden als Erzieherinnen und Ratgeberinnen aktiv wie Herchenefreda und Dhuoda, standen als Mitglieder der Hofgesellschaft im gebildeten Austausch mit weltlichen und geistlichen Hofmännern und setzten sich als Königinnen in der Frühzeit der Christianisierung dafür ein, dass sich ein an christlichen Werten orientiertes Adelsethos etablierte.

Die Normen christlich-adliger Ethik bezogen sich im Grundsatz auf Frauen und Männer ohne Ansehen des Geschlechts. Vornehme Frauen und Männer wurden in der Karolinger- und Ottonenzeit als vorbildliche Vertreter geistigen Adels (*nobilitas mentis*) gepriesen und zugleich dafür gerühmt, dass ihre körperliche Erscheinung ihre adlige Abstammung unter Beweis stellte. Regentinnen wie Regenten sollten über traditionelle Herrschertugenden wie Freigebigkeit, Gerechtigkeit, Klugheit, Weisheit und Selbstbeherrschung verfügen. Gleichzeitig sollten sich jedoch ideale Adlige je nach Geschlecht durch unterschiedliche Qualitäten auszeichnen. So wurden für adlige Frauen Haltungen und Aufgaben betont, die genuin christlichen Geboten entsprachen, etwa Demut, Nächstenliebe und Armenfürsorge. Demgegenüber wurden auf männlicher Seite kriegerische Eigenschaften wie Tapferkeit, Waffentüchtigkeit und körperliche Gewandtheit hoch bewertet. Listigkeit stand adligen Männern, nicht aber Frauen wohl an – eine aus dem frühen ins spätere Mittelalter tradierte Auffassung, nach der Männer der politischen und kulturellen Führungsschicht ihren Verstand anders gebrauchen sollten als Frauen. Die schriftgebundene Bildung und die Beflissenheit, zu lesen oder sogar zu schreiben, wurde bei Adligen beiderlei Geschlechts beifällig hervorgehoben. Allerdings lassen frühmittelalterliche Geschichtsschreiber und Hagiographen keinen Zweifel daran, dass adlige Frauen auf höherem Niveau literat waren als ihre weltlichen Standesgenossen. Diesen Vorsprung an schriftgebundener Bildung behielten sie bis ins späte Mittelalter. Er erklärt sich unter anderem mit dem Umstand, dass die gesellschaftlichen Funktionen adliger Frauen – wie Memoria und andere religiöse Pflichten, Erziehung, Unterhaltung, Repräsentation, Diplomatie und Wirtschaftsführung – ein gewisses Maß an Lese- und Schreibfähigkeit wünschenswert erscheinen ließen. Dagegen prallten auf Seiten der Männer verschiedene Leitbilder aufeinander: hier die Auffassung, dass ein schriftunkundiger König gleichsam ein gekrönter Esel sei (*rex illitteratus est quasi asinus coronatus*), wie es in einem bei Johannes von Salisbury (ca. 1115/20–1180) und anderen Autoren vom 12. Jahrhundert an aufgegriffenen Sprichwort hieß, und der Aufruf, dass gelehrte Bildung und die dazu erforderliche Muße Vorrecht und Pflicht des Adels seien – dort die vielfach als Bildungsunlust gescholtene Ansicht, adlige Jungen müssten sich vorrangig „praktische" Kenntnisse und Fertigkeiten (*probitates*) wie Reiten, Fechten, Jagen und Tanzen sowie feines höfisches Benehmen aneignen.

Zum Hochmittelalter hin bahnten sich gesellschaftliche Veränderungen an, in deren Zusammenhang die Leitbilder adlig-höfischer Existenz neu akzentuiert wurden. Der Adel begann sich auszudifferenzieren, unter anderem durch den wachsenden Vorrang der Fürsten sowie durch den Anschluss sozial aufgestiegener Dienstmannen (Ministerialen) mit „ritterlicher" Lebensweise. Seitdem sich in der Karolingerzeit ein adliges Berufskriegertum ausgebildet und das bewaffnete bäuerliche Aufgebot aus der Kriegsführung verdrängt hatte, wuchs die Distanz zwischen Waffen führenden, berittenen Adligen („Rittern", *milites*) und Bauern (*rustici*). Diese Polarisierung schlug sich im literarischen Spott über „dörperliches" Verhalten ebenso nieder wie in der Kritik an Adligen, die eine an den freien Künsten (*artes liberales*) und an Schriftlichkeit orientierte Bildung ihrer Kinder für unnötig hielten, während stattdessen „die unfreien Bauern ihre Mißgeburten in den Künsten, die ihnen doch gar nicht zukommen, erziehen" ließen, so kurz vor 1200 der englische Hofmann und Hofkritiker Walter Map (ca. 1130/35–1209/10). Das im 11. Jahrhundert propagierte Modell der drei Gesellschaftsstände (*ordines*) verwies Beter (*oratores*), Krieger (*bellatores, pugnatores, milites*) und Arbeitende oder Bauern (*laboratores, agricultores*) auf ihre verschiedenen, einander ergänzenden Pflichten: für das Seelenheil aller zu beten, die Gesellschaft zu schützen und zu verteidigen und sie zu ernähren. Die Notwendigkeit der religiösen Legitimierung des Waffengebrauchs wurde nachhaltiger eingeprägt. Ausgehend von der Gottesfriedensbewegung in Frankreich und im Reich wurde das adlige Recht zur Fehde als legitimer gewalttätiger Selbsthilfe eingeschränkt. Statt sich gegenseitig zu morden, sollten die Kämpfer als *milites Christi* zur Verteidigung der orientalischen Kirche ausziehen, forderte Papst Urban II. 1095 im Aufruf zum ersten Kreuzzug. War der Gedanke der *militia Christi* ursprünglich auf die asketisch-monastische Lebensweise bezogen gewesen, so wurde er jetzt auf die Waffenführenden übertragen, sofern diese ihren standestypischen Christenpflichten – Schutz für Wehrlose, Friedenssicherung, Verteidigung des Glaubens – nachkamen. Die Ritterorden verkörperten diese ideale Verbindung kriegerischer und christlicher Tugenden in besonderer Weise.

"ritterlich-höfische Kultur"   „Rittertum" bzw. „Ritterschaft" wurde zur Bezeichnung für standesgemäße Lebens- und Verhaltensformen, die sich an heterogenen, auch widersprüchlichen religiösen und weltlichen Normen ausrichteten. Letztere bildeten die Elemente einer teils traditionellen, teils neuen Ethik, die an den Fürstenhöfen vermittelt wurde. Auf eine als „hövescheit" (*curialitas*) bezeichnete Bildung im Sinne von „Wohlerzogenheit" zielend, machte sie den ideellen Kern der sogenannten „ritterlich-höfischen Kultur" des hohen und späten Mittelalters aus. Im Zentrum stand dabei der Erziehungsgedanke. Pädagogische Texte und Unterhaltungsliteratur prägten dem adligen Publikum ein, klassische Herrschertugenden wie Freigebigkeit („milte", *liberalitas*) zu üben, Affekte und Emotionen ebenso zu beherrschen wie die Sprache und den Körper sowie sich mit Äußerungen, Bewegungen und Gebärden in allen Situationen anständig und vornehm zu benehmen. Grundsätzlich musste feine höfische Lebensart in der Praxis ständig geübt werden – „zuht und hüfscheit koment von der gewonheit", so Thomasin von Zerklaere:

Q

Ich hân gehoeret lange vrist,	Mir ist seit langem bekannt, daß
daz in der werlde gevrumt ist	von tüchtigen Menschen sehr viel
von vrumen liuten harte vil.	Gutes in der Welt bewirkt worden ist.
nu ist zît, daz ich sagen wil,	Nun also möchte ich darstellen, was
waz vrümkeit und waz zuht sî	Tüchtigkeit und was gute Erziehung
und waz tugende unde wî	und was Tugend ist und wie
beidiu wîp unde man,	die Frau ebenso wie der Mann,
swerz von im selben niht enkan,	der es nicht von selbst weiß,
ze guoten dingen komen sol.	das Gute erreichen kann. Wer die
swer zühte lêre merket wol,	Lehre einer guten Erziehung beachtet,
ez mag im vrumen an der tugent	den kann das im Alter wie in der Jugend
bêdiu an alter unde an jugent.	an Tugendhaftigkeit fördern.

Aus: Thomasin von Zerklaere, Der Welsche Gast (1215/1216), Verse 2132, in der Übersetzung von Eva Willms, S. 23.

Der aus Friaul stammende, theologisch, philosophisch und literarisch umfassend gebildete Thomasin (geb. um 1186) wendet sich mit seiner deutschsprachigen Verhaltenslehre an „vrume rîter, guote vrouwen, wîse phaffen". Auf der Basis antiker und mittelalterlicher Morallehren leitet er, unmittelbar auf die Lebenswirklichkeit zielend, die Oberschicht zu ethischem Denken und Handeln an. Der erste Teil des Werks unterweist in der Tradition einer „Hofzucht" die jugendlichen und erwachsenen Adligen beiderlei Geschlechts in höfischen Haltungen und Umgangsformen. „Der Welsche Gast", in zahlreichen Handschriften verbreitet und offenbar weithin rezipiert, stellt eine repräsentative Summe einschlägiger Didaxen dar.

An Thomasins Schrift wird exemplarisch deutlich, dass, wie schon im frühen Mittelalter, adlige Mädchen und Frauen, Knaben und Männer auf weitgehend gleiche moralische Grundsätze verpflichtet wurden. Gutes, ehrenhaftes, selbstbeherrschtes Handeln und Gebaren etwa gehörte sich gleichermaßen für „juncherren unde vröuwelîn". Gleichwohl standen manche Haltungen besser dem einen als dem anderen Geschlecht an, und es galten unterschiedliche Verhaltenscodes. Prahlerei, Lüge und Spott zum Beispiel verbieten sich für adlige Frauen und Männer, doch passt das Prahlen, so unangenehm es beim Mann ist, zu einer Frau noch viel schlechter. Freigebigkeit und Demut ziemen sich für beide Geschlechter, doch es kommt bei den „rîtern" mehr auf Erstere, bei den „vrouwen" mehr auf Letztere an. Vor Falschheit sollen Frauen sich noch sorgsamer hüten als Männer, auch Unbeständigkeit, Untreue und Hoffart sollen sie besonders meiden, während auf Seiten der Ritter Tapferkeit nicht mit Hasenherzigkeit und Arglist zu vereinbaren ist.

Bis ins Detail wird festgeschrieben, wie höfische Damen und Herren sprechen, blicken, gestikulieren, sich bewegen und kleiden sowie im Umgang mit Standesgenossen des eigenen und des anderen Geschlechts sich aufführen sollen. Dabei werden die Jungen und Männer einerseits weniger strikt diszipliniert als die Mädchen und Frauen, was ihre Wahrnehmung, Motorik und Kommunikation betrifft. Andererseits müssen sie besonders gegenüber Damen und ranghöheren Männern ihren Bewegungsdrang zügeln und aufmerksam die Etikette beachten. So sind adligen jungen Männern anständige Blicke auf andere Männer und Frauen durchaus gestattet. Ihr Verhalten zu Pferde wird nur dahin gehend eingeschränkt, dass sie nicht reiten sollen, wo eine Dame zu Fuß geht, auch nicht ungestüm auf Frauen zugaloppieren und geradeaus statt allzu oft auf ihre Beine sehen sollen. Mit unbekleideten Schenkeln vor eine Dame zu treten, gehört sich nicht. Keinesfalls dürfen sich junge Männer auf eine Bank stellen, wenn dort ein Ritter sitzt. Adligen Knaben verbietet das Protokoll, bei Auftritten mit ihrem Dienstherrn zu flüstern, zu lachen und umherzublicken. Im Gespräch mit anderen adligen Männern sollen junge Herren und Ritter nicht wild mit den Händen fuchteln und respektlose Berührungen Höherstehender vermeiden. Die Kunst des höfischen Sprechens bedeutet für den Adligen auch, mit Bedacht abzuwägen, „von wem, zu wem, was, wie und wann er spricht", um sich nicht selbst zu schaden. Auch sollen junge Männer aufmerksam zuhören, damit man ihnen nichts zweimal sagen muss, und über Mitteilungen Stillschweigen bewahren. Die Anweisungen, wie „man" sich manierlich bei Tisch verhält, sind anscheinend an die männlichen Mitglieder einer Speisegesellschaft adressiert. Insgesamt dienen diese Belehrungen dazu, in einer männlich dominierten, hierarchisch gegliederten Hofgesellschaft für

Verhaltenscodes für adlige Frauen und Männer

einen rücksichtsvollen und daher konfliktfreien Umgang zu sorgen. Dahinter steht die Wertschätzung des gemeinsamen Lebens, der Freundschaft und Geselligkeit.

Adlige Frauen hingegen sollen ihre Blicke auf Schritt und Tritt hüten anstatt umherzusehen, auf Geräusche nicht reagieren, wenig, sanft und leise sprechen, beim Essen schweigen, beim Sitzen nicht die Beine übereinanderschlagen und nur langsam mit kleinen Schritten geradeaus schreiten. Sie sollen in der Öffentlichkeit den ganzen Körper mit einem Mantel verhüllen und diesen zusammenraffen, falls das Kleid darunter Körperteile frei lässt. Beim Reiten sollen sie sich zum Pferdekopf hinwenden und – offenbar im Seitsitz – nicht quer sitzen, den Kopf und die Augen still halten und die Hände nicht aus dem Gewand herausstrecken. Die ideale höfische Dame reduziert also ihre Äußerungen, Wahrnehmungen und Bewegungen auf ein Minimum. Ihre äußerste Zurückhaltung scheint nur mit einer weitgehend passiven, dekorativen Rolle im Hofleben vereinbar. Bezeichnenderweise soll sie vor allem einen anmutigen Anblick für männliche Augen bieten, entsprechend der Aufforderung, sich sehen zu lassen, wenn fremde Männer zu Besuch kommen, Fremde jedoch selbst nicht intensiv zu betrachten. Tatsächlich waren Frauen bei einigen Akten höfischer Repräsentation, etwa im Turnier, vor allem als zuschauendes Publikum gefragt. Als Teilnehmerinnen von Tänzen, Jagden, Banketten, Empfängen und anderen Geselligkeiten nahmen sie jedoch auch aktiv Aufgaben wahr, die mit den von Thomasin vorgesehenen Einschränkungen schwerlich vereinbar gewesen wären. Im „Frauenbuch", einer Auseinandersetzung zwischen einem Ritter und einer Dame darüber, ob Männer oder Frauen am Mangel höfischer „vröide" schuld seien, lässt Ulrich von Liechtenstein (um 1200–1275) denn auch den Ritter sich beklagen: Ein Hofmann wie er könne überhaupt nicht mit der stummen und blicklosen, „wie gemalt" dasitzenden Dame kommunizieren.

Bei beiden Geschlechtern sind nach Thomasins Auffassung adlig-höfische Qualitäten nichts wert, wenn sie sich nicht mit Verstand paaren. Allerdings benötigen Frauen im Gegensatz zu Männern nicht viele Kenntnisse und Künste. Wenn sie über höheren Intellekt und Bildung verfügen, sollen sie diese anstandshalber nicht zeigen – schließlich will man sie nicht als Regenten haben. Mit der Devise, dass Einfachheit gut zu höfischen Frauen passt („einvalt stêt den vrouwen wol"), gibt Thomasin eher eine Empfehlung für das gesellschaftliche Auftreten, als dass er sich gegen die Mädchenbildung ausspricht. Als eine Art literarische Elementarbildung schlägt er jedenfalls sowohl für Mädchen wie für Jungen die Lektüre höfischer und antiker Romane vor, an deren Heldinnen und Helden sie sich moralisch orientieren sollen.

Minnelehre und „höfische Liebe"

Den Verstand brauchen Adlige beiderlei Geschlechts unbedingt für die „Minne": Sie gerät außer Kontrolle, wenn sie ohne Klugheit, das heißt ohne Maß, „gespielt" wird, und entehrt dann Frauen und Männer. Mit der Minnelehre greift Thomasin ein zentrales Anliegen der zeitgenössischen Diskussion über höfische Ethik und Erziehung auf. Seine Ratschläge, wie ein höfischer Mann – im Gegensatz zu niederträchtigen Kerlen und Kaufmännern – um die Liebe einer Dame werben und wie diese sich zudringlichem Begehren versagen soll, laufen darauf hinaus, dass ein vorbildlicher Ritter lange, ausdauernd und selbstbeherrscht Frauendienst zu leisten hat und dass eine anständige Frau ihre Ehre gegen unerlaubte Übergriffe bewahrt. Die Dame zivilisiert den Werbenden, indem sie ihn dazu bringt, sich zurückzuhalten, statt sie zu bedrängen und zu überrumpeln, und indem sie ihm klarmacht, dass ihr nur ein tüchtiger und redlicher Mann, unabhängig von seinem Stand und Vermögen, gefällt.

Bei der „höfischen Liebe" handelte es sich nach heutigen Forschungsmeinungen um ein ideales Liebesverhalten, das im literarisch-geselligen Gespräch entworfen und „gespielt" wurde. Es wurde charakterisiert durch Beständigkeit, Aufrichtigkeit, Selbstlosigkeit und Leidensbereitschaft, Rücksichtnahme, Gegenseitigkeit und Freiwilligkeit, Maß und Vernunft sowie Ausschließlichkeit. Dieses Liebesmodell untermauerte höfische Werte, indem es die Bändigung sexuellen Draufgängertums adliger Männer propagierte, das Ideal der zurückhaltenden höfischen Frau in Gestalt der „Herrin" literarisch überhöhte und den gelebten ehelichen und nichtehelichen Geschlechterbeziehungen, die gerade im Adel vom männlichen Anspruch auf Dominanz und einseitige Freizügigkeit gekennzeichnet waren, ein neues Leitbild entgegenstellte. Abgesehen von Ehebruchmotiven, die in der französischen Dichtung eine größere Rolle spielten als in der deutschsprachigen, waren etliche Komponenten der höfischen Liebe mit christlichen Tugendlehren auffällig im Einklang. Gerade im Frauendienst und im Marienkult erwies sich die Nähe von Weltlichem und Religiösem.

Wie weit adlige Frauen und Männer sich im Umgang miteinander tatsächlich am Programm der höfischen Liebe und des Frauendienstes orientierten, ist schwer zu ermessen. Entsprechende Selbstinszenierungen vor höfischem Publikum mag es durchaus gegeben haben, etwa in der Rolle des turnierenden Ritters, der mit heldenhaften Taten unermüdlich um die Gunst einer Dame wirbt, und im Part der ihn zugleich anspornenden und erotisch zurückhaltenden Herrin. Sicher ordnete niemand seine Existenz dem Entwurf so konsequent unter wie der Protagonist im „Frauendienst" Ulrichs von Liechtenstein, einem früher als Autobiographie interpretierten Werk, das einer adligen Leserschaft höfische Werte vorbildhaft und humorvoll vor Augen stellte. Mehr Realitätsgehalt hatte vermutlich die Erzählung in der Lebensbeschreibung Wilwolts von Schaumburg, der zufolge dieser fränkische Ritteradlige eine vornehme Dame unter abenteuerlichen Umständen heimlich besuchte und mit ihr Liebesfreuden genoss. Sie stattete ihn mit kostbarer Kleidung und Schmuck aus und er diente ihr nach ritterlicher Art, indem er sich bei Turnieren auszeichnete. Zwar sollte auch diese Darstellung „aller jungen ritterschaft zu ainer leer" dienen. Literarische Stilisierung und didaktische Intention scheinen hier aber auf der Erfahrung zu gründen, dass adlige Frauen und Männer in der Praxis erotische Beziehungen unterhielten, denen sie mit den Gedanken von Dienst, Leistung, gegenseitiger Verpflichtung und Belohnung das Gepräge höfischer Liebe verliehen.

III. Lebensformen – Handlungsfelder – Beziehungssysteme

1. Familien, Haushalte, Arbeitswelten – Bindungen und Aufgaben im Alltag

Die Familie und der Haushalt standen im Zentrum alltäglicher Lebensvollzüge. Sie fungierten als Arbeits- und Überlebensgemeinschaft, als Garanten für Zugehörigkeit und Rückhalt einerseits wie als Arena von Konflikten andererseits, als Instanz der Sozialisation für das Leben in der Gemeinschaft sowie als Bindeglied zwischen Individuen, Institutionen und dem gesellschaftlichen Ganzen. Familien und Haushalte waren in der Vormoderne flexible, wechselhafte Gebilde, deren Form, Zusammensetzung und Umfang sich im Zusammenhang mit den Lebensläufen der zugehörigen Individuen stetig veränderten. Die Dynamik von Familien- und Haushaltszyklen ergab sich aus demographischen und sozialen Faktoren, vor allem aus der hohen Sterblichkeit jüngerer Erwachsener, die eine relativ kurze Dauer vieler Ehen und die Wiederverheiratung verwitweter Frauen und Männer, vielfach mit deutlich jüngeren Partnern bzw. Partnerinnen, nach sich zog. Zwischen den Kindern aus aufeinanderfolgenden Ehen bestanden oft große Altersabstände, so dass die älteren Kinder bereits aus dem Haus waren, während die jüngeren noch mit den Eltern zusammenlebten. Generell verließen Jungen und Mädchen den elterlichen Haushalt früh, um in Ausbildungs- und Arbeitsverhältnisse einzutreten. Zudem war es üblich, selbst kleine Töchter und Söhne im Haushalt von (kinderlosen) Verwandten aufziehen zu lassen, um den eigenen kinderreichen Haushalt zu entlasten und die verwandtschaftlichen Bindungen – bis hin zur „Adoption" der „Ersatzkinder" als Erben – zu stärken. Auch die Wohnverhältnisse waren durch Mobilität – Migration, berufsbedingtes Reisen, Umzüge innerhalb einer Stadt – geprägt.

Formen der Haushalts- und Arbeitsorganisation

Der Fluktuation von Familien und Haushalten entsprechend, gab es eine Vielfalt von Konstellationen des Zusammenwohnens und -wirtschaftens, mit Unterschieden zwischen Stadt und Land, einzelnen Regionen sowie sozialen Schichten. Während die mehrere Generationen umfassende Haushaltsfamilie weniger üblich war, wurde vielfach der Haushalt eines Ehepaares mit seinen Kindern zeitweilig um einzelne Verwandte, etwa die verwitwete Mutter eines Elternteils, erweitert. Es gab Doppelhaushalte zweier Brüder mit ihren Familien, Einzelhaushalte von Witwen mit Kindern oder ohne Kinder sowie Haushaltsgemeinschaften alleinstehender Frauen, Haushalte ohne Bedienstete und solche, in denen männliche und weibliche Gesindepersonen mitlebten.

In den meisten Familien trugen alle arbeitsfähigen Mitglieder zum Lebensunterhalt mit Tätigkeiten innerhalb oder außerhalb des Haushalts bei. Die Annahme, dass ein Familienmitglied, in der Regel das männliche Oberhaupt, mittels seiner beruflichen Arbeit die anderen „versorgte", während diese allenfalls „mitarbeiteten", dürfte den sozio-ökonomischen Verhältnissen nur selten entsprochen haben und geht an der mittelalterlichen Organisation und Auffassung von Arbeit vorbei. Charakteristisch für das Arbeitsleben vieler Frauen und Männer im ländlichen und städtischen Raum war nicht die kontinuierliche, regelmäßige Ausübung einer gleichartigen Tätigkeit im Sinne eines erlernten Berufs, sondern die Kombination von verschiedenen, einander ergänzenden, saisonal oder auch nach Lebensphase wechselnden inner- und außerhäuslichen Tätigkeiten. Das brachte nicht selten existentielle Unbeständigkeit, Auf- und Abstiege sowie Brüche in der Laufbahn mit sich. Die Debatte ist noch im Fluss, inwieweit Frauen und Männer davon unterschiedlich betroffen waren und welche Rolle hier geschlechts- und handwerksspezifische Umstände spielten, wie weitgehend zum Beispiel Geburten und Kinderpflege oder Zunftregelungen die Chancen von Frauen auf bezahlte Erwerbsarbeit beschnitten und wie sich die Heiraten von Gesellen auf ihre Karrieren auswirkten.

Das Beziehungsgefüge innerhalb von Familie und Haushalt war hierarchisch strukturiert. Diese Ordnung der Ungleichheit prägte vornehme und vermögende Familien stärker als die große Masse der wenig oder nichts Besitzenden. Welchen Rang der oder die einzelne Angehörige einnahm, hing von der Position in der Generationen- und Geschwisterfolge, vom Alter und vom Geschlecht ebenso ab wie von den im Familieninteresse – Besitz und Ansehen zu wahren und zu steigern – zugewiesenen Funktionen. Grundsätzlich ging älter vor jünger, männlich vor weiblich, wobei diese Prinzipien von anderen Faktoren de facto durchkreuzt wurden. *hierarchische Ordnung*

Den Vorstand bildete, je nach Sichtweise, der Familienvater, dessen Vormundschaft (Munt) die Ehefrau, Töchter und Söhne unterstanden, oder das Ehepaar in seiner Eigenschaft als Eltern und Arbeitspaar, das gegenüber allen anderen Angehörigen der Haushaltsgemeinschaft die Befehlsgewalt innehatte. Die eine Perspektive geht von der Rechtsnorm und der Rechtspraxis aus, die den Vater als Rechtsvertreter und Vermögensverwalter mit gewissen Vorrechten anerkannten, die andere von den Handlungsfeldern und Befugnissen im Rahmen der Alltagsorganisation.

Die Kinder hatten sich den Eltern unterzuordnen, solange sie noch nicht mündig waren bzw. in deren Haushalt lebten. Wie erwähnt (S. 19), führte der Anspruch von Vätern, lebenslang das Heft in der Hand zu behalten, zu Auseinandersetzungen, insbesondere mit den erwachsenen Söhnen, die auf Ablösung drängten. Ob eine Witwe ihrem erwachsenen Sohn gegenüber, sobald dieser nach dem Tod des Vaters in die Rolle des Oberhaupts aufgerückt war, eine gewisse Autorität wahren konnte, hing davon ab, wie gut die persönlichen Beziehungen zwischen Mutter und Sohn waren. Den jüngeren Brüdern und Schwestern gegenüber trat der Älteste an die Stelle des verstorbenen Vaters, indem er dessen Versorgungspflichten (Aussteuer, Schulgeld, Karriereförderung) sowie den Anspruch auf Dominanz übernahm.

Der Status der Bediensteten in der Hauswirtschaft, in der Werkstatt und im Betrieb war vielfältig abgestuft je nachdem, welche Qualifizierung und Aufgaben sie hatten und wie nahe sie den Mitgliedern der Arbeitgeberfamilie standen. Bei der Nähe zählte nicht nur die Verwandtschaft – viele Jungen und Mädchen absolvierten eine Lehr- und Arbeitsphase im Gesinde von Verwandten –, sondern auch die Vertrautheit, die sich im manchmal langjährigen alltäglichen Miteinander einstellte und enge Bindungen, zum Beispiel zwischen Hausherrinnen und Mägden oder zwischen Kindern und ihren Betreuerinnen („Ammen"), entstehen ließ. Vielfach teilten diese Personen sogar das Schlafzimmer. Einhergehend mit einer konsequenteren räumlichen Distanzierung nahm diese Nähe zwischen Mitgliedern der „Herrschaft" und des Personals erst in der Neuzeit ab.

Die Familie und der Haushalt waren eingebettet in größere Beziehungsnetze der Verwandtschaft und „Freundschaft" (damit wurden Bindungen verschiedener Art, oft auch die Bluts- und Heiratsverwandtschaft bezeichnet), der Nachbarschaft und Dorfgemeinschaft sowie arbeitsweltlicher Korporationen wie Zünfte und Bruderschaften. Diese Gruppen und Verbände spendeten Solidarität und Geselligkeit und übten soziale Kontrolle aus.

Forschungs-schwerpunkte Verschiedene Forschungsansätze mit historisch-anthropologischer Ausrichtung interessieren sich für die Verhaltensweisen von Frauen und Männern im Kontext der Beziehungsgeflechte, die den Alltag in verschiedenen Etappen ihres Lebenslaufs bestimmten. Dabei haben Frauen- und Männergeschichte, sofern sie diese Perspektiven teilen, bisher unterschiedliche Akzente gesetzt. Ging es anfänglich vor allem darum, die Handlungsspielräume von verheirateten, verwitweten und ledigen Frauen in der männlich dominierten Gesellschaft des Mittelalters aufzudecken und vor diesem Hintergrund das Miteinander, Nebeneinander und Gegeneinander der Geschlechter zu untersuchen, so widmeten sich männergeschichtliche Studien zunächst schwerpunktmäßig der Ausbildung verschiedener Varianten von „Männlichkeit" im Zuge der Sozialisation und den mann-männlichen Beziehungen in mehr oder minder „homosozial" strukturierten Umfeldern. Eine symmetrische Erörterung von gender, die das gesamte Spektrum der Lebensbezüge einschließt, erscheint wegen der ungleichmäßigen Quellenüberlieferung auch in Zukunft schwierig. Jedenfalls wird das Alltagsleben von Frauen und Männern einstweilen nur fragmentarisch fassbar.

a) Ehepaare zwischen hierarchischer Ordnung und partnerschaftlicher Kooperation

Ehefunktionen und Eherecht Die Ehe als die kleinste, basale Einheit der gesellschaftlichen Ordnung stellte eine vertraglich abgesicherte Bindung zwischen Individuen, Familien und Verwandtschaftsverbänden her. Während des ganzen Mittelalters behielt sie ihre wesentlichen Funktionen, die stabile Lebens- und Wirtschaftsgemeinschaft eines Paares zu ermöglichen, für den Fortbestand von Familien durch die Zeugung der nächsten Generation zu sorgen, Besitz zu vererben und die Herrschaftsweitergabe zu sichern, sowie „Freundschaft" aller Art, bis hin zu politischen Allianzen, zu stiften und zu stärken. Das Ehepaar mit seinen Kindern stand im Mittelpunkt der Haushalts- und Familienorganisation. Dabei veränderten sich das Modell und die praktizierte Lebensform Ehe im Lauf des Mittelalters. Unter kirchlichem Einfluss wurden die Polygynie verboten, eheähnliche Verbindungen (Konkubinate) abgewertet und die christlich legitimierte, monogame und unauflösliche Ehe durchgesetzt. Ehen zwischen Verwandten – dazu zählten blutsverwandte, verschwägerte und durch die Patenschaft spirituell verbundene Menschen – wurden über bereits bestehende Inzestverbote hinaus untersagt. Gegenüber der Auffassung, dass die rechte Ehe auf dem Einverständnis der am Vertrag beteiligten Parteien (einschließlich der Brautleute) gründe, etablierte sich im hochmittelalterlichen Kirchenrecht der Grundsatz, dass allein der persönliche Konsens von Braut und Bräutigam für die Schließung einer gültigen Ehe entscheidend sei. Wie brisant diese gewandelte Definition des die Ehe konstituierenden *consensus* war, erweist sich an zahlreichen spätmittelalterlichen Gerichtsprozessen, in denen es um den Nachweis einer rechtmäßig abgeschlossenen Ehe ging, an den in manchen Stadtrechten vorgesehenen Sanktionen (Verlust des Erbrechts, Vorenthaltung der Mitgift, Stadtverweisung) gegenüber Söhnen und Töchtern, die ohne Zustimmung der Eltern oder Vormünder geheiratet hatten, und an dem gelegentlich drakonischen Durchgreifen von Vätern und Brüdern vor allem gegenüber „eigenwilligen" weiblichen Angehörigen. Unter physischem Zwang geschlossene Ehen waren ungültig, doch auch aus kirchlicher, die Sozialordnung letztlich stützender Sicht sollten Brautleute im – wenn auch mit elterlicher Überredung bzw. mit Nachdruck hergestellten – Einverständnis mit ihren Familien heiraten.

Zweifellos veränderten sich vor dem Hintergrund dieser und weiterer Entwicklungen auch die innerehelichen Beziehungen. Ob man diese Vorgänge auf einen gemeinsamen Nenner bringen kann, etwa indem man einen linearen Fortgang „vom Patriarchat zur Partnerschaft" oder einen generellen Trend zur Emotionalisierung und Intimisierung feststellt, ist allerdings fraglich. Das eheliche Geschlechterverhältnis war in allen Etappen des Mittelalters dadurch gekennzeichnet, dass Mann und Frau als ungleiche Partner einander ergänzten und aufeinander angewiesen waren. Stand und Milieu bestimmten mit darüber, wie weit Umgangsweisen partnerschaftlich in dem Sinne geprägt waren, dass die Eheleute sich auf gleicher Augenhöhe begegneten. Auch die Entstehung von Nähe hing mit den äußeren Gegebenheiten zusammen. Ein kaufmännischer Familienbetrieb setzte voraus, dass ein Paar dank einer gewissen, auf ähnlichen Fertigkeiten und Rechten beruhenden Gleichstellung bei geschäftlichen Transaktionen vertrauensvoll und eng zusammenarbeitete. Die komplementäre Aufgaben- und Rollenverteilung in der bäuerlichen Wirtschaft wiederum war mit einer stärkeren Trennung der Lebensbereiche verknüpft, und im Adel bewirkten die Regierung und Hofhaltung, dass Momente der Gemeinsamkeit in einen Rahmen der Distanz und hierarchischen Stufung eingefügt waren. Schließlich könnte es auch an der unterschiedlich umfangreichen und aufgefächerten Überlieferung liegen, dass eine intensive Verbundenheit von Ehepaaren im Spätmittelalter deutlicher als im Früh- und Hochmittelalter erkennbar wird. Es gibt für die frühere Zeit vergleichsweise wenig Quellen, die das eheliche Verhältnis aus der Binnensicht dokumentieren, wohl aber Indizien für andere starke Bindungen (zum Beispiel unter Kriegern), die möglicherweise die Ehebeziehung überlagerten. Erst im Spätmittelalter lassen Textsorten wie Briefe, Autobiographien und Gerichtsakten die Kommunikation zwischen Eheleuten im Alltag plastisch hervortreten. In Verbindung mit vielschichtigen geistlichen und weltlichen Diskursen über die Ehe erlauben sie Schlüsse darauf, welchen Stellenwert Zusammenhalt, Wohlwollen und wechselseitige Fürsorge im Zusammenleben hatten und woran sich Konflikte entzündeten.

Die Forschungsauffassungen über die gesellschaftliche Bedeutung und die Ausgestaltung der Ehe haben sich dank der Anthropologisierung und der gender-Orientierung der Geschichtswissenschaft vielfältig ausdifferenziert. Diskussionsstoff bieten weiterhin Fragen nach den verwandtschaftlichen Be-

eheliche
Partnerschaft

ziehungsnetzen der Ehepartner und genauer nach den Funktionen und der Gewichtung der agnatischen (durch Männer vermittelten) und kognatischen (durch Frauen vermittelten) Verwandtschaft sowie der Heiratsverwandtschaft (Schwägerschaft). Wie tief greifend kirchliche Reglementierungsversuche die Praxis der Eheschließung und des Zusammenlebens prägten, ist ebenfalls nicht in allen Details geklärt. Viele Paare heirateten noch im Spätmittelalter ohne Aufgebot und priesterliche Einsegnung, obwohl sie damit eine im kirchenrechtlichen Sinne „klandestine" Ehe eingingen, die zwar gültig, aber rechtswidrig war. Auch um die zahlreichen „Ehehindernisse" des Kirchenrechts kümmerten sich viele bei der Heirat nicht, ging doch zum Beispiel das Verbot von Ehen zwischen Verwandten oder Verschwägerten so weit, dass selbst eine voreheliche sexuelle Beziehung mit jemandem, der bis zum vierten Grad mit dem künftigen Ehepartner blutsverwandt war, eine der geplanten Verbindung entgegenstehende *affinitas* herstellte. Anhand von Suppliken, mit denen zahlreiche Ehepaare bei der päpstlichen Kurie um die nachträgliche Legitimierung ihrer Ehen und der daraus hervorgegangenen Kinder ersuchten, wurde ermittelt, dass heiratswillige Frauen und Männer in Stadt und Land durchaus über die Bestimmungen des kanonischen Rechts informiert waren, diese aber bewusst übertraten im Wissen, gegebenenfalls später Dispens beantragen zu können. Gerade in der ärmeren Bevölkerung lebten Menschen, die als Gesellen, Tagelöhner und Mägde arbeitsbedingt mobil waren, oft unverheiratet bzw. in einer Art „Ehe auf Zeit" zusammen, obwohl sie sich Arbeitgebern und Herbergswirten gegenüber als reguläre Ehepaare ausgaben. Mit dem Wegwandern ihres Gefährten gerieten Frauen, die schwanger oder mit Kindern zurückblieben, in riskante Lebensumstände. Ob die Ehe tatsächlich der Normalfall weltlicher Lebensführung war, wurde in jüngeren Studien wiederholt bezweifelt im Zusammenhang mit der Entdeckung, dass quer durch die sozialen Schichten viele Frauen und Männer gar nicht oder erst spät heiraten konnten oder wollten – etwa Adelssöhne, denen zu Lebzeiten des Vaters noch keine Familiengründung zugestanden wurde, reisende Kaufmänner mit bescheidenem Vermögen und wenig bemittelte alleinstehende oder verwitwete Frauen ohne Aussicht auf vorteilhafte Eheverbindungen. Hingegen griff das Heiratsverbot für Gesellen im 15. Jahrhundert in verschiedenen Gewerben nicht mehr, so dass es neben ledigen, im Meisterhaushalt lebenden Gesellen auch verheiratete gab, die mit ihrer Ehefrau oder ohne sie umherzogen. Sie (und ihre Frauen) wurden von den Meistern und den Gesellenorganisationen teils akzeptiert, teils mit Vorbehalt betrachtet und hatten geringere Chancen, zur Meisterschaft zu gelangen. An einigen Orten mussten im 16. Jahrhundert wandernde Gesellen, um ein Arbeitsverhältnis einzugehen, mit einem „Gunstbrief" ihrer Ehefrau nachweisen, dass diese mit ihrer Wanderschaft einverstanden war.

Stellenwert von Heirat und Ehe im weiblichen und männlichen Lebenslauf

Nach wie vor wird abgewogen, was Heirat und Ehe für den Status und den Lebenslauf von Frauen und Männern bedeuteten und wie sich die ehelichen Beziehungen gestalteten. Infolge der patrilinearen Orientierung stellte die Heirat für Frauen einen Wechsel von ihrer Herkunftsfamilie zur Ankunftsfamilie dar, verbunden mit der Ablösung der väterlichen Vormundschaft (Munt) durch die Munt des Ehemanns. Als Manifestation der „Herrschaft" und „Schutz" umfassenden Vorrechte und Pflichten des Eheherrn war seine Muntgewalt zugleich eine Ausprägung der Geschlechtsvormundschaft. Diese resultierte aus der Auffassung, Frauen seien lebenslang qua Geschlecht gerichtsunfähig und beschränkt geschäftsfähig. De facto hinderten weder die eheherrliche Munt noch die Geschlechtsvormundschaft, die in einigen spätmittelalterlichen Städten ohnehin nicht (mehr) existierte, Frauen daran, selbstständig Geschäfte zu tätigen. In der adligen Oberschicht bedeutete der Übergang von der Herkunfts- in die Ankunftsfamilie vermutlich eine besonders tiefe Zäsur für jene Frauen, die in die mehr oder weniger entfernte Fremde, wenn nicht gar in einen anderen Kulturkreis verheiratet wurden und sich dort integrieren mussten. In stadtbürgerlichen Familien hingegen wurde Wert darauf gelegt, Ehepartner im näheren Umfeld („aus der freuntschaft") zu wählen, zum Beispiel unter Geschäftspartnern und Zunftgenossen, während von der Rekrutierung „fremder" Bräute abgeraten wurde. Das nach Zeitstellung, Ort und sozialem Status variierende Erb- und Ehegüterrecht stand einer Eingliederung der Ehefrau in die Ankunftsfamilie insofern entgegen, als es auf den Erhalt des Familienbesitzes ausgerichtet war und dazu in der Regel die Anrechte und Verfügungsmöglichkeiten der eigenen weiblichen Angehörigen sowie einheiratender Frauen beschränkte. Neben weiteren Faktoren bestimmte vor allem die Geburt von Kindern, wie sicher eine Frau integriert wurde. Mit der Heirat entstand für Frauen eine Doppelbindung. Im Allgemeinen blieben sie einerseits ihrer Herkunftsfamilie verbunden, etwa in Form von wechselseitiger Kommunikation und Unterstützung unter Geschwistern, und betrachteten sich andererseits als Teil der ehelichen Interessengemeinschaft zu ihrem Mann gehörig. Ihre gesellschaftliche Position war fortan mit der ihres Mannes verknüpft, angefangen beim Bürgerrecht, das viele Frauen vermittelt über den Ehemann innehatten – vorwiegend in Städten ohne Geschlechtsvormundschaft erwarben Frauen häufiger direkt das Bürgerrecht –, bis zur Mitgliedschaft in Zünften. Die Zunftzugehörigkeit (über den Ehemann) machte Frauen zwar meist nicht das Amt des Meisters zugänglich, schloss aber ihre Präsenz bei geselligen, repräsentativen und religiösen Aktivitäten ein.

Für Männer brachte die Heirat keinen vergleichbaren Einschnitt, was ihre familiale Zugehörigkeit und ihren Rechtsstatus betraf. Sie stellte einen entscheidenden Schritt im Lebenslauf weniger für sich genommen dar, als im Zusammenfall mit dem Antritt des Erbes und der Herrschaftsnachfolge im Adel. In anderen Kreisen war sie verknüpft mit der beruflichen Etablierung, zum Beispiel mit der – nur Verheirateten zugestandenen – Gründung eines Meisterbetriebs im Handwerk bzw. mit der Niederlassung als sesshafter Kaufmann. In der abhängigen Bevölkerung des Frühmittelalters, in der es graduelle Abstufungen von Unfreiheit gab, erwarben nur Männer mit halbfreiem bzw. eingeschränkt freiem Status (Liten, Kolonen) bei der Heirat die Munt über ihre Ehefrau. Unfreie (*servi*) hingegen erhielten nicht in vollem Umfang die Rechte eines Familienvorstands, da diese zum Teil mit den Rechten ihres Herrn über seine Unfreien identisch waren. Aufgrund ihrer Rechtsunfähigkeit konnten unfreie Männer ihre Ehefrauen nicht nach außen vertreten, mochten sie auch im inneren Familienleben eine übergeordnete Position einnehmen.

Es lässt sich durchaus nachvollziehbar argumentieren, dass der Ehestand das Leben von Männern insgesamt weniger veränderte als das von Frauen.

Männer identifizierten sich vielleicht weniger eindeutig mit ihren Frauen als vice versa, unter anderem weil sie die Wahrung von deren Interessen mit den Familieninteressen ausbalancieren mussten, weil sie aufgrund größerer Handlungsvollmachten weniger abhängig von ihren Frauen waren als umgekehrt und weil sie sich vorrangig „männerbündisch" orientierten. Demgegenüber ist ebenso zu berücksichtigen, dass die Chancen von Männern, den Lebensunterhalt zu erwerben, einen Haushalt und Betrieb zu führen sowie Ansehen zu erringen, davon abhingen, ob ihre Ehefrauen arbeiteten und im Ruf der „Ehrbarkeit" standen (der schlechte Leumund der Ehefrau konnte zum Zunftausschluss eines Meisters führen). Auch was die „generative Arbeit" anging, waren Männer angesichts der im Erbrecht begründeten Notwendigkeit, ehelich geborene Kinder zu bekommen, auf ihre Frauen angewiesen. Letztlich banden Emotionen und Interessen Männer ähnlich stark wie Frauen an den Ehepartner.

Erwartungen an Ehefrauen und Ehemänner Zu Recht wird in jüngeren Studien immer wieder unterstrichen, dass nicht nur Frauen, sondern auch Männer im Rahmen kollektiver Strukturen nur bedingt individuell entscheiden und handeln konnten und dass sich die Chancen zur selbstbestimmten Lebensgestaltung, auf die Geschlechter bezogen, eher graduell als grundsätzlich unterschieden. Söhne wie Töchter hatten sich bei der Partnerwahl im Sinne der Familienordnung zu verhalten und riskierten andernfalls Konflikte. Gesellschaftlicher Druck und soziale Kontrolle wirkten auf beide Eheleute ein. Ehemänner mussten nicht anders als ihre Frauen der Erwartung genügen, Nachkommen hervorzubringen. Kinderlosigkeit war der wohl größte Risikofaktor für das Gelingen einer Ehe. Während eine unfruchtbare Ehefrau damit rechnen musste, dass sie die Gunst ihres Mannes verlor oder gar verstoßen wurde – ohne Durchführung einer Scheidung –, berechtigte erwiesene Impotenz zur Auflösung einer Ehe. Bei solchen Annullierungsverfahren vor geistlichen Gerichten wurde die Impotenz durch Ärzte und Gutachterinnen in Prozeduren überprüft, die den wohl ohnehin beschämten Betroffenen im Falle des „Nichtbestehens" zusätzlich demütigten. Nach der Trennung durfte die Frau einen anderen Mann heiraten und in der „ehelichen Umarmung" mit ihm ihren Kinderwunsch erfüllen, während dem Mann allenfalls eine sexuell abstinente „Josephsehe" gestattet wurde. Eine hohe Verantwortung entstand dem Ehemann aus seinem Recht, das von der Frau in die Ehe mitgebrachte Gut sowie das gemeinsam erwirtschaftete Vermögen zu verwalten. Er durfte nicht frei darüber verfügen, sondern war an die Zustimmung seiner Frau gebunden bzw. trat bei Erwerbungen und Veräußerungen von Liegenschaften, bei Schenkungen und anderen Geschäften mit ihr gemeinsam auf. Ihm oblag die Verwendung des Vermögens im Familieninteresse, unter anderem für den Unterhalt der Kinder.

Vor diesem Hintergrund erscheint die Position des Eheherrn durch ein komplexes Verhältnis von Vorrechten, Lasten und Pflichten charakterisiert. Seine Vorrangstellung implizierte denn auch kein einseitig männlich bestimmtes Herrschafts- und Gewaltverhältnis, wenngleich sein Züchtigungsrecht und die Möglichkeit, die Verwalterfunktion zu missbrauchen, das Vermögen zu veruntreuen und die Ehefrau am Zugriff auf ihre Habe zu hindern, zur massiven Bedrückung so mancher Frau führten. Unmissverständlich dokumentieren dies zahlreiche spätmittelalterliche Gerichtsverfahren um gewalttätige Ehemänner sowie die in verschiedenen sozialen Schichten üblichen Praktiken von Frauen, Geldbeträge und Wertgegenstände so aufzubewahren, dass ihre Männer nicht herankamen.

Auch kirchliche Eheideale kreisen um Aspekte der Wechselseitigkeit und der Gleichheit bzw. Ungleichheit. Theologen und Seelsorger betonten, dass das Eheleben generell auf gegenseitiger Geduld, Rücksichtnahme und Kompromissbereitschaft beruhen sollte und dass nur „ein Gesetz für Männer und Frauen" (*una lex de viris et de feminis*) gelte (vgl. S. 40). Doch sie akzeptierten zugleich grundsätzlich die eheherrliche Dominanz gegenüber der Frau, die sich aufgrund ihrer vermeintlichen Schwäche unterordnen sollte. Das sexuelle Verhalten war ein Bereich, für den kirchliche Autoren nachdrücklich die Gleichstellung und Gleichberechtigung der Geschlechter postulierten. Gegen die in der frühmittelalterlichen Gesellschaft geltende Auffassung, dass ein Mann nur die Ehe eines anderen Mannes, nicht aber die eigene Ehe brechen könne, verfochten Kirchenmänner die Forderung ehelicher Treue für Männer ebenso wie für Frauen. In der kirchlichen Rechtspraxis wurden tatsächlich Ehebrüche von Männern wie von Frauen mit Bußen sanktioniert bzw. als Grund für eine Trennung von Tisch und Bett (nicht Scheidung nach kanonischem Recht) akzeptiert. Daneben ließen aber auch Rechtssummen verlauten, der Ehebruch der Frau stelle eine größere Sünde dar, weil er „fremde Kinder" hervorbringe. Das nur eheliche Kinder berücksichtigende Erbrecht und diese kirchliche Doktrin untermauerten gemeinsam eine Doppelmoral, die vor allem adligen Männern große Freizügigkeit zubilligte. Während adlige Ehefrauen sich vor jedem Verdacht eines „Fehltritts" hüten mussten, unterhielten die Männer außereheliche Verhältnisse und sahen keinen Makel in der Vaterschaft an „Bastarden", für deren Versorgung sie denn auch aufkamen.

Gemäß kirchlichen Ehelehren hatten Frau und Mann gleichermaßen dem anderen Partner die „eheliche Pflicht" (*debitum coniugale*) zu leisten. Diese Verpflichtung hatte selbst dann Vorrang, wenn ein Eheteil sich aus religiösen Beweggründen sexuell enthalten wollte, zum Beispiel um nicht gegen das Abstinenzgebot an kirchlichen Feier- und Fastentagen zu verstoßen. Sofern einer der Eheleute es wünschte, sollte der andere sich ihm hingeben – „mit traurigem Herzen" wegen der Sündhaftigkeit der Vereinigung an einem solchen Tag. Die Verantwortung für den Ehepartner einschließlich der sexuellen Verpflichtung konnte selbst aus frommen Motiven nicht ohne Weiteres aufgekündigt werden. So durfte niemand in ein Kloster eintreten, ohne dass die Ehefrau bzw. der Ehemann zustimmte und selbst ins geistliche Leben eintrat. Ein Ehemann konnte sich nur zum Priester weihen lassen, wenn seine Frau Nonne wurde oder ein ewiges Keuschheitsgelübde ablegte und von ihm ausreichend unterhalten wurde. Ebenso war die Kreuzzugsteilnahme verheirateter Männer an die Einwilligung ihrer Frau gebunden (Frauen waren offiziell nicht zugelassen, was ihre Beteiligung nicht verhinderte), und für Pilgerfahrten wurde diskutiert, ob ein Mann gegen den Wunsch seiner Frau losziehen durfte. Manche Seelsorger waren der Auffassung, dass verheiratete Frauen dank ihrer größeren Frömmigkeit erlösungswürdiger seien als ihre Männer bzw. eine besondere Verantwortung für deren Seelenheil trügen. Sie appellierten daher an Ehefrauen, ihre Anziehungskraft im Bett dazu zu nutzen, ihre Männer auf den rechten Weg zu

kirchliche Ehelehren und Rechtssätze

61

bringen. Ehefrauen wurden ausdrücklich angewiesen, lieber selbst eine lässliche Sünde zu begehen, indem sie an kirchlich verbotenen Tagen dem Begehren ihres Mannes nachgaben. Sie verdienten Nachsicht, wenn sie dadurch nur verhindern konnten, dass ihr Partner sich durch den ehebrecherischen Verkehr mit einer anderen Frau schwer verfehlte. Wie diese einseitige Zuschreibung von Verantwortung erkennen lässt, überwog hier wiederum eine Auffassung vom ehelichen Geschlechterverhältnis, die die hierarchische Ordnung ungleicher Teile stützte. Selbst der Grundsatz von Gleichheit und Gegenseitigkeit konnte im Übrigen einem Eheteil, häufig genug der Frau, zum Nachteil gereichen, wenn zum Beispiel ein geistliches Gericht einem zerstrittenen Ehepaar das Getrenntleben gestattete mit der Auflage, einander auf Verlangen des Partners weiterhin die „eheliche Pflicht" zu leisten. Dafür wurden manchmal sogar Wochentage festgelegt, an denen die widerstrebende Frau unter Androhung der Exkommunikation ihrem Mann zu Willen sein musste.

Positiven Bewertungen ehelicher Sexualität standen rigoristische Anschauungen gegenüber, nach denen sexuelle Aktivitäten als ein notwendiges Übel durch vielfältige Regeln und Verbotszeiten auf ein Minimum beschränkt werden sollten. Gemäß entsprechenden kirchlichen Normen waren sowohl Frauen wie Männer aufgerufen, sich möglichst weitgehend zu mäßigen und zu enthalten und sich bei Verstößen ihrer Sündhaftigkeit bewusst zu werden. Ob dieses Unterfangen so erfolgreich war, wie manche hagiographische Erzählungen über zerknirschte Eheleute suggerieren, muss hier dahingestellt bleiben. Die Berücksichtigung kirchlicher Gebote im Ehealltag wird selbst für das Spätmittelalter gering eingeschätzt, obwohl zu dieser Zeit die kirchlichen und weltlichen Obrigkeiten auf eine immer dichtere Kontrolle intimer Lebensbereiche drängten. Dabei waren die kirchlichen Ehe- und Sexualvorschriften selbst unter „einfachen Leuten" bekannt. Einige Prediger unterstellten den angeblich ignoranten Landleuten sexuelle Zügellosigkeit, während gebildete, verständige Menschen sich zu enthalten wüssten. Allerdings tradierten sie mit solchen Äußerungen in erster Linie die in „höheren" Kreisen übliche Geringschätzung der vermeintlich tumben Bauern.

Bei feststellbaren Unterschieden zwischen den sozialen Schichten war die von Missionaren, Bischöfen, Theologen und Predigern vorangetriebene „Verchristlichung" der Ehe in der gesamten Gesellschaft ein äußerst langwieriges Unternehmen. So manche Veränderung, auch solche mit revolutionärem und emanzipatorischem Potential wie die oben skizzierte Konsenslehre, blieb lange ein Programm, das erst allmählich umgesetzt wurde und Wirkung entfaltete. Im Hinblick auf das Geschlechterverhältnis trug das christliche Ehemodell ambivalente Züge, da es sowohl der Aufbrechung überkommener Geschlechterrollen förderlich war als auch bestehende Ordnungsmuster zementierte. Das kirchliche Recht begünstigte in mancher Hinsicht die Gleichstellung von Frauen und Männern – soweit diese kirchlichen Idealen und Interessen zugute kam. Entsprechend hatten bei Ehestreitfällen vor geistlichen Gerichten, wie etliche Studien andeuten, Frauen und Männer ähnlich gute oder schlechte Chancen, ihr Anliegen gegen den Partner durchzusetzen.

Ehealltag　　Um die konkreten Umstände des Ehealltags der breiten Bevölkerung auszuloten, werden im Folgenden die **autobiografischen Aufzeichnungen** des **Burkard Zink** exemplarisch ausgewertet. Sie veranschaulichen aus der Binnenperspektive, wie im Spätmittelalter ein Paar der Unterschicht, einander zugetan, aufeinander angewiesen und zusammenhaltend, sein Auskommen fand und den sozialen Aufstieg schaffte.

> **Selbstzeugnisse am Beispiel Burkard Zinks**
>
> 1466 schrieb der Augsburger Bürger Burkard Zink eine Chronik seiner Stadt nieder, in die er auch eine Beschreibung seines eigenen Lebens und Familiennachrichten einfügte. Seine autobiographischen Äußerungen stellen eine Form des Selbstzeugnisses dar. Darunter versteht man Text- und Bildquellen mit dem Merkmal der Selbstreferentialität, die der Gattung und dem Umfang nach ganz unterschiedlich sein können (Autobiographien, Tagebücher, Reiseberichte, Briefe, Memoiren, Familienbücher, Selbstporträts, Familienbildnisse usw.) und sowohl selbstständig wie eingefügt (inseriert) auftreten. Selbstzeugnisse sind ergiebige Quellen zur Alltagsgeschichte, da sie Erfahrungen, Einstellungen, Selbst- und Fremdeinschätzungen sowie die Verortung von Individuen in Beziehungssystemen zum Ausdruck bringen. Für gendergeschichtliche Fragen bieten sie sich besonders an. Die meisten der aus dem Mittelalter überlieferten Selbstzeugnisse stammen von Männern; weibliche Selbstäußerungen sind vorwiegend in Form von Briefen erhalten.
>
> Burkard Zinks Darstellung erhellt über den individuellen Lebenslauf hinaus in einer Mischung aus Typischem und Untypischem die alltägliche Existenz von Frauen und Männern der mittleren und unteren Schichten. Bezeichnend ist die Beweglichkeit der Familien-, Haushalts-, Wohn- und Arbeitsverhältnisse, die sich spiegelt in den Erzählungen über seine Kindheit in verschiedenen Haushalten, über die von beruflichen Brüchen, unstetem Wandern und Armut bestimmten Jugend- und Ausbildungsjahre, über seine vier Ehen und eine mehrjährige nichteheliche Beziehung, über die Geburten, Todesfälle und Werdegänge seiner 18 ehelichen, nichtehelichen und Stiefkinder, über seine Wohnungswechsel, Hauskäufe und -verkäufe. (Vgl. dazu Gerhard Fouquet: Familie, Haus und Armut, mit Literaturhinweisen zur Selbstzeugnisforschung).

Im Jahr 1420 heiratete der 24-jährige Burkard Zink, als Handelsgehilfe im Dienst eines Augsburger Tuch- und Gewürzkaufmanns tätig, die Magd Elisabeth Störkler, die ebenfalls im Gesinde seines Herrn arbeitete. Elisabeth, die Tochter einer armen Witwe, brachte kaum mehr als ein paar bescheidene Hausratsgegenstände mit, verfügte aber über Ehre („ain frume arme fraw"). Der Bräutigam besaß außer guter Kleidung auch nicht viel, abgesehen von seiner Arbeitskraft, seinem Fleiß und der Gunst seines Arbeitgebers: „das was alles unser guet, das wir zesamen prachten", schrieb Zink im Rückblick. Offenkundig heirateten Burkard und Elisabeth aus Zuneigung und im Vertrauen auf die Ehrbarkeit und Tüchtigkeit des anderen; materielle „Versorgung" konnten sich beide Seiten nicht ohne Weiteres von dieser Verbindung erhoffen. Obwohl Gesindemitglieder eigentlich nur mit der Einwilligung des Haushaltsvorstands heiraten durften, hatte Burkard, wohl im Bewusstsein seiner Wertschätzung als Mitarbeiter, seinen Dienstherrn nicht „ratgefragt". Zu seiner Bestürzung entzog dieser ihm nun umgehend sein Wohlwollen und entließ beide Eheleute, so dass sie ohne jedes Einkommen dastanden. Burkard beriet sich daraufhin mit seiner „hausfrawen" Elisabeth, die den Fassungslosen tröstete: Mit gegenseitiger Hilfe würden sie ihr Auskommen schon finden; sie selbst wolle am Rad vier Pfund Wolle wöchentlich ausspinnen und damit 32 Pfennige verdienen. Ein solcher Wochenverdienst hätte knapp für die Existenz eines Zwei-Personen-Haushalts gereicht. So ermutigt besann Burkard sich auf seine Schreibfertigkeiten in der Hoffnung, damit genügend für den Unterhalt dazuzuverdienen. Tatsächlich erhielt er von einem Priester, seinem früheren Lehrer, einen Auftrag zum Buchabschreiben, den er zu Hause (das Paar wohnte damals in einem kleinen Haus zur Miete) durchführen konnte. So saßen Burkard und Elisabeth schreibend bzw. spinnend zusammen, oft nächtelang, und nahmen durch die gemeinsame Arbeit so viel (bis zu 180 Pfennige pro Woche) ein, dass sie davon recht gut leben konnten.

In den folgenden Jahren gelang dem Ehepaar ein stetiger Aufstieg. Zinks ehemaliger Dienstherr war von seinem Erfolg so beeindruckt, dass er ihn 1421 wieder einstellte und ihm wie früher die Geschäfte zwischen Augsburg und Venedig anvertraute. Das in den Augsburger Steuerlisten benannte Vermögen lässt schon in diesem Jahr erste Ersparnisse sichtbar werden. Ins Jahr 1421 fällt auch die Geburt des ersten von neun Kindern, die Elisabeth bis zum Jahr 1438 gebar (vgl. die Tabelle auf S. 23). Burkard bezeichnete diese Leistung als „kinden" und sah darin eine parallel zu seinen Aktivitäten laufende, gleichwertige Arbeit. Während Elisabeth also „kindete", war Burkard vor allem in Kaufmannsgeschäften als Handelsgehilfe bzw. Teilhaber unterwegs, ging aber nach- und nebeneinander zeitweilig auch diversen anderen Tätigkeiten nach als Söldner, als reisender Gesandter im Dienst des Stadtrats und als Wiegemeister. Die Kaufmannschaft brachte ihm in diesen Jahren über 1000 Gulden ein.

Ehe- und Arbeitspaare — Burkard und Elisabeth Zink bildeten ein Ehe- und Arbeitspaar, wie es im Spätmittelalter viele gegeben haben dürfte. Nur selten allerdings schildert ein Ehemann und Familienvater seine Ehe so explizit als eine Überlebensgemeinschaft, bei der beide Partner gleichwertige Beiträge zum Unterhalt leisten. Darüber hinaus schreibt Zink, auf die existenzbedrohende Krise zu Beginn der Ehe zurückblickend, die Initiative zum moralischen und wirtschaftlichen Aufschwung ausdrücklich seiner Frau zu. Elisabeth übernahm damals geradezu die Führung, indem sie den Verzagenden ermutigte und mit ihrem Verdienst die Basis für die weitere Kooperation schuf. Das eheliche Verhältnis gründete, wie Zink nachdrücklich bekundet, auf gegenseitiger Anziehung („was mir das weib lieb und was gern bei ir", „die was mir auch hold"). In Erinnerung an Elisabeths Tod 1440 zieht der Verfasser die Bilanz einer mustergültig harmonischen und erfolgreichen Partnerschaft: „haben tugentlich und freuntlich mit ainander gelept und er und guet gewunnen".

Burkard Zink charakterisiert auch seine beiden darauffolgenden Ehen mit Dorothea Kuelinbeck (1441–1449), einer fast mittellosen adligen Witwe mit zwei Kindern, und mit Dorothea Münstlerer (1454–1459), der ehrbaren Tochter einer Kramerin, als gelungen und dankt Gott, dass er ihm „drei so frum hausfrawen beschert hat". Eine hierarchische Ordnung klingt im Zusammenhang mit seiner Werbung um Dorothea Kuelinbeck an, die notgedrungen mit ihren Kindern unter bedrückenden Verhältnissen im Haushalt ihres Bruders und seiner Frau lebte. Voller Erleichterung, dieser Situation zu entrinnen, versprach Dorothea dem Bewerber, ihn gern zu haben, keine unbilligen Forderungen zu stellen, seine Kinder gut zu behandeln und sich ihm gehorsam unterzuordnen. De facto scheint Zink aber auch in dieser Ehe keinen Anspruch auf Dominanz erhoben zu haben. Seiner Darstellung zufolge galt vielmehr auch hier vor allem das Prinzip der Gegenseitigkeit. Dorothea brachte eine Vielzahl von Qualitäten ein: Schönheit, Ehrbarkeit, Tugend, Geschick beim Spinnen, freundlicher Umgang mit Burkards Kindern. Zink revanchierte sich, indem er seine Frau ehrenhaft behandelte, sie mit Kleidung und Pelzen ausstattete und auch ihre „nackent" mitgebrachten Kinder einkleidete. In der vierten und letzten Ehe schließlich, die der mittlerweile 64-jährige Burkard Zink 1460 mit einer Frau namens Anna einging, konnte er sich gegenüber seiner vermutlich deutlich jüngeren Partnerin nicht recht behaupten. Jedenfalls überließ der alternde Ehemann nach Auseinandersetzungen mit seiner „zornigen" und „trotzigen" Frau dieser resigniert das Feld: „Also laß ich das weib leben und tuen, was sie will, und han mich gar darein ergeben von meiner kind wegen." Als Vater dreier kleiner Kinder aus der vorangehenden Ehe war Zink auf eine Ehefrau, die den Haushalt führte und Mutterfunktionen übernahm, angewiesen. Er nahm daher hin, dass Anna ihren eigenen Willen durchsetzte, und fand sich mit einer eher passiven Rolle ab. Es wird über individuelle Unverträglichkeiten hinaus wesentlich am Altersunterschied gelegen haben, dass Anna und Burkard keine partnerschaftlich orientierte „Gefährtenehe" gelang und dass die „Erfolgsgeschichte" von Zinks Ehen somit abbrach.

b) Väter, Mütter, Töchter, Söhne

Eltern und Kinder lebten im Mittelalter vergleichsweise kurze Zeit als Familie zusammen. Frühe Trennungen kennzeichneten ihre Beziehungen. Oft führten die Schulausbildung oder der Eintritt in Lehr- oder Dienstverhältnisse im Alter von zehn, zwölf Jahren zum Weggang aus dem Elternhaus. Viele Töchter und Söhne wurden aber auch schon als kleine Kinder unter sechs Jahren zu Verwandten gegeben. Bei der Wiederverheiratung nahmen Witwen zum Beispiel nicht immer ihre minderjährigen Kinder in den neuen Haushalt mit, sondern ließen sie bei Verwandten (meist des Verstorbenen). Kinderreiche Ehepaare entlasteten ihren Haushalt, indem sie einzelne Kinder Verwandten anvertrauten, im Idealfall kinderlosen, die diese wie „Ersatzkinder" aufzogen und ausbilden ließen, in ihrer Karriere förderten und als Erben einsetzten. Im Adel dienten solche Kinderverteilungen der Vernetzung und dem Zusammenhalt verwandter Haushalte und letztlich dem Herrschaftserhalt. Auch in wenig vermögenden Familien kam das Arrangement allen Beteiligten materiell und emotional zugute. Vor allem kinderlose weibliche Verwandte („Tanten") betrachteten ihre Ziehkinder als „Töchter" und „Söhne", so dass enge Bindungen entstanden.

frühe Trennungen

Der als Sohn aufgezogene Neffe
Johann Butzbach (1477–1516), Sohn eines Webermeisters, wurde 1478 als Säugling von einer wohlhabenden Tante väterlicherseits in Obhut genommen. Sie erzog ihn bis zu ihrem Tod 1487 und schickte ihn ab 1483 in die Lateinschule.
Aus: Johannes Butzbach: Odoeporicon, S. 13 ff.

[...] als der Bauch unserer Mutter Margarethe neun Monate nach meiner Geburt wieder dick wurde – sie erwartete nämlich meine Schwester –, wurde ich durch meine Tante ihrer Brust entrissen. Weil diese unfruchtbar war oder jedenfalls keine Kinder hatte, nahm sie mich an Stelle eines Sohnes auf und erzog mich einige

65

> Jahre lang bis zu ihrem Tod voller Liebe und Zärtlichkeit. […] Ihre Zuneigung zu mir war nämlich derart groß, daß man leicht gesagt hätte, ich sei nicht ihr Neffe, sondern sie ziehe mich in aller Liebe als ihr eigenes zartes, leibliches Söhnchen auf.

So selbstverständlich frühe Trennungen auch waren, sie versetzten Eltern und Kinder in Trauer und Sorgen. Als Johannes Butzbach, nach dem Tod der Tante in seine Familie zurückgekehrt, mit elf Jahren einem fahrenden Schüler zum Erwerb höherer Bildung mitgegeben wurde, flossen beim Abschied die Tränen strömeweise. Der Vater konnte zwischen heftigen Umarmungen und Küssen vor lauter Weinen kaum seine moralischen Leitsätze für den Sohn hervorbringen, und auch die Zärtlichkeiten und Ratschläge der Mutter endeten in bitterlichem Schluchzen. Butzbach kontrastiert in seinem Rückblick gezielt diesen Schmerz mit der zunächst ungetrübten Vorfreude des Sohns auf das bevorstehende Abenteuer, die erst im letzten Moment in heulendes Elend umschlägt: „Da begann ich zum ersten Mal die Liebe des Sohnes zu seinen Eltern zu spüren, die ich ihnen nun nicht mehr zeigen konnte. Wahrlich, damals erkannte ich zum ersten Mal, wie unfehlbar die Liebe der Eltern zu ihren Kindern ist, und ich lernte, wie traurig der Abschied von lieben Menschen ist." Aus anderen Familien sind Briefe überliefert, mit denen Väter, Mütter, Töchter und Söhne ihre Trennungen überbrückten. Auch wenn darin vertrauliche und liebevolle Anreden, Sehnsuchtsbekundungen, inständige Bitten um Nachrichten oder Treffen und vielfältige Äußerungen der Anteilnahme nach vorgegebenen Mustern der brieflichen Fernkommunikation formuliert wurden, teilten die Schreiben durchaus starke Gemütsregungen aller Art zwischen Zuneigung und Zorn mit, die sich innerhalb intensiver Bindungen entfalteten.

Rollen, Zuständigkeiten, Bindungen

Die elterlichen Rollen und Zuständigkeiten gegenüber den Kindern waren der Tendenz nach zwischen Vätern und Müttern aufgeteilt. Auf eine Koedukation weiblicher und männlicher Kleinkinder in einer weitgehend weiblich bestimmten Sphäre folgte eine Sozialisationsphase, in der Jungen und Mädchen, nun zum Teil unter getrennter Anleitung, standes- und geschlechtsspezifische Arbeiten und Verhaltensweisen einübten. Es erscheint naheliegend, dass sich in den ersten Lebensjahren besonders enge Bindungen zwischen Müttern und ihren Töchtern und Söhnen entwickelten, die ein Vertrauensverhältnis über die Kindheit hinaus entstehen ließen. Die Väter hingegen verkörperten als Familienvorstände eher Strenge und Autorität. Da sie das Familienvermögen verwalteten, waren Spannungen mit dem Nachwuchs wegen Erbschafts- und Verteilungsfragen programmiert. Vor allem die zur Nachfolge ausersehenen Söhne – im Adel wie unter Bauern waren das häufig die Erstgeborenen –, die nach Unabhängigkeit und Ablösung der Alten drängten, gerieten regelmäßig in Konflikte mit den Vätern. Unbotmäßigen Töchtern und Söhnen drohte der Verlust des Erbes bzw. der Mitgift (während nach frühmittelalterlichen Erbregelungen die Töchter den Söhnen nachgeordnet erbten, waren in den meisten spätmittelalterlichen Städten Söhne und Töchter gleichberechtigt). Wenn Väter über längere Zeiträume entfernt von ihrer Familie ihrer Arbeit nachgingen, mag auch dies zu einem eher distanzierten Verhältnis zu ihren Kindern beigetragen haben. Tatsächlich tritt in Familienkorrespondenzen vor allem der Vater als befehlende, mahnende und drohende Instanz auf. Mütter erteilten zwar auch mannigfache Ratschläge und Verhaltensanweisungen und erwarteten Gehorsam. Sie bemühten sich aber darüber hinaus zu Lebzeiten der Väter und als Witwen, Nähe herzustellen, indem sie sich zwischen Kindern und Vätern diplomatisch vermittelnd einschalteten und für stetigen Kontakt und Informationsfluss sorgten.

Es würde den vielschichtigen Beziehungen zwischen Eltern und Kindern und der komplexen Aufgabenverteilung nicht gerecht, wenn man einseitig herausstellen würde, dass die Kleinkinderpflege und Töchtererziehung auf Seiten der Mütter, die Erziehung der Söhne im schul- und arbeitsfähigen Alter aufseiten der Väter lag. Tatsächlich kümmerten sich durchaus auch Väter um ihre Kleinkinder. Sie spielten mit ihnen, beschenkten und liebkosten sie. Selbst die Kinderkrankpflege, an sich eine weibliche Domäne, blieb nicht einseitig den Müttern aufgebürdet. Als Hermann Weinsberg zum Beispiel die Röteln hatte und nachts durchdringend schrie, stand sein Vater oft auf und versuchte, ihn mit Trommeln und Pfeifen zu beruhigen. Abwesende Väter sorgten sich in Briefen darum, dass ihre Kinder gesund aufwuchsen und bei Krankheiten alle denkbare Fürsorge erhielten.

Zeitgenössische Erziehungslehren mochten zwar für Väter Strenge und Konsequenz postulieren, negierten dabei aber keineswegs die affektiven Komponenten väterlicher Zuneigung. Der Humanist Leon Battista Alberti (1404–1472) lässt in seiner Schrift „Vom Hauswesen" (Della Famiglia) männliche Familienangehörige über Vaterliebe und Erziehung diskutieren. Es sei wohl als naturgegeben anzusehen, „daß Väter nichts unterlassen, um diejenigen aufzuziehen und zu erhalten, die aus ihnen hervorgegangen und durch sie geboren [per sé nati] sind". Liebe, Empathie und Zärtlichkeit sind demnach fraglos väterliche Qualitäten, hat doch der Vater nach dieser Formulierung geradezu Anteil am Vorgang des Gebärens. So selbstverständlich die Kleinen „die größte Wonne der Väter" sind, so weh tut es den Vätern, „sie weinen zu sehen, wenn sie vielleicht gefallen sind und sich die Händchen ein wenig angestoßen haben", gar nicht zu reden von der Verzweiflung, wenn ein Kind ernsthaft erkrankt und stirbt. Aus der Beobachtung heraus, dass Väter ihre ganz kleinen Kinder gern berühren und auf den Arm nehmen, warnt einer der Gesprächspartner vor ungestümem Herumtollen. Er will nicht zulassen, dass zarte Kleinkinder „von den Vätern, wie ich es manchmal sehe, herumgewirbelt werden". Seiner Ansicht nach soll „dieses früheste Alter im ganzen den Armen des Vaters fernbleiben; es ruhe und schlafe im Schoße der Mutter". Zugleich teilte Alberti die Auffassung anderer Autoren von didaktischen Schriften, dass die Erziehung von Kindern möglichst früh einsetzen solle und dass dabei die Väter besonders gefragt seien. Den Müttern sprachen manche Erziehungstheoretiker die Fähigkeit ab, Kinder – gemeint sind meistens Knaben – charakterlich und intellektuell zu bilden, weil ihrer Ansicht nach Frauen geschlechts- oder ausbildungsbedingt sich nicht zu Vorbildern eigneten bzw. über zu geringe Urteilskraft verfügten. Andere betonten die Verantwortung gerade der Mütter, so früh wie möglich ihre Kinder moralisch und religiös anzuleiten, sie zum Sprechen anzuregen und ihnen eine kultivierte Ausdrucksweise zu vermitteln, ihnen Bibelsprüche und Lebensregeln einzuprägen und ihnen Geschichten, allerdings keine „albernen Märchen", zu erzählen. Generell sahen die

väterliche Liebe und Erziehung

christlich geprägten Leitbilder guter Erziehung während des ganzen Mittelalters vor, dass beide Elternteile den Nachwuchs unterwiesen, wenngleich der Hausvater die oberste Erziehungsinstanz darstellte. Selbst das überaus populäre, binnen Kürze ins Deutsche und ins Englische übersetzte Erziehungsbuch, das der Chevalier de la Tour Landry (um 1320–um 1402/06) für seine Töchter 1371–1373 auf der Basis einer Exemplasammlung zusammenstellte, lässt in einem fiktiven Elternstreitgespräch neben dem Vater auch die Mutter zu Wort kommen.

Sammelt man die verstreuten Quellenhinweise zur alltäglichen Erziehungspraxis, so ist zu konstatieren: De facto spielten Mütter als Erziehende und Wissensvermittelnde über die Kleinkindjahre hinaus eine maßgebliche Rolle im Leben sowohl der Töchter wie der Söhne. Soweit sie selbst lese- und schreibkundig waren, führten sie ihre Kinder an die Beschäftigung mit den *litterae* heran. Zwar lassen sich solche mütterlichen Initiativen nur für adlige Söhne im Detail nachvollziehen. Es erscheint jedoch plausibel anzunehmen, dass auch adlige Töchter über ihre Mütter Zugang zu den Kulturtechniken des Lesens und Schreibens und zum Buchwissen anhand weltlicher und geistlicher Schriften erhielten.

Mütter und Töchter

In der Mädchensozialisation ging es wesentlich darum, die Töchter bei praktischen haushaltsbezogenen Tätigkeiten anzulernen, die sie in ihrem späteren Status als Ehefrau und Haushaltsleiterin selbst erledigen bzw. delegieren mussten: Einkauf und Zubereitung von Lebensmitteln, Vorratshaltung, Buchführung, Spinnen, Nähen und Sticken, Kinderbeaufsichtigung, Arzneiherstellung usw. In vereinzelt überlieferten Äußerungen von Mädchen deutet sich an, dass sie im Haushalt von der Mutter intensiv eingespannt wurden. Die fünfjährige Gertrud, eine Schwester des Bartholomäus Sastrow (1520–1603), die wie ihre Schwestern von der Mutter zu der „ihnen gebührenden häuslichen Arbeit" angehalten wurde, wünschte sich seufzend, dass „solche kleine Mägdlein nicht spinnen dörfften!" Und die 14-jährige Cordula Tetzel erklärte 1520 ihrem Großvater auf dessen Ermahnungen hin, sie habe keine Zeit zur Vertiefung und Übung ihrer Schreib- und Lesekenntnisse, weil die Mutter sie in Haus und Küche nicht mit Arbeit verschone. Schon vor der Einschulung begann also die Einarbeitung, neben und nach dem Schulbesuch lief sie weiter. Die Vorbereitung auf die künftige soziale Rolle erschöpfte sich nicht der Vermittlung praktischer Fertigkeiten und Kenntnisse. Dazu gehörten auch Belehrungen über die Qualitäten einer guten Ehefrau wie etwa Sanftmut, Geduld, Gehorsam, Zurückhaltung, Liebenswürdigkeit. So wie die Mütter ihre Töchter bei Arbeitsverrichtungen durch eigenes Tun anleiteten, lebten sie idealerweise auf allen Ebenen das standes- und geschlechtsspezifische Verhalten, an dem die Mädchen sich zu orientieren hatten, vorbildhaft vor. Erziehungstheoretiker des Spätmittelalters begründeten damit, dass Töchter ihren Müttern im Guten wie im Schlechten nacheifern, die hohe Verantwortung von Frauen, ihre Töchter zu einem anständigen Lebenswandel zu erziehen. Nach Mapheus Vegius (1406–1458) zum Beispiel wirken auf einen Knaben neben dem väterlichen Vorbild auch die „Naturanlage", der Unterricht und der Umgang mit anderen Kindern und Erwachsenen formend ein; hingegen werde man niemals „eine bedeutende Verschiedenheit zwischen Mutter und Tochter finden; so sehr ahmt diese aufs Haar die Sitten, so sehr die Worte und Handlungen der

Mutter nach, so groß ist die gegenseitige Übereinstimmung und Ähnlichkeit, daß man sie bei den Mücken kaum größer finden könnte".

Was das Verhältnis von Müttern und Söhnen angeht, so bezeugte bereits das Beispiel zweier Adliger des Frühmittelalters, Herchenefreda und Dhuoda, dass gebildete Frauen ihre Söhne erzogen und belehrten. An einer Reihe weiterer prominenter Mutter-Sohn-Gespanne lässt sich die Erkenntnis vertiefen, dass adlige Mütter persönlich maßgebliche Aufgaben übernahmen im Bereich der religiösen Unterweisung, der literarischen Instruktion, der Vermittlung dynastischen Bewusstseins, der Einübung standesgemäßen Verhaltens. Einige dieser Söhne machten eine weltliche, andere eine geistliche Karriere. Die Mutter des Geschichtsschreibers und Bischofs Gregor von Tours, Armentaria († nach 587), wies ihren Sohn in magisch-religiöse Praktiken und in den Heiligenkult ein. Die angelsächsische Königin Osburh († um 855) suchte ihre Kinder für Literatur zu begeistern, indem sie ihnen ein initialenverziertes Buch mit sächsischen Gedichten zeigte und versprach, es dem Kind zu schenken, das als Erstes die Gedichte auswendig lernte. Daraufhin ließ ihr jüngster Sohn, der spätere König Alfred (848–899), sich von einem Lehrer die Gedichte vorlesen, bis er sie aufsagen konnte, und bekam das Buch – das war, so Alfreds Biograph und Lehrer Asser, der Beginn von Alfreds intensiven Bemühungen um Buchwissen. Hiltrud von Altshausen, die Mutter des Gelehrten Hermann von Reichenau (1013–1054), der mit sieben Jahren ins Kloster gegeben wurde, prägte ihm die Familiengeschichte samt den Daten seines eigenen Lebens ein. Sie inspirierte ihn damit als Geschichtsschreiber, der auch Persönliches und Familiengeschichtliches aufzeichnete. Die verwitwete Mutter des späteren Abtes und Schriftstellers Guibert de Nogent (um 1055–um 1125) brachte ihrem vierjährigen Sohn, den sie zum Kleriker bestimmt hatte, das Lesen bei und übergab ihn dann einem Hauslehrer zur weiteren Ausbildung. Eleonore von Portugal (1434–1467), die Mutter des späteren Kaisers Maximilian I. (1459–1519), ließ Gebetbücher für ihn anfertigen mit Porträts, die Mutter und Sohn in inniger betender Gemeinschaft zeigten. Mütter wie die hier namentlich genannten prägten dank ihrer eigenen beträchtlichen Bildung den geistigen Horizont und die Ambitionen ihrer Söhne entscheidend mit. Aus Korrespondenzen erwachsener adliger Männer mit ihren Müttern ist weiterhin zu schließen, dass diese einander im weiteren Lebensverlauf verbunden blieben und dass die Mütter langfristig ihren Einfluss geltend zu machen suchten. Wenngleich heranwachsende Söhne der mütterlichen Sphäre zunehmend entrückt wurden, kann eine dauerhaft lebendige Mutter-Sohn-Bindung geradezu als ein zeitübergreifendes Merkmal der Sozialisation adliger Jungen im Mittelalter gelten.

Generell zeichnet sich, was die Bildungsinhalte und die schulische Organisation der Wissensvermittlung angeht, für Jungen ein klareres Bild ab als für Mädchen. In der adligen Oberschicht wurden die Söhne von Hauslehrern unterrichtet, wobei wohl der Hochadel eher als der niedere Adel Wert auf eine schriftorientierte, die wissenschaftlichen Grundlagen (*artes liberales*) umfassende Bildung legte. Während Söhne, die für eine geistliche Laufbahn bestimmt waren, eine gründlichere Unterweisung in den *litterae* erhielten, reichten für künftige Weltmänner nach Ansicht adliger Eltern Elementarkenntnisse. Einerseits realisierten Adlige im Spätmittelalter, dass ihre

Mütter und Söhne

Unterweisung und Bildungsprogramm adliger Söhne

Söhne das Lesen und Schreiben lernen mussten, um Karriere zu machen und den Erfordernissen einer modernen, schriftgestützten Herrschafts- und Verwaltungspraxis im Stil des „persönlichen Regiments" gerecht zu werden. Andererseits hielt sich die Ansicht, dass zu viel persönliche Gelehrsamkeit zu vermeiden sei. Wer sich mit gelehrten Fachleuten umgeben konnte, brauchte nicht selbst ein „Lateiner" zu sein.

Das Lernprogramm (hoch-)adliger Jungen wurde vermittelt durch Magister und Präzeptoren, Hof- und Zuchtmeister sowie Trainer für sportliche und kämpferische Exerzitien. Es umfasste eine breite Palette von Inhalten, von denen Erziehungsschriften, Lebensbeschreibungen und Briefe ein plastisches Bild vermitteln, und nahm einen Großteil des Tagesablaufs in Anspruch. Neben der schon erwähnten religiösen Unterweisung, der – mehr oder weniger rudimentären – Einführung in die *litterae* und in die *artes liberales* (mit dem Schwerpunkt auf der Rhetorik) und der Einübung höfischen Verhaltens sollten die Jungen Fremdsprachen erlernen, sich Rechtskenntnisse aneignen und an Ratssitzungen und Landtagen teilnehmen, um Einblick in die Regierungs- und Verwaltungsgeschäfte zu erhalten. Sie erwarben medizinische und pharmazeutische Kenntnisse zur Gesunderhaltung von Mensch und Tier (insbesondere des Pferds), lernten zu singen und zu musizieren, beschäftigten sich mit Astrologie bzw. Astronomie und übten Fertigkeiten aus dem Katalog der *artes mechanicae*, etwa das Drechseln oder die Harnischmacherei. Der Schwerpunkt lag auf der körperlichen Ertüchtigung. Ein intensives Körpertraining war unentbehrlich für Regenten, die bis nach 1500, trotz fortschreitender Residenzenbildung, ihre Herrschaft vor allem reitend ausübten. Es wurde vorausgesetzt für Krieg und Kampf sowie für spezifisch adlige Freizeit- und Repräsentationsaktivitäten wie die Jagd oder das Turnier. Entsprechend übten sich adlige Söhne in diversen Sportarten, die vom Hochmittelalter an, analog zu den sieben *artes liberales* und *artes mechanicae*, als Wissenssystem der sieben *probitates* in Erziehungsschriften propagiert wurden. Basierend auf antiken Qualifikationsanforderungen für römische Soldaten, sahen diese im Detail variierenden Kataloge artistische Reitkünste ebenso vor wie Kletterübungen an Leitern, Stangen und Seilen, Ringen, beidhändiges Fechten, Schießen mit Bogen, Armbrust und Büchse, Schwimmen, Weitsprung usw. Selbst wenn sie dieses Programm nicht komplett absolvierten, trainierten adlige Jungen regelmäßig ihre Kraft, Gewandtheit und Geschicklichkeit im Umgang mit Waffen und Tieren (Hunden, Jagdfalken, Pferden) und lieferten vor höfischen Zuschauern Proben ihres Könnens ab. Die Kampfübungen dienten auch dazu, mentale Stabilität und Kampfgeist zu entwickeln. Nur wer am eigenen Leib erlebt habe, vom Gegner niedergestreckt und verletzt worden zu sein, und wer sich früh mit dem Anblick von Toten auf einem Schlachtfeld vertraut gemacht habe, könne „später den schrecklichen Erfahrungen des Krieges standhalten", meinten Verfasser von Erziehungs- und Gesundheitsschriften wie Roger of Howden († 1201/02) oder Bernard de Gordon (um 1258–um 1318). Gewalt stoisch erleiden und kalkuliert ausüben zu lernen, gehörte bei aller höfischen Verfeinerung zur Entwicklung adliger Männlichkeit.

Unterweisung adliger Töchter   Es ist anzunehmen, dass die Hauslehrer an Adelshöfen auch die Töchter unterrichteten und dass das Curriculum für Jungen und Mädchen zumindest in Teilen übereinstimmte. Während im Spätmittelalter an italienischen

Höfen Jungen und Mädchen von humanistischen Lehrern gemeinsam geschult wurden, lässt sich für den deutschen Kulturkreis eine solche Koedukation nicht nachweisen. Ein rarer frühmittelalterlicher Hinweis darauf, dass ein Vater seinen Töchtern und Söhnen die gleiche intellektuelle Grundausbildung angedeihen ließ, findet sich in Einhards Biographie Karls des Großen (747–814): „Die Erziehung seiner Kinder richtete er so ein, daß Söhne wie Töchter zuerst in den Wissenschaften [*artes liberales*] unterrichtet wurden." Daran schloss sich, so Einhard (um 770–840), die nach dem Geschlecht differenzierende Unterweisung in praktischen Fertigkeiten an: Reiten, Waffen- und Jagdübungen einerseits, Textilherstellung andererseits. Auch in spätmittelalterlichen Erziehungstraktaten wird gelegentlich empfohlen, dass Mädchen, die später eine hohe Stellung einnehmen, das Studium der Wissenschaften betreiben sollen. Die vielfältigen Aktivitäten adliger Frauen lassen darauf schließen, dass sie als Mädchen eine ähnlich weitgespannte Ausbildung erhielten wie die Jungen. Schließlich besaßen und benutzten sie Bücher, engagierten sich als Mäzenatinnen im Literaturbetrieb und führten umfassende Korrespondenzen, wobei sie im Spätmittelalter auch eigenhändig Briefe schrieben. Sie fungierten im Familien- und Verwandtschaftskreis als „Ärztinnen", die mit Leibärzten und Apothekern kooperierten, heilkräftige Pflanzen in botanischen Gärten kultivierten, verarbeiteten und verabreichten. Sie führten die Regierungsgeschäfte für unmündige Söhne, bewirtschafteten und verteidigten in Abwesenheit ihrer Männer Burgen, versahen repräsentative Aufgaben, tanzten, ritten im Spreiz- und Seitsitz und jagten (Beiz- und Hetzjagd). Ohne eine praxisorientierte Unterweisung sowie körperliches und mentales Training wären sie den Anforderungen an Herrscherinnen wohl kaum gewachsen gewesen. Nach Christine de Pizan (1365–1430) muss eine Baronin denn auch „beherzt sein wie ein Mann, was bedeutet, daß sie nicht zu sehr in geschlossenen Gemächern aufwachsen oder zu sehr auf weibliche Art verzärtelt werden darf" und „daß sie sich in der Waffenkunde und allem, was zur Kriegsführung gehört, auskennen muß, damit sie in der Lage ist, ihre Leute zu befeligen, einen Angriff zu führen oder eine Verteidigung zu organisieren". Allerdings enthalten die überlieferten Quellen vor dem 16. Jahrhundert kaum Anhaltspunkte, wie und durch wen adlige Mädchen ihr theoretisches und praktisches Wissen erwarben. Soweit Fürstenspiegel, Haus- und Erziehungslehren oder hofgebundenes Schrifttum überhaupt die Mädchenerziehung thematisieren, entwerfen sie vor allem das (Ideal-)Bild einer im Frauenzimmer, unter Anleitung einer Hofmeisterin im Kreis der Hofdamen stattfindenden Anleitung zu „weiblicher Zucht". Wiewohl adlige Töchter einerseits lernen mussten, ihren Herrschaftsanspruch durch standesgemäßes Gebaren zu untermauern, galten für sie andererseits die gleichen, auf spätantike christliche Modelle zurückgreifenden Leitbilder wie für andere Mädchen, nämlich sich willig unterzuordnen und in jeder Lebensäußerung kontrolliert zurückzunehmen.

Während adlige Kinder im häuslichen bzw. höfischen Umfeld geschult wurden, erhielten die Mädchen und Jungen anderer sozialer Schichten Unterricht in schulischen Institutionen. Allerdings existierten, nachdem das von Laien getragene, öffentliche Schulsystem spätantiker Städte im Übergang zum Frühmittelalter verschwunden war, über Jahrhunderte hinweg

schulische
Einrichtungen
in Städten

71

ausschließlich kirchliche Bildungseinrichtungen (Klosterschulen, Domschulen, Pfarrschulen), deren Besuch weitgehend den für eine geistliche Laufbahn bestimmten Kindern vorbehalten war. Mit dem Aufstieg des europäischen Städtewesens änderte sich dies vom 12. Jahrhundert an, ausgehend von flandrischen Städten und von Paris. Auch in Deutschland strebte vom 13. Jahrhundert an das städtische Bürgertum, vertreten zuerst durch die Kaufmannschaft und später auch durch die Handwerker, erfolgreich danach, die Pfarrschulen (Lateinschulen) als Ausbildungsstätten stärker zu öffnen und daneben eigene Schulen einzurichten, die ihren Kindern praxisbezogene Kenntnisse für einen weltlichen Lebensweg vermittelten, insbesondere das Lesen und Schreiben in deutscher Sprache sowie das Rechnen. Diese Bemühungen zielten zunächst auf die Förderung der Jungenbildung, bewirkten aber etwa ab 1400 auch einen Aufschwung des Mädchenunterrichts. Nebeneinander (und in Konkurrenz zueinander wegen Streitigkeiten um das Aufsichtsrecht und um Schulgelder) bestanden im 15. Jahrhundert kirchliche, städtische und private, lateinische und deutsche (niedere) Schulen mit unterschiedlichen Ausrichtungen und Trägern. Neben kirchlich oder städtisch verwalteten Pfarrschulen gab es unter anderem Schulen von Frauen- und Männerklöstern verschiedener Orden sowie von Beginenkonventen, die zum Teil für externe Schülerinnen bzw. Schüler zugänglich waren, ferner private Schulbetriebe, die von lese-, schreib- und rechenkundigen Frauen und Männern, darunter Ehepaare ebenso wie Kleriker, für Mädchen und/oder Jungen eingerichtet wurden. In den Schulen verschiedenen Typs wurden Mädchen und Jungen teils gemeinsam, teils getrennt unterrichtet von (oft miteinander verheirateten) Lehrerinnen und Lehrern.

Im 15. Jahrhundert war offenbar in Kaufmanns- und Handwerkerkreisen der Schulbesuch von Töchtern ähnlich selbstverständlich geworden wie der von Söhnen. Vor allem in Handels- und Gewerbestädten mit einer hoch entwickelten Wirtschaft, die von qualifizierten Frauen mitgetragen wurde, erschien, wie die dort zahlreichen Gründungen von Mädchenschulen bezeugen, die schulische Ausbildung von Töchtern unentbehrlich. Wie für den Adel überwiegen allerdings auch für die städtische Bürgerschaft die Nachrichten über Jungen. Während zum Beispiel Johannes Butzbach ein lebendiges Bild seines Schulalltags zeichnet, vom Schuleschwänzen bis zur Verprügelung durch den Hilfslehrer und dessen prompte Entlassung auf Betreiben seiner Mutter, notieren nur einzelne Väter in ihren Familienaufzeichnungen knapp, wo und wie lange ihre Töchter zur Schule gingen. Über den Schulbesuch der ländlichen Bevölkerung ist wenig mehr bekannt, als dass er bestenfalls im Winter kontinuierlich möglich war. In anderen Jahreszeiten, vor allem während der Ernte, waren Kinder als Arbeitskräfte unentbehrlich und wurden trotz entsprechender Appelle nicht regelmäßig in die Schule geschickt.

Schullaufbahnen von Mädchen und Jungen Die Schullaufbahn von Mädchen und Jungen verlief unterschiedlich. Alle wurden zwar im gleichen Alter, mit sechs oder sieben Jahren, eingeschult, doch beendeten Mädchen die Schule bereits nach einer kürzeren, höchstens drei- bis vierjährigen Elementarausbildung. Diese führte ins Lesen, Schreiben, Rechnen sowie in die Anfangsgründe der lateinischen Grammatik ein. Inwieweit Mädchen in der Schule weitergehende Lateinkenntnisse erwarben, ist unklar. Auch wenn zumindest in einigen Städten Bürgertöchter prinzipiell Lateinschulen besuchen konnten, scheint Lateinunterricht für Mädchen, wenn überhaupt, eher im häuslichen Rahmen von privaten Lehrern erteilt worden zu sein. In vielen Familien markierte das Lateinische eine Bildungstrennlinie zwischen den weiblichen und männlichen Angehörigen, wie etwa die Familienkorrespondenz der Amerbach um 1500 erkennen lässt: Die achtjährige Tochter schrieb auf Deutsch an die Mutter, ihre älteren Brüder korrespondierten als Lateinschüler und später als Studenten lateinisch mit dem Vater, während die Mutter wiederum die Söhne in deutscher Sprache zum fleißigen Lernen anhielt. Manches lernbegierige Mädchen mag sich auch über seine Brüder lateinische Brocken angeeignet haben. Bartholomäus Sastrow jedenfalls notierte im Rückblick auf seine Jugend, dass seine begabte Schwester Katharina sich von einem ihrer studierenden Brüder lateinische Redewendungen beibringen ließ. Zur Überraschung von dessen Kommilitonen, die in ihrem Elternhaus eingeladen waren, flocht sie diese ins Gespräch ein.

Für Jungen schloss sich an die Elementarausbildung, sofern die Mittel und Ambitionen der Eltern das zuließen, eine vier- bis fünfjährige „höhere Schule" bis zum Alter von etwa 14 oder 15 Jahren an. Hier wurden im Wesentlichen die lateinischen Grammatik-, Lektüre- und Stilübungen fortgesetzt. Einige Eltern der städtischen, seltener der dörflichen oberen und mittleren Schichten ermöglichten ihren Söhnen danach ein Universitätsstudium im In- oder Ausland (die Universitäten Deutschlands nahmen am Ende des 15. Jahrhunderts jährlich etwa 3000 neue Studenten auf). Ein Artesstudium wurde oft als eine Art Abschluss der Schulbildung, mit der es sich auch inhaltlich überschnitt, verstanden. Es endete, sofern nicht ein Magister- oder Doktorgrad angestrebt wurde, mit dem Baccalaureat nach anderthalb bis zwei Studienjahren. Da Mädchen an den Universitäten nicht zugelassen waren, blieb ihnen dieser formale Weg zu höherer Bildung grundsätzlich verschlossen (auch wenn nach jüngeren Forschungen anzunehmen ist, dass einige Mädchen sich mehr oder weniger unbemerkt unter die Studierenden mischten).

Mit dem Besuch höherer Lateinschulen, in den Wanderjahren als Scholaren und als Universitätsstudenten erwarben Jungen nicht nur eine den Mädchen verwehrte Bildung. Sie wurden auch Mitglieder in einer fast ausschließlich von Geschlechtsgenossen bewohnten sozialen und intellektuellen Welt, zu der es auf Seiten der Frauen kein Gegenstück gab. Die Zusammenschlüsse von Schülern und Studenten ließen ein elitäres männliches Selbstverständnis entstehen, das sich der eigenen, auf „männlicher" Rationalität und auf Gelehrtheit fußenden intellektuellen Überlegenheit bewusst war. Junge Männer bewiesen diesen Vorrang in Disputationen als Arenen des ritualisierten geistigen Wettkampfs unter Männern und grenzten sich darüber zugleich gegen Frauen scharf ab. Verstärkend wirkten dabei vielfältige Mechanismen des „male bonding": Aufnahmeriten wie die sogenannte akademische Deposition verwandelten angeblich ungehobelte, ignorante Burschen in zivilisierte Männer des Geistes, und das Lateinsprechen drückte die Zugehörigkeit zu dieser exklusiven Gemeinschaft aus. Feiern und Trinkgelage, nächtliche Streifzüge und Randale bis hin zu aggressiven Belästigungen von Stadtbewohnerinnen und -bewohnern boten Gelegenheit, sich auch ungezähmterer Facetten der eigenen Männlichkeit zu

Universitätsbesuch und studentisches Leben

vergewissern. Sie sorgten ebenso für sozialen Kitt wie gleichgeschlechtliche Freundschaften unter Studenten und enge Lehrer-Schüler-Beziehungen. Der Lebensabschnitt in diesem männlichen Kosmos wurde ferner mitbestimmt durch hohe Mobilität. War das Unterwegssein vieler Scholaren, die oft in Zweiergespannen aus einem älteren und einem jüngeren Schüler von einer Ausbildungsstätte zur anderen zogen und ihren Lebensunterhalt erbettelten, auch strapaziös und entbehrungsreich, so befriedigte es doch die Abenteuerlust und erweiterte den Horizont.

Insgesamt waren vermutlich mehr Jungen als Mädchen unter den Kindern bzw. Jugendlichen, die nach der „Grundschule" ihr Elternhaus verließen, um ihre Ausbildung fortzusetzen bzw. ihren Unterhalt zu erwerben. Eindeutiger als bei den Mädchen erkennbar, war der Weggang von zu Hause generell ein fester Bestandteil der Knabensozialisation in verschiedenen sozialen Schichten. Jungen wurden nicht nur als fahrende Schüler in die Fremde geschickt, sondern auch als Dienstboten und Lehrlinge, als kaufmännische Handelsdiener, als bäuerliche Hilfskräfte von Verwandten auf dem Land oder als Knappen bzw. Pagen auf Adelshöfen. Dem lag neben ökonomischen Planungen die Auffassung zugrunde, die Söhne müssten aus dem Haus, um Neues kennenzulernen, Erfahrungen zu sammeln und sich zu bewähren. Gelegentlich sollte die Verschickung auch dazu beitragen, besonders ungebärdige Söhne zu disziplinieren. Gegenüber den Töchtern hegten die Eltern andere Erwartungen. Die Mädchen traten zwar ebenfalls als Lehrlinge und Mägde in fremde Dienste, entfernten sich dabei aber in der Regel nicht so weit wie Jungen aus ihrer Heimat. Fernreisen und Auslandsaufenthalte zum Fremdsprachenerwerb, etwa im Zuge einer kaufmännischen Lehre, waren in ihrem Bildungsprogramm nicht als festes Element vorgesehen. Die meisten Lehrtöchter blieben wohl in ihrer Herkunftsstadt und damit in der Nähe der Eltern. Manche kehrten sogar abends zum Schlafen in ihr Elternhaus zurück. Der elterliche Wunsch, die Töchter unter Aufsicht zu halten, verband sich hier mit Sparsamkeit. Insgesamt investierten Eltern höhere Kosten – Schulgeld, Unterhaltszahlungen an Lehrmeisterinnen und -meister, Finanzierung des Universitätsstudiums – in die Ausbildung von Jungen als von Mädchen. Zugleich kannten sie den Wert einer gründlichen Mädchenausbildung auf dem Arbeits- und Heiratsmarkt. Wenn ein tüchtiges und qualifiziertes Mädchen an einen „nichtsnutzigen", „liederlichen" Ehemann geriet, äußerten ihre Angehörigen Bedauern und Enttäuschung über die Vergeudung solchen Potentials.

c) Frauen und Männer im ländlichen und städtischen Arbeitsleben

Arbeits(ver)teilung

In den vergangenen Kapiteln wurde, unter anderem am Beispiel des Ehe- und Arbeitspaars Elisabeth Störkler und Burkard Zink, vor Augen geführt, dass Frauen und Männer den Lebensunterhalt für sich und ihre Angehörigen erarbeiteten, indem sie verschiedene Tätigkeiten kombinierten. In der Regel ergänzten sich die von Frauen und Männern verrichteten Arbeiten, wobei diese Komplementarität auf manchen Gebieten durch eine geschlechtsspezifische Aufteilung von Aufgaben oder einzelnen Arbeitsschritten erreicht wurde. Solche geschlechtsbezogenen Zuordnungen von Tätigkeiten wandelten sich in Abhängigkeit von den sozio-ökonomischen Entwicklungen.

Zwar hielten sich über Jahrhunderte hinweg Vorstellungen, dass bestimmte Arbeiten „Frauensache" bzw. „Männersache" seien, und es gab Aktionsfelder, in denen traditionell vorwiegend Frauen oder Männer tätig waren (ganz zu schweigen von exklusiven „Frauenberufen" bzw. „Männerberufen" wie der Prostitution, dem Hebammen- und Söldnerwesen im Spätmittelalter). Die Textilproduktion etwa galt, wie erwähnt, zeit-, region- und schichtenübergreifend als „Frauenwerk" (*opus feminile*). Als Inbegriff des „Männerwerks" (*opus virile*) wurde das Pflügen aufgefasst, das bei Bedarf allerdings auch von Frauen übernommen wurde. In der Praxis entschieden jedenfalls meist die aktuellen Umstände darüber, wie funktional aufeinander bezogene Arbeiten aufgeteilt wurden, ob Frauen und Männer einander räumlich vereint zuarbeiteten oder ihren Aufgaben in getrennten Sphären nachgingen.

In der frauen- und geschlechtergeschichtlichen Forschung wurden zeitweilig die Arbeitsteilung und räumliche Segregation stark betont. In diesem Zusammenhang erschien die „Binnenwirtschaft" im Haus mit seinem näheren Umfeld als die Domäne von Frauen, die weitere Umgebung als das Aktionsfeld von Männern. Demgegenüber haben Studien zur Mobilität, zur

Abb. 3: Die häusliche Szene in der Bürgerstube zeigt idealtypisch die familiale Gemeinschaft bei geteilten Aufgaben. Holzschnitt aus dem „Regiment der jungen Kinder" des Kinderarztes Bartholomäus Mettlinger (um 1440–1491/92), erstmals 1473 gedruckt mit rasch folgenden Neuauflagen.

Raumorganisation und -nutzung sowie zu Beziehungsgeflechten differenzierter nachgewiesen, dass ländliche und städtische Topographien neben exklusiven Frauen- und Männerorten viele Zonen aufwiesen, in denen beide Geschlechter interagierten.

Die Thematik des Arbeitslebens ist weitverzweigt und kann hier nicht vollständig abgehandelt werden, berührt sie doch die alltägliche Arbeitsorganisation ebenso wie die arbeitsspezifischen Sozialbeziehungen, den Anteil von Frauen und Männern an der ländlichen und städtischen Ökonomie und die Prägung von Geschlechterrollen qua Arbeitszuweisung, um nur einige wichtige Aspekte zu nennen. In diesem Kapitel werden daher bewusst einzelne ausgewählte Schlaglichter gesetzt, um zunächst die Verhältnisse der ländlichen Basisbevölkerung im Frühmittelalter und dann die handwerklich-gewerbliche Praxis in spätmittelalterlichen Städten zu erhellen.

Leben und Arbeiten in der frühmittelalterlichen Grundherrschaft

In der ländlich geprägten Gesellschaft des frühen und hohen Mittelalters bildete die Grundherrschaft das Fundament der Sozial-, Wirtschafts- und Herrschaftsordnung. Die in einer Grundherrschaft lebenden und arbeitenden Menschen waren von ihrem Grundherrn (Königen, Adligen, Bischöfen, Klöstern) abhängig; sie unterstanden seinem Schutz und seiner Gerichtsgewalt. Das Abhängigkeitsverhältnis gestaltete sich unterschiedlich, je nachdem, ob sie von freiem, halbfreiem oder unfreiem Stand waren. Es gab verschiedene Schattierungen von Unfreiheit zwischen „Sklaverei", „Hörigkeit" und „Dienstverpflichtung"; die Grenzen zwischen frei und unfrei waren flexibel und ließen Abstieg ebenso wie Aufstieg zu.

Bei der im Frühmittelalter dominierenden klassischen Form der Grundherrschaft, der sogenannten Villikation, verlieh der Grundherr an Bauern Stücke seines Landes (Hufen, *mansus*), die sie von eigenen Höfen aus selbstständig für ihren eigenen Unterhalt bewirtschaften und von denen sie Natural- oder Geldabgaben an ihn leisten sollten. Auf einer Hufe lebte meistens ein Ehepaar mit Kindern; gelegentlich arbeiteten bei ihnen auch unverheiratete Mägde und Knechte mit. Das um seinen Herren-, Haupt- bzw. Fronhof liegende Land (Salland) ließ der Grundherr als seine Eigenwirtschaft von Unfreien (*mancipia*, von manchen Autoren als Sklaven bezeichnete Hofhörige beiderlei Geschlechts) bearbeiten, die am Herrenhof oder in seiner Nähe untergebracht waren. Außerdem leisteten die auf eigenen Höfen lebenden Bauern und Bäuerinnen Frondienste auf dem Salland, vor allem zur Unterstützung der Hofhörigen in den arbeitsintensiven Zeiten des Pflügens, Säens und Erntens. Am Herrenhof selbst verrichteten unfreie Frauen und Männer Gesindedienste und waren handwerklich tätig.

In Abgaben- und Dienstverzeichnissen (Urbaren) wurde notiert, welche Leistungen in einem vorgeschriebenen Umfang und zu festgesetzten Terminen von einer Hufe zu erbringen waren. Diese Pflichtenkataloge ließen vielfach offen, ob bestimmte Arbeiten vom (Ehe-)Mann bzw. von der (Ehe-)Frau durchgeführt werden mussten – den Grundherrn interessierte die Gesamtleistung. Sie zählten auch bei Weitem nicht alle anfallenden Tätigkeiten auf. Dennoch bieten die überlieferten Dienstbestimmungen wertvolle Hinweise auf die geschlechtsbezogene Aufteilung von Arbeiten und Wirtschaftsbereichen, zumal wenn man ergänzend andere Textarten (Inventare, Urkunden, Kapitularien, Wunderberichte usw.) auswertet. Beim Vergleich verschiedener Urbare und weiterer Dokumente vornehmlich des 9. Jahrhunderts zeichnen sich die im Folgenden skizzierten Grundzüge des Männer- und Frauenwerks ab, allerdings mit Abweichungen von Region zu Region bzw. zwischen einzelnen Grundherrschaften.

Die Textilherstellung für den Bedarf des eigenen Haushalts und als Abgabe für den Herrn, eine in der Wintersaison anfallende Tätigkeit, oblag den Bäuerinnen auf den Hufen. Sie waren für so gut wie alle Arbeitsschritte zuständig, die bei der Produktion von Leinen- und Wolltextilien nötig waren. Dazu gehörten der Flachsanbau im Garten, das Ausreißen der Pflanzen und die aufwendige Aufbereitung des Flachses sowie das Waschen und Scheren der Schafe, die Bearbeitung der Wolle (Waschen, Einfetten, Kämmen usw.) und das Verspinnen. Das Leinen- und Wollgarn wurde alsdann auf Webstühlen in feucht-kühlen Arbeitsräumen (Webhütten) nahe beim Wohnhaus zu Stoffen verarbeitet und in Form von Tuchen bestimmter Größe oder als fertig genähte Kleidungsstücke abgeliefert. Außerdem gaben die Bäuerinnen Flachs und Wolle, meist nach einer Vorbehandlung, an die Textilwerkstätten (Genitien, Gynaeceen) auf den Herrenhöfen ab.

Arbeitstätigkeiten der Bäuerinnen auf den Hufen

Zu den weiteren Tätigkeiten frühmittelalterlicher Bäuerinnen, die sie teils für die eigene Wirtschaft, teils als Dienst für den Herrn verrichteten, gehörten die täglichen „Hausarbeiten", wie Wasser vom Brunnen holen, Brennholz besorgen und den Herd anfeuern, Getreide für Grütze und Brei mit der Handmühle mahlen, Gemüse usw. putzen und kochen, Kochgefäße und Küche säubern und das Bier für den sofortigen Gebrauch brauen, ferner das nicht alltägliche, wohl vornehmlich im Sommer erledigte Wäschewaschen in Flüssen oder Teichen. Im Garten waren Gemüse- und Kräuterbeete anzulegen, zu pflegen und abzuernten. Obst und Beeren wurden im Sommer bzw. Herbst eingesammelt und, mutmaßlich ebenfalls von Frauen, zu Weinen verarbeitet. Weinlese, Keltern und Weinabgaben gehörten an einigen Orten zu den von Frauen erwarteten Leistungen. Zum Brotbacken, zum Bierbrauen und zur Malzherstellung im Rahmen der Dienste zogen die Grundherren Frauen und Männer heran, die sie auf größeren Grundherrschaften in Back- und Brauhäusern einsetzten. Auch das Zermahlen von Gerste und Eicheln zu Hunde- bzw. Schweinefutter wurde vermutlich an zentralen Stellen von Frauen und Männern durchgeführt. Frauen kümmerten sich um das Stallvieh (dies gilt übrigens auch für die städtische Viehhaltung). Sie fütterten und schlachteten das Geflügel, versorgten Kühe, Ziegen und Schafe, sofern diese nicht auf Weiden oder im Wald gehütet wurden, melkten die Tiere und stellten Milchprodukte her. Sie lieferten Hühner, Eier, Butter und Honig an den Herrn und verkauften diese und andere Naturalien auf dem Markt, um dadurch das Zinsgeld für den Grundherrn zu erwirtschaften. Bei saisonal anfallenden Feldarbeiten, ob in der eigenen Landwirtschaft oder für den Herrn, arbeiteten Frauen ebenso wie Männer auf den Äckern und in den Weinbergen. Welche Arbeitsschritte sie dabei im Einzelnen verrichteten, ist selten ersichtlich. Das Zusammenstellen von Getreidegarben durch Frauen wird erwähnt, ebenso der tägliche Frondienst eines Ehepaars „mit seinem Karren" bei der Ernte und der Weinlese für den Herrn. Auch der einem Mansus abgeforderte Pflugdienst musste von der Bäuerin selbst durchgeführt werden, wenn sie den Hof allein bewirtschaftete und keine Hilfskräfte hatte. Wie stark eine Hufnerin insgesamt durch die Arbeiten in Haus, Garten, Stall, Back- und Brauhaus sowie auf den Feldern des

Hufen- und des Sallands beansprucht wurde, hing von ihrem Rechtsstand ebenso ab wie von der Größe des Mansus, von dem Umfang geforderter Abgaben und Dienste (die Frondienste konnten sich auf mehrere Tage/Wochen pro Jahr beschränken oder mehrere Tage wöchentlich während des gesamten Jahres umfassen), ferner davon, ob Familienmitglieder, Mägde und Knechte mithalfen.

Arbeiten der unfreien Frauen auf dem Herrenhof

Hinsichtlich der Vielfältigkeit ihrer Tätigkeiten scheinen sich die Hufnerinnen von den am Herrenhof arbeitenden unfreien Frauen unterschieden zu haben. Allerdings ist über die Arbeitswelt des weiblichen Hofpersonals relativ wenig bekannt. Im Gesinde, das – wirtschaftlich unselbstständig und meistens unverheiratet – am Herrenhof unterhalten wurde, waren die Frauen gegenüber den Männern in der Überzahl. Charakteristisch für die Unfreien am Hof war, dass sie im Gegensatz zu den Hufenbewohnern ungemessene, das heißt zeitlich bzw. dem Umfang nach unbegrenzte Dienste leisten mussten. Einige Frauen bedienten die Herrschaft oder arbeiteten in deren Haushalts- und Wirtschaftsräumen, in Ställen und Mühlen. Andere, die auf das Textilhandwerk spezialisiert waren, waren im *Genitium* (Frauentextilwerkstatt) tätig. Dort verarbeiteten sie unter Leitung einer Vorarbeiterin oder auch der Grundherrin die von den Bäuerinnen gelieferten Rohstoffe weiter und produzierten feine, hochwertige Gewebe. Über die innere Organisation dieser Werkstätten und den dortigen Arbeitsalltag geben die Quellen nur fragmentarisch Auskunft. Die Zahl der Arbeitskräfte variierte von einer Handvoll bis zu mehreren Dutzend. Die meisten wurden wohl, wie gesagt, unter den Unfreien auf dem Herrenhof rekrutiert, doch ist auch denkbar, dass unfreie Mädchen und Frauen von den Hufen zeitweilig dorthin befohlen wurden. In jedem Fall galt das Genitium als ein Ort unfreier, abhängiger, manchmal sogar als Strafe verhängter Arbeit, die unter recht unangenehmen Bedingungen verrichtet wurde: Die Räume lagen halb unterirdisch, waren klamm und schlecht beleuchtet, die Arbeitstage waren offenbar lang und eintönig, und männliche Übergriffe (Belästigung, Verführung, Vergewaltigung) scheinen, den ausdrücklichen Schutzbestimmungen nach zu urteilen, die Textilarbeiterinnen gefährdet zu haben.

Arbeitstätigkeiten der Hufenbauern

Wie die Hufnerinnen arbeiteten auch die Hufenbauern sowohl für den Eigenbedarf wie für den Grundherrn. In erster Linie bestellten sie das Hufenland und, zu angeordneten Terminen, das Salland (Herrenland). Eine Auswahl ihrer beim Agrarwerk anfallenden Tätigkeiten wird in den Quellen aufgeführt. Demnach brachen die Bauern die Äcker um, pflügten, säten, eggten, jäteten Unkraut und brachten vorgeschriebene Mengen des geernteten und gebundenen Getreides in die Scheune des Herrenhofs. In der Heuernte mähten sie, rechten das Heu zu Haufen zusammen und fuhren festgesetzte Wagenladungen davon in die Scheune. Den Hufnern oblag auch die Bestellung des zum Herrenhof gehörigen Gartens. Sie waren ferner für die Instandhaltung der Zäune, die das Vieh von den Saaten fernhielten, verantwortlich und belieferten den Herrenhof mit Pfählen oder Latten für Zaunreparaturen. Sie hüteten die Schweine auf den Hufen und zu vorgeschriebenen Zeiten auf dem Salland und transportierten Wagenladungen von Wein, Mist und Holz zum Herrenhof. Des Weiteren wurden von ihnen neben Geldabgaben Naturalabgaben wie Schweine, Hühner, Eier, Brot, Bier, Wein und Garn erwartet – also auch von Frauen bzw. in Zusammenarbeit mit Frauen erzeugte Produkte. Wie erwähnt, verrichteten Frauen und Männer viele Feldarbeiten gemeinsam bzw. teilten sie unter sich auf, ohne dass die pauschal formulierten, auf die Gesamtleistung einer Hufe zielenden Dienstbestimmungen Näheres darüber zu erkennen geben. Es ist nicht ersichtlich, dass Frauen grundsätzlich eher „niedere", zwar anstrengende, aber anspruchslose Verrichtungen und Hilfsdienste wie Jäten oder Hacken zu erledigen hatten, während Männern „höherwertige", technisch schwierigere Tätigkeiten mit speziellen Werkzeugen vorbehalten blieben. Die Technisierung der agrarischen Arbeit führte allerdings im Lauf des Mittelalters zur Verfestigung solcher Tendenzen der Arbeitsaufteilung. In der Forschung wird dazu etwa angeführt, dass mit der Ablösung der Sichel durch die Sense bei der Getreideernte das Mähen zur Männersache wurde, während den Frauen das Zusammenstellen und Binden der Garben überlassen blieb. Einige Bereiche der ländlichen Arbeit waren im Frühmittelalter deutlich männerdominiert: der Umgang mit Zugtieren (Ochsen, Büffeln) und Gespannen, Fuhrdienste, die Pferdehaltung, das Viehhüten auf der Fernweide bzw. im Wald, mit dem häufig auch Jungen betraut wurden, Bau- und Reparaturaktionen an Häusern und Zäunen, die Holzfällerei und (weniger eindeutig) die Imkerei; auch die Jagd, später ein Adelsprivileg, ist hier zu nennen. Diese Arbeitssphären wurden bereits unter dem Aspekt der Unfallgefährdung von Männern kurz angesprochen. Was die allgemeine Arbeitsbeanspruchung anbelangt, so gilt für die Hufenbauern wohl mutatis mutandis das für die Frauen Gesagte, zumal im Detail nicht nachzuvollziehen ist, wer welche Tätigkeiten durchführte. Gerade in arbeitsintensiven Phasen wie der Ernte, wenn die Erfordernisse der eigenen Landwirtschaft und die grundherrlichen Dienstansprüche zusammenstießen, waren Frauen und Männer so umfassend gefordert, dass sie wenig Rücksicht auf geschlechtsspezifische Zuständigkeiten nehmen konnten, die vielleicht ansonsten eher beachtet wurden.

Die auf dem Fronhof lebenden unfreien Männer bewirtschafteten zunächst das Salland. Etwa vom 9. Jahrhundert an verkleinerten die Grundherren diesen Teil ihrer Herrschaft: Sie wandelten Teile des Sallandes in abhängige Bauernstellen um, siedelten dort ihre vormals am Hof untergebrachten Unfreien an und verlangten Dienste und Abgaben von ihnen. Da somit kaum noch Hofhörige für den Ackerbau benötigt wurden, konnte das Personal auf den Fronhöfen reduziert werden. Dort blieb eine kleinere Zahl männlicher Arbeitskräfte, die in der Küche, der Backstube, der Wäscherei, im Garten, im Pferdestall, in der Schmiede und anderen handwerklichen Einrichtungen spezialisierte Tätigkeiten ausübten. Auf dem Herrenhof übernahmen also Männer unter anderem Arbeiten, die auf der Hufe von Frauen verrichtet wurden. Die Spezialisierung auf bestimmte Funktionen und deren Weiterentwicklung zu Hofämtern bzw. „Berufen" brachte für ihre Träger Privilegien (zum Beispiel das Recht zu heiraten) und Aufstiegschancen mit sich. Den Frauen hingegen, die ebenfalls in der Küche, Backstube usw. beschäftigt waren, wurden anscheinend eher niedere Verrichtungen und Zuträgerdienste zugewiesen.

Arbeiten unfreier Männer auf dem Herrenhof

Die eben dargestellten Formen abhängiger Arbeit bestimmten das Leben eines Großteils der ländlichen Bevölkerung, bis sich im 12./13. Jahrhundert das Villikationssystem auflöste. Weil die Grundherren ihre Eigenwirtschaft

Veränderungen der ländlichen Arbeit im Hochmittelalter

aufgaben, brauchten die Bauern keine Frondienste mehr zu leisten, und ihre Abgaben wurden weitgehend in Geldrenten umgewandelt. Den Hintergrund dieser Entwicklung bildeten die Gründungswelle von Städten, die Erweiterung und Verflechtung von Marktbeziehungen zwischen Stadt und Land bei der Verbreitung der Geldwirtschaft sowie die allgemeine Intensivierung von Handel, Verkehr, Kommunikation und Mobilität innerhalb eines nach umfassenden Rodungen ausgebauten Straßen- und Wegenetzes. Die ehemals fronenden Bäuerinnen und Bauern gewannen größere Bewegungs- und Handlungsfreiheit: Ihre Abhängigkeit vom Grundherrn lockerte sich, sie wanderten in die entstehenden Städte oder in die Ostsiedlung ab, schlossen sich in den Dörfern stärker genossenschaftlich zusammen und lernten, mit Absatzmärkten zu wirtschaften. Die Veränderungen ländlicher Arbeitsprozesse in der Familienwirtschaft und in der Dorfgemeinde, in der Organisation des Abgabenwesens, im Handwerk und im Marktgeschehen tangierten auch das Geschlechterverhältnis. Während die Arbeitsverteilung in der Familienwirtschaft sich vergleichsweise wenig wandelte, führte die nun gewerbliche Betreibung mancher Tätigkeiten (zum Beispiel Textilherstellung, Meierei, Bleiche) dazu, dass Produktionsbereiche neu zugeordnet und bewertet wurden. Wenn in der Forschung diese Professionalisierung oft als ein Vordringen von Männern in ehemals weibliche Zuständigkeiten interpretiert wurde, so ist zu bedenken, dass Frauen- und Männerwerk vielfach flexibel austauschbar statt ehern festgefügt war und dass zudem innerhalb der Gewerbezweige sorgfältig zwischen den einzelnen Arbeitsschritten differenziert werden muss. Als wesentliches Merkmal der Frauen- und Männerarbeit überdauerte das Aufeinanderverwiesensein.

Frauen im städtischen Wirtschaftsleben: Forschungspositionen und neue Fragen

Für die städtische Arbeit und Ökonomie, ein klassisches Feld der mediävistischen Sozial- und Wirtschaftsgeschichte, wurde schon um 1900 ein maßgeblicher Anteil von Frauen am „Berufsleben" reklamiert. Demnach arbeiteten im Spätmittelalter vor dem Hintergrund eines „Frauenüberschusses", der Versorgungsprobleme alleinstehender Frauen nach sich zog, Frauen in einer Vielzahl von Gewerben, darunter auch regelrechten „Frauenberufen". Wie männliche Handwerker sollen sie zur Meisterschaft regulär ausgebildet worden sein. Diese Befunde wurden mit verschiedenen Begründungen angefochten und teilweise revidiert. Ein genereller Frauenüberschuss war nicht zu belegen (vgl. S. 17). Entgegen dem Versorgermodell stellte sich heraus, dass Männer, Frauen und Kinder zum Familienunterhalt beitrugen. Die Vorstellung einer kontinuierlichen Berufstätigkeit im heutigen Sinn erwies sich für weite Kreise als anachronistisch. Ferner waren außerhäusliche („berufliche") Erwerbsformen mit „häuslichen" verknüpft, wurden doch viele Handwerke und Kaufgeschäfte von der eigenen Hauswirtschaft aus betrieben. Und schließlich hielten manche Autoren es angesichts restriktiver Tendenzen der Zünfte für unwahrscheinlich, dass eine den Männern gleichberechtigte zünftige Arbeit von Frauen verbreitet war.

Neuere Forschungen unterstreichen zwar unisono, dass Frauen nicht anders als Männer im städtischen Wirtschaftsleben allgegenwärtig waren. Gegenüber Herangehensweisen, die zunächst einmal nach Frauen in der zünftig organisierten Arbeit suchten, setzen sie aber andere, stärker geschlechtergeschichtlich orientierte Schwerpunkte. Sie fragen zum Beispiel danach, ob Frauen und Männer in ähnlicher Weise eine „Arbeitsidentität" entwickeln und in ihrem Metier vorankommen, sozusagen Karriere machen konnten, und ob sie in vergleichbar funktionierende arbeitsspezifische Beziehungsnetze eingebunden waren, die ihnen beim Fortkommen und in Krisen halfen. Auch charakterisieren jüngere Analysen jeden Verdienst, der zum Lebensunterhalt einer Familie beitrug, als „Erwerb" und problematisieren die Gegenüberstellung von „Beruf" und zeitweilig ausgeübter, „ergänzender" Tätigkeit. Zugleich urteilen sie unterschiedlich über diverse Fragen, die beide Geschlechter betreffen, etwa die Folgen der sogenannten Großen Pest Mitte des 14. Jahrhunderts für den Arbeitsmarkt oder den Konnex von wirtschaftlicher Rezession, wachsendem Abschluss der Zünfte und sinkenden Chancen von Frauen (und Männern) im Erwerbsleben im 15. Jahrhundert. Beim Vergleich von Studien zu einzelnen europäischen Städten, Regionen und Zeiträumen wurde deutlich, wie sich die Verhältnisse von Stadt zu Stadt unterschieden, je nach Größe, Wirtschaftsstruktur und „Typ" der Stadt, nach der Zusammensetzung des Berufsspektrums, dem Ansehen und der inneren Rangordnung der Zünfte, der konjunkturellen Entwicklung und dem zahlenmäßigen Geschlechterverhältnis. Bezeichnend für den gegenwärtigen Erkenntnisstand ist im Übrigen, dass den zahlreichen Untersuchungen zur „Frauenarbeit" kaum welche über „Männerarbeit" gegenüberstehen: In der traditionellen Wirtschafts- und Sozialgeschichte wurde das „Mannsein" von Handwerkern, Zunftgenossen und Kaufleuten nicht reflektiert, und die männergeschichtlich konzipierte Forschung hat auf dem Gebiet des mittelalterlichen Arbeitslebens noch nicht aufgeholt.

Zu den übergreifenden Fragen, die die Präsenz von Frauen und Männern im städtischen Arbeitsalltag betreffen, gehört die nach dem räumlichen und personellen Rahmen ihres Erwerbshandelns. Der Haushalt, die Werkstatt, der Laden, der Marktstand, das Kaufmannskontor, der Ausschank, der Garten bzw. das Feld vor der Stadt und die Baustelle, um nur einige Orte zu nennen, waren Arbeitsstätten, an denen Frauen und Männer teils gemeinsam, teils arbeitsteilig ihren Unterhalt erwarben. Es gab anscheinend wenige Räume, die prinzipiell nur Frauen bzw. nur Männern vorbehalten waren. Im Bergbau etwa wurde wohl schon im Mittelalter das Arbeiten unter Tage für Frauen tabuisiert, weil es vermeintlich Unglück brachte. Einige Tätigkeiten fielen vorrangig in die Zuständigkeit von Frauen, zum Beispiel die hauswirtschaftliche Herstellung von Tuchen und deren Verkauf, das Bierbrauen, der Kleinhandel vor allem im Lebensmittelgewerbe (Hökerei), die Viehhaltung, die Spinnerei in der Tuchindustrie. Auch die Dienstbotenschaft war in vielen Haushalten und Familienbetrieben vornehmlich weiblich, wobei regional und nach der Art des Gewerbes zu differenzieren ist. In anderen Bereichen dominierten Männer, etwa im Fernhandel, der Geschäftsreisen ins Ausland und Messebesuche erforderte, und im Fuhrwesen. Einige Arbeitsgebiete waren auf das Zusammenwirken von Ehepaaren hin ausgerichtet. Die Produktion und der Verkauf mancher Güter etwa gingen in Familienbetrieben gekoppelt vor sich: Ein Eheteil stellte die Waren her und der andere verkaufte sie. Während zahlreiche bildliche Darstellungen von Werkstätten mit angrenzendem Verkaufslokal den Mann produzierend und die Frau verkaufend zeigen und damit nahelegen, dass dies dem Ideal, vielleicht häufig auch der Praxis der Arbeitsorganisation entsprach, gab es auch die umgekehrte Rollenverteilung, etwa bei den Kölner Seidmacherinnen

Arbeitsstätten und Arbeitsgebiete von Frauen und Männern

81

und deren kaufmännisch aktiven Ehemännern. Im Fernhandel, der meist, wenn auch nicht ausschließlich von Männern betrieben wurde, führten die Ehefrauen zeitweilig die Geschäfte, indem sie den Kaufmann während seiner Reisen gegenüber seinen Handelspartnern, Handlungsgehilfen und Schreibern vertraten. Dies setzte voraus, dass sie über umfängliches kaufmännisches Wissen verfügten, geschäftlich stets auf dem Laufenden waren und in ihren Befugnissen ebenso vollgültig wie der Kaufmann selbst akzeptiert wurden. Städtische Ämter (Waage, Zoll, Geldwechsel usw.) wurden, außer an Männer (und gelegentlich an Frauen), an Ehepaare gemeinsam vergeben. Dazu war erforderlich, dass der Mann für sich und seine Frau den Diensteid leistete oder dass beide Partner vereidigt wurden. Gelegentlich wurden auch die Familien- und Gesindemitglieder in die Amtspflichten miteinbezogen. Für das Gefängnis in Nürnberg etwa schrieb die Dienstordnung zu Beginn des 16. Jahrhunderts dem „Lochhüter", seiner Frau, seiner Tochter und seiner Magd vor, wie sie die Bewachung, den Schließdienst und die Gefangenenspeisung zu versehen hatten. Und der Eid des Braunschweiger Ratsschenken verpflichtete am Anfang des 15. Jahrhunderts den Amtsinhaber, seine Frau und sein Gesinde dazu, jedem das volle Maß zu geben und das Bier nicht zu panschen. Auch in städtischen Ratsverordnungen zur Ausübung mancher Gewerbe, darunter der Wein- und Bierausschank, spiegelte sich das familienbetriebliche Zusammenspiel.

Bemerkenswert erscheint aus heutiger Sicht, dass selbst auf Gebieten, auf denen in späterer Zeit fast ausschließlich Männer arbeiteten, im Spätmittelalter auch Frauen tätig waren. Sie praktizierten zum Beispiel als Chirurginnen. Auf Baustellen und in Salinen waren neben Männern auch Frauen beschäftigt, unter anderem mit dem Transport von Lasten wie Baumaterial, Holz oder Wasser auf dem Kopf oder auf dem Rücken (vgl. S. 31). Im Bergbau und bei der Erzverarbeitung arbeiteten in der Regel Männer unter Tage und am Schmelzofen, während das Waschen und Zerkleinern der Erze von Frauen und Männern durchgeführt wurde. Im Bau- und Hüttenwesen waren Arbeiten, die eine bestimmte Ausbildung erforderten und hoch entlohnt wurden, vorrangig Männersache, während gering entlohnte Verrichtungen von weiblichen und männlichen Hilfsarbeitern übernommen wurden.

In der Reduktion weiblicher Tätigkeiten auf minderbezahlte Hilfsdienste sehen manche Historikerinnen und Historiker eine generelle Begleiterscheinung der Professionalisierung, die das Erwerbsleben im Spätmittelalter veränderte. Im Zuge der Weiterentwicklung von häuslichen Arbeiten, die vormals teils Frauen, teils Männern zugeordnet gewesen seien, zu spezialisierten Männerhandwerken hätten Männer prestigehaltige und lukrative Arbeiten für sich reklamiert. Damit sollen zugleich ein von Männern behaupteter außerhäuslicher und ein von Frauen vertretener innerhäuslicher Produktionsbereich schärfer voneinander abgegrenzt worden sein. Allerdings sind viele Details der Entwicklung umstritten, mit denen sich gegen Ende des Mittelalters ein Wandel der Geschlechterkonstellationen in der Arbeitswelt anbahnte. Voraussichtlich wird die Annahme, dass Verdrängungsprozesse auf dem Arbeitsmarkt (etwa infolge der Abschließung der Zünfte) mehr oder weniger einseitig Frauen trafen, relativiert werden in dem Maß, in dem auch männergeschichtliche Perspektiven auf den Alltag sich etablieren. Jüngere Studien widmen sich zum Beispiel der Konkurrenz unter Männern, die das männliche Konkurrenzstreben gegenüber Frauen grundierte.

In Forschungen zum spätmittelalterlichen Arbeiten und Wirtschaften nehmen die Zünfte als *die* Organisationsform des städtischen Handwerks eine herausragende Stellung ein. Diese genossenschaftlichen Zusammenschlüsse von Meistern und Meisterinnen, die dem gleichen Gewerbe angehörten, sollten ihren Mitgliedern gleiche Chancen für die Produktion und den Absatz sichern und Konkurrenz innerhalb und außerhalb der Stadt ausschalten, unter anderem indem sie Normen festlegten für Qualitäten und Preise, für die Lehrlingsausbildung, Gesellenentlohnung und ansatzweise auch für die Arbeitszeiten. Die Zünfte vertraten aber nicht nur als gewerbliche Verbände die wirtschaftlichen Interessen ihrer Mitglieder, sondern beanspruchten politische Mitwirkung und Selbstverwaltung (bis hin zur eigenen Gerichtsbarkeit) und verstanden sich als eine umfassende Solidargemeinschaft. Sie banden die Zunftgenossen und deren Angehörige in vielfältige gesellige und religiöse Aktivitäten ein und bauten Netzwerke auf, die bis zur verwandtschaftlichen Verflechtung verdichtet wurden. Die Zunftzugehörigkeit prägte also über die Arbeitssphäre hinaus das Leben der Handwerktreibenden samt ihren Familien-, Haushalts- und Betriebsmitgliedern. Es besteht denn auch kein Zweifel daran, dass für einen mehr oder weniger großen Teil der männlichen Stadtbevölkerung die zünftige Organisation den Rahmen für die wirtschaftliche und soziale Existenz, das Selbstverständnis und Ansehen absteckte. Hingegen gibt es unterschiedliche Auffassungen darüber, wie selbstverständlich und häufig auch Frauen zünftiges Gewerbe praktizierten. Angesichts des Umstands, dass gerade Frauen oft außerhalb oder am Rande der Zünfte arbeiteten, hielten frauengeschichtliche Untersuchungen es zeitweilig für notwendig, zunächst einmal die nichtzünftigen Produktionsbereiche, in bewusstem Gegensatz zur einseitigen Zünfteorientierung älterer Studien, in den Mittelpunkt zu stellen. Zugleich galt und gilt es herauszufinden, wie restriktiv bzw. offen die diversen Gewerbe und Städte die vollberechtigte zünftige Arbeit von Frauen handhabten. Unter den westeuropäischen Städten scheinen allein Köln und Paris dahin gehend herauszuragen, dass sich dort Frauen in eigenen Zünften vereinigten. In Paris bildeten die Seidspinnerinnen und Frauen, die spezielle Seidenartikel herstellten, fünf „Frauenzünfte"; in Köln waren die Garnmacherinnen, die Seidmacherinnen, die Seidspinnerinnen und die Goldspinnerinnen in vier Zünften organisiert, Letztere zusammen mit einem Teil der männlichen Goldschläger. Selbst für Köln ist schwer abzuschätzen, inwieweit Frauen in anderen der rund 50 dort vertretenen Zünfte mit gleichen Rechten wie Männer gewerblich tätig waren; dabei erwähnen immerhin dort die meisten Zunftsatzungen Frauen. Hier wie andernorts lassen Zunftbestimmungen, ob sie sich zu Frauen äußern oder nicht, Interpretationsspielräume offen, sofern sie nicht ausdrücklich die Arbeit von Frauen verbieten oder beschränken. Einigen Autorinnen und Autoren zufolge handelte es sich bei den in Zunftstatuten erwähnten weiblichen Mitgliedern in der Regel um „mithelfende" Ehefrauen, Witwen und Töchter der Meister, die am geselligen Leben und an den Fürsorgeleistungen partizipierten, ohne eine Lehre absolviert zu haben und das Handwerk selbstständig ausüben zu dürfen. Andere sehen die Unbestimmtheit mancher Satzungen als gewollt an, da auf diese Weise,

Zünfte und zünftige Arbeit – Kontroversen hinsichtlich der Teilhabe von Frauen

83

ohne Präzedenzfälle zu schaffen, die Möglichkeit offengelassen wurde, dass bei Bedarf Frauen das Gewerbe praktizieren konnten. Wieder andere gehen davon aus, dass mit „Lehrlingen" („knapen", „kinder" usw.) oft Kinder beiderlei Geschlechts gemeint waren und dass aus der Nichterwähnung weiblicher Lehrlinge nicht zu folgern ist, dass Frauen von zünftiger Gewerbeausübung ausgeschlossen waren.

Q | **Aus dem Zunftbrief der Siegburger Schneider von 1455**
Anders als viele terminologisch weniger präzise Zunftsatzungen erläutert dieser Text, dass der Terminus „Lehrjunge" Lehrlinge beiderlei Geschlechts umfasst und dass als „Meister" Männer und Frauen bezeichnet werden. Entsprechend kommt in anderen Ordnungen der „Lehrknecht" als Einheitsbezeichnung vor („es seien Männer oder Frauen"). „Knecht" und „Magd" stehen hier für „Lehrjunge" und „Lehrmädchen". In anderem Kontext können diese Begriffe unter anderem auch den Gesellen oder ungelernte Dienstboten bzw. Dienstbotinnen bezeichnen.
Zitiert nach Peter Ketsch: Frauen im Mittelalter, Bd. 1, Nr. 256, S. 197.

§ 3. Wenn ein Meister einen Lehrjungen anstellt, er sei Knecht oder Magd, so soll der Junge oder die Magd ein Pfund Wachs der Bruderschaft für die Kerzen und den Meistern zwei Viertel Wein geben.
§ 5. Wenn ein Lehrjunge, er sei Knecht oder Magd, seinem Meister wegläuft, nachdem er zwei Tage an der Tafel gesessen hat und seine Gebühren, wie es oben steht, nicht bezahlt hat, so soll der Meister diese Gebühren, wie es zuvor steht, für den Knecht oder die Magd ohne irgendeine Widerrede entrichten.
§ 6. Auch soll ein jeglicher Meister, Mann oder Frau, die in unserer vorgenannten Stadt wohnen und sich vom Nähen ernähren, alle Vierteljahr einen Kölnischen Schilling für die Kerzen [für religiöse Festivitäten] geben.

Gegenüber der These weiblicher „Mithilfe" heben einige Historikerinnen hervor, dass die Meister im eigenen Handwerksbetrieb ihre Ehefrauen und Töchter ausbildeten; manche Zunftsatzung billigte ihnen ausdrücklich dieses Recht zu. Entsprechend arbeiteten auch Ehefrauen als Meisterinnen und führten nach ihrer Verwitwung das Handwerk, zum Teil ohne Beschränkung und mit Ausbildungsbefugnis, selbstständig fort. Auch wird geltend gemacht, dass in Gewerbezweigen wie der Bäckerei, der Gärtnerei, der Brauerei, der Spinnerei usw. nur der männliche Nachwuchs im Zuge einer Lehre ausgebildet werden musste, während der weibliche Nachwuchs mit diesen Tätigkeiten aufgrund seiner familienwirtschaftlichen Pflichten vertraut war und daher auch ohne eine förmliche Lehre in den entsprechenden Zünften aufgenommen wurde. Der Übergang vom „Hauswerk" zum „Handwerk" war demzufolge wohl fließend. Ausgehend von solchen Überlegungen rechnen etliche Studien damit, dass auch im 15. Jahrhundert Frauen weiterhin selbstverständlich und ungehindert als ausgebildete, selbstständige Handwerkerinnen arbeiteten, ob sie in aller Form den Status der Meisterin erlangt hatten oder nicht.

Ausbildungsprozesse – aktuelle Forschungsperspektiven

    Wie hier deutlich wird, führen vor allem Annahmen hinsichtlich der Ausbildung bzw. Qualifikation zu verschiedenen Einschätzungen weiblicher und männlicher Chancen. Es wird seit Neuerem betont, dass ein moderner Qualifikationsbegriff den mittelalterlichen Gegebenheiten nur bedingt entspricht und dass es im Übrigen nicht allein darauf angekommen sei, fachliche, dank regulärer Ausbildung anerkannte Kompetenzen zu erwerben. Schließlich wurden gerade Lehrlinge zu allerhand Verrichtungen neben dem eigentlichen Handwerkstraining herangezogen, und die Gesellenwanderung diente anfänglich weniger der Aneignung spezieller Kunstfertigkeit als dazu, selbstständig zu werden sowie Erfahrungen zu sammeln und unter gleichaltrigen jungen Männern auszutauschen. Ähnlich wichtig wie die Qualifikation war vermutlich die rituelle Eingliederung in den Kreis der Gewerbetreibenden. Sie erfolgte schrittweise im Zuge der Lehrlings- und Gesellenausbildung und der Zunftaufnahme, die von kollektiven Ritualen wie dem Freisprechen, der Gesellentaufe, dem Vorlegen des Meisterstücks und dem Beschwören der Zunftordnung begleitet waren. Die Abschnitte wurden sichtbar markiert durch uniforme Kleidung (eine bei den Meistern verpönte Selbstdarstellung der Gesellen als Gruppe) oder durch gemeinsame Statussymbole (zum Beispiel aufwendigen, nur den Meistern erlaubten Schmuck). Wer diese Etappen durchlief, übte seine gesellschaftliche Rolle ein und entwickelte eine von der Zugehörigkeit zum eigenen Handwerk mitgeformte Identität. In diesem Zusammenhang kursieren Schlussfolgerungen und Fragen zur Interdependenz der Arbeits- und Geschlechtsidentität, denen weiter nachzugehen sich lohnen würde. Bei der Frauenausbildung fehlte, selbst wenn sie in zunftgemäßen Formen verlief, weitgehend das kollektive und korporative Moment, denn es gab beispielsweise keine Zusammenschlüsse weiblicher Gesellen. Was folgte daraus für das Selbstverständnis und den Zusammenhalt? Identifizierten sich Handwerkerinnen und Geschäftsfrauen ohne formale Ausbildung tatsächlich in geringerem Maß über ihre gewerbliche Arbeit? Wenn das identitätsstiftende Gruppenleben von Lehrlingen und Gesellen den Prozess der Mannwerdung förderte, was war dann mit den Männern, die keine so geordnete Lehrzeit und Laufbahn absolvierten? Angenommen, dass unter Zunftgenossen allein Handwerker, die den Status des verheirateten, selbstständigen Meisters erreicht hatten, das Ideal vollendeter Männlichkeit verkörperten; wie stand es dann um verheiratete Gesellen und um Meister, die es nicht zum eigenen Betrieb brachten, sondern bei einem anderen Meister dienten? Und spielte die „Unreife" der Gesellen als Männer eine Rolle bei ihrer im 15. Jahrhundert wachsenden Abwehr dagegen, mit Frauen zusammenzuarbeiten? Diese Distanzierung um der Handwerksehre willen führte am Ende des Mittelalters dazu, dass Frauen aus der zuvor gemeinsamen Werkstatt verdrängt wurden.

In der verhältnismäßig offenen städtischen Gesellschaft konnten Frauen und Männer der unteren Schichten sich einen gewissen Wohlstand – wie bescheiden er auch immer war – erarbeiten und aufsteigen. Der Arbeitslohn reichte allerdings meistens nicht aus, um Ersparnisse anzusammeln. Vor allem Frauen, die generell geringer entlohnt wurden als Männer, konnten davon kaum etwas zurücklegen. In Haushalt und Werkstatt tätige Mägde und Knechte (Gesellen) erzielten Einkünfte neben ihrem Lohn, indem sie sich mit eigenen Verkäufen oder Einlagen in die Handelsgesellschaft ihres Dienstherrn im Handel betätigten. Vor allem die Faktoren oder Kaufmannsgehilfen hatten gute Aussichten, mit ihrem verhältnismäßig hohen Lohn plus Starthilfen ihres Herrn, der für sie einen Betrag in das Gesellschaftsvermögen einlegte, ein Vermögen aufzubauen; im Hanseraum erhielten auch Mägde solchen Anschub. Eine weitere Möglichkeit der Vermögensbildung waren Legate von Dienstherrinnen und -herren, die ihren Dienstboten testamentarisch Geld (Renten), Kleidungsstücke, Hausrat und andere Wertge-

Aufstiegschancen

genstände, Wohnrecht usw. zuwendeten. In der Mehrzahl kamen Mägde in den Genuss solcher Vermächtnisse, da gerade sie über Jahre hinweg ihren Arbeitgebern nahestanden und sie während Krankheiten und im Alter pflegten. Gelegentlich trug auch ein Bürger, der mit seiner Magd in nichtehelicher Gemeinschaft gelebt hatte, auf diese Weise zur Zukunftssicherung für sie und die gemeinsamen Kinder bei. Legate mit Ausstattungscharakter für junge Frauen und Mädchen sollten ihre Heiratschancen erhöhen oder den Eintritt in ein Kloster ermöglichen. Insgesamt werden die Aufstiegschancen von Männern gleichwohl günstiger eingeschätzt als die von Frauen, vor allem wenn man ein Ausbildungsgefälle zwischen den Geschlechtern voraussetzt. Männern stand ein breiteres Spektrum an Verdienstmöglichkeiten offen, die Arbeitsvermittlung war für sie systematischer geregelt, ihre Arbeitsbeziehungsnetze waren fester gefügt und sie waren genossenschaftlich in hohem Grad integriert. Lässt sich somit bei den Lebensperspektiven der „kleinen Leute" die Ungleichheit der Geschlechter beobachten, so mussten zugleich Frauen und Männer auf ähnliche Optionen setzen. Neben der eigenen Arbeitsfähigkeit bildete vor allem eine Heirat, weitere glückliche Umstände vorausgesetzt, den Ausgangspunkt zum Erreichen von Wohlstand und Ansehen – nicht indem sie „Versorgung" gewährte, sondern indem sie die Arbeitskraft vervielfältigte und bündelte.

d) Formen der Freundschaft

„Freundschaft" als Modell für vielfältige Beziehungen

Nach mittelalterlichem Verständnis war Freundschaft (*amicitia*, „fruntschaft") ein Band zwischen Individuen und Gruppen, das sie zu gegenseitigem Wohlwollen und solidarischem Verhalten verpflichtete: zu Liebe, Treue, Dienst, Hilfe, Eintracht und Friedfertigkeit. Diese Qualität verlieh ihr einen so hohen Stellenwert, dass sie als Modell für Beziehungen ganz verschiedener Art diente. Verwandte wurden nicht nur allgemein als „frunde" bezeichnet, sondern sollten sich auch wie Freunde verhalten. Wenn Familien sich durch eine Heirat verschwägerten, hieß das „verfreunden" oder „die Freundschaft erneuern". In einer idealen Ehe herrschte Harmonie im Sinne der Freundschaft zwischen Mann und Frau. Dabei war der Ehemann wegen seiner dominanten Stellung in besonderem Maß verpflichtet, sich freundschaftlich (*amicabiliter*) gegenüber seiner Frau zu verhalten. Als „Freundschaft" wurden im Mittelalter politische Bündnisse ebenso konzipiert wie Patronageverhältnisse, spirituelle Bindungen „in Christo" unter geistlich lebenden Personen und der literarische Austausch zwischen Gelehrten.

Die Freundschaft hat sich neben der Familie und Verwandtschaft in den vergangenen 20 Jahren zu einem zentralen Gegenstand von soziologisch oder kulturanthropologisch inspirierten Forschungen, die sich mit Beziehungsformen beschäftigen, entwickelt. Dabei zeigte sich, welch vielfältige Ausprägungen und Funktionen sie im Mittelalter in verschiedenen Daseinsbereichen hatte. Es handelte sich demzufolge bei dieser Bindung nicht zwingend um auf persönlicher Übereinstimmung und Vertrautheit beruhende, emotional gefärbte Partnerschaften, die man auch im heutigen Verständnis als Freundschaft bezeichnen würde. Freundschaft bahnte sich daher auch nicht notwendig allmählich an, sondern konnte ebenso durch

einen Beschluss oder Kontrakt begründet werden; sie war unter Blutsver-
wandten „angeboren" und wurde vererbt. Dies entsprach den Überschnei-
dungen zwischen den Systemen „Freundschaft" und „Verwandtschaft".
Charakteristisch war im Gegensatz zu vielen anderen Beziehungsformen,
dass Freundinnen und Freunde sich ungeachtet sozialer Rangunterschiede
als gleichberechtigte Partner verstanden.

Freundschaft war dem Wesen nach Liebe. Sie wurde mit entsprechenden
Termini bezeichnet (*amor, dilectio, caritas, pietas*) und in einer Sprache artikuliert, die bei Äußerungen der Sehnsucht, Zärtlichkeit, Hingabe und Leidenschaft nicht zwischen erotischem Verlangen, Liebe und Freundschaft
unterschied. Freundschaftliche Liebe sah vor, dass die Partner einander Zeichen ihrer Verbundenheit gaben, indem sie sich besuchten und miteinander
sprachen, Briefe und Geschenke austauschten, gemeinsam tafelten und das
Bett teilten, sich umarmten und küssten. Während Freundschaften unter
Frauen, unter Männern und zwischen den Geschlechtern grundsätzlich
vom selben Programm ausgingen, wurde die gelebte Praxis von Geschlechterrollen mitbestimmt. Bisher hat die mediävistische Freundschaftsfor-
schung nur einzelne Freundschaftspaare und -kreise anhand der Kategorie
gender untersucht.

die Sprache der
Freundschaft

Das Medium expliziter Freundschaftsbekundungen war vor allem der
Brief. Er überbrückte räumliche Trennungen, indem er das schriftliche Gespräch mit fernen Freundinnen bzw. Freunden ermöglichte, und stellte darüber hinaus Nähe her als ein greifbares Unterpfand, das man berühren,
küssen und am Körper tragen konnte. Obwohl weitaus mehr Schreiben von
Männern als von Frauen aus dem Mittelalter erhalten sind und somit mehr
Männer als aktive Freundschaftsvirtuosen in Erscheinung treten, lässt die
Überlieferung erkennen, dass Frauen nicht anders als Männer auf brief-
lichem Weg Freundschaften pflegten. Die meisten Korrespondierenden gehörten den gebildeten Oberschichten an, wobei Laien erst im Spätmittelalter häufiger hervortraten. Zu Humanistenkreisen zählende Frauen und Män-
ner kultivierten jetzt in Briefen literarische Freundschaften, und zwischen
Adelshöfen herrschte reger Schriftverkehr. Ein großer Teil der überlieferten
Briefe wurde zwischen Menschen gewechselt, die sich aufgrund ihrer geist-
lich-religiösen Lebensweise durch eine spirituelle, auf Gott ausgerichtete
Freundschaft verbunden sahen.

der Brief als Freund-
schaftsmedium

Ein dichtes Freundschafts- und Kommunikationsnetz von Frauen und
Männern bildet sich beispielsweise in den Briefen ab, die der angelsächsische Missionar und Kirchenreformer Bonifatius (672/675–754) während
seiner Tätigkeit auf dem Kontinent mit verschiedenen Adressatinnen und
Adressaten, darunter etlichen Verwandten aus seiner Heimat, wechselte.
Viele der Schreiben beschwören geradezu die Notwendigkeit, in krisenhaf-
ten Situationen – Fernsein von der Heimat, Entwurzelung aus Verwandt-
schaftsbanden, äußere Widrigkeiten und innere Verzagtheit – auf Freunde
bauen zu können, die mit Worten Trost spenden sowie materielle und
ideelle Unterstützung aller Art, von Kleidungs- und Buchgeschenken bis zur
Gebetshilfe, gewähren. Wie es in gebildeten Korrespondenzkreisen üblich
war, überhöhten die Schreibenden ihr persönliches Freundschaftsanliegen
kunstvoll durch literarische Topoi und rhetorische Figuren, Zitate und
Sprichwörter. Indem sie ihre Kenntnis antiker, biblischer und patristischer

Freundschaftsnetze
und Korrespondenz-
kreise

Texte ausbreiteten, wiesen sie sich als Mitglieder einer Geistesgemeinschaft aus.

Q | **Brief an Bonifatius**
Die Angelsächsin Eangyth († nach 722), Äbtissin eines ungenannten Doppelklosters, klagt in einem undatierten Brief an Bonifatius über allerlei Ärgernisse und Konflikte, auch über den Tod und Weggang von Freunden und Verwandten. Sie erklärt, dass jeder verzagende Mensch einen treuen Freund braucht:
Aus: Briefe des Bonifatius, Nr. 14, S. 5261, hier S. 57.

[…] und wie es heißt: Was gibt es Süßeres, als daß Du einen hast, mit dem Du alles wie mit Dir reden kannst? [nach Jes. Sir. 25.12] Und deshalb war es gerade wegen all dieser Nöte unseres Elends, die wir in knappen Worten aufgezählt haben, für uns ein Bedürfnis, einen treuen Freund zu suchen, einen, auf den wir uns besser verlassen als auf uns selbst, der unsern Kummer, unser Elend und unsere Not für die seine ansieht, mit uns leidet, uns tröstet, mit seinen Worten stützt und mit heilbringenden Reden aufrichtet. Lange haben wir gesucht und hegen die feste Zuversicht, daß wir in Dir den Freund gefunden haben, den wir begehrt, gewünscht und erhofft haben.

Den Sprachmustern nach zu urteilen hatten gleichgeschlechtliche und gemischtgeschlechtliche Freundschaften für Frauen und Männer ähnliche Qualitäten. Die Briefschreibenden verwendeten jedenfalls für Frauen- und Männerfreundschaften weitgehend eine übereinstimmende Diktion liebevoller Verbundenheit, etwa Anreden mit Attributen wie *carissimus* bzw. *carissima*, *dulcissimus* bzw. *dulcissima*. Allerdings waren manche männlichen Verfasser von Briefen, Dichtungen und Heiligenviten auffallend zurückhaltend mit der Bezeichnung *amica* für die Freundinnen von (geistlichen) Männern. Dies könnte damit zu erklären sein, dass zumindest im Frühmittelalter bei diesem Terminus noch die antike Konnotation von *concubina* mitschwang; auch aus dem Klischee der Verführerin gespeiste Vorbehalte mögen mitgespielt haben. Bonifatius zum Beispiel berief sich fast ausnahmslos nur in Briefen an Männer *expressis verbis* auf die zwischen ihnen bestehende Freundschaft. Seine zum Teil mit ihm verwandten Freundinnen adressierte er vorzugsweise als „innig geliebte Schwester" (*carissima soror*). Die Interpretation seiner Frauenfreundschaften als geistliche Geschwisterschaft erlaubte es ihm, sich seinen Briefpartnerinnen nach dem Vorbild anderer Autoren mit überschwänglichen Äußerungen spiritualisierter Liebe zuzuwenden, wie etwa der „mit dem goldenen Band geistlicher Liebe zu umschlingenden und mit dem göttlichen und jungfräulichen Kuß der Liebe zu berührenden Schwester, der Äbtissin Eadburg". In deutschsprachigen Briefen des Spätmittelalters findet sich neben den Bezeichnungen „frund" und „frundyn" auch „Buhle" für Freundinnen und Freunde von Männern. Da dieser vielschichtige Begriff sich für nahe Verwandte und Verschwägerte ebenso verwenden ließ wie für enge Freunde, Geliebte und Liebhaber beiderlei Geschlechts, eignete er sich besonders, um im Rahmen vertraulicher Nähe auch Scherze und gewollte Zweideutigkeiten anzubringen.

Liebesrhetorik unter Freundinnen und Freunden

Frauen und Männer flochten in ihre Freundschaftsbriefe an Adressaten des eigenen wie des anderen Geschlechts Elemente aus der Liebesliteratur und -epistolographie ein. Gräfin Margarethe von Mark († 1402/09) etwa beteuerte um 1367 in Briefen an ihre Tante Mechthild von Geldern (um

1325–1384) nicht nur ihre Sehnsucht, sondern warf ihr vor, ihr das Herz gestohlen zu haben – dagegen sei sie machtlos. Dieses scherzhafte Spiel mit einem literarischen Motiv wurde begleitet von symbolträchtigen Geschenken: Margarethe schickte Mechthild unter anderem einen Ring, ein Schoßhündchen und selbstgedichtete Lieder, die diese in ihr „Büchlein" schreiben sollte. Außerdem sollte ein Bändchen, das beide Frauen an der Kleidung trugen, als Freundschaftszeichen fungieren und das gegenseitige Gedenken wachhalten. Das Muster eines „Forderungsbriefs" von Freund zu Freund, für das Erasmus von Rotterdam (zw. 1464 und 1469–1536) auf einen Brief Plinius' des Jüngeren an seine Frau zurückgriff, führte vor, wie ein leidenschaftlich drängender Appell von Mann zu Mann stilgerecht zu formulieren war: „Konnte denn jene so innige Zuneigung abkühlen? Konnte solch eine brennende Liebe erlöschen? Dein Gefühl hat sich von mir abgewendet – und wem wandte es sich zu? Ich für meine Person kann dir gar nicht sagen, wie sehr ich mich vor Sehnsucht nach dir härme. Und du genießt vielleicht, ohne dich um mich zu kümmern, neue Liebesbande."

Die Liebesrhetorik und Gesten körperlicher Nähe unter Frauen und unter Männern, die in Briefen, Dichtungen und anderen Texten artikuliert werden, wurden von einigen Historikern nicht nur als Ausdruck erotisch getönter Zärtlichkeit, sondern als Manifestation gleichgeschlechtlichen Sexualverhaltens gedeutet. Vor allem bei Männerfreundschaften erhob sich die Frage, inwiefern sexuelle Komponenten eine Rolle spielten. Neuere Forschungen heben hervor, dass aus zeitgenössischer Sicht homosexuelle Handlungen in die Kategorie der „Sodomie" fielen und daher nicht mit der Sprache der mann-männlichen Liebe bezeichnet wurden. Zwar mochte in einigen Milieus, etwa im Florenz der Renaissance, „l'amore masculino" auch als homosexuelle Praxis gefeiert werden; in den vorherrschenden, von kirchlich-theologischen Doktrinen und obrigkeitlichen Normen geprägten Diskursen war jedoch kein Platz für ein solches Konzept. Dementsprechend fehlen sexuelle Assoziationen, wenn zum Beispiel in der Vita Alcuini aus dem frühen 9. Jahrhundert die Freundschaft zwischen Alcuin (um 730–804) und dem Priester Sigulf nach dem Vorbild alttestamentlicher Ehepaare stilisiert wird: „Diese beiden liebten einander so sehr, daß man hätte glauben können, Rebekka als Ehefrau des Isaak oder Anna als Gemahlin des Tobias vor sich zu sehen." Hier wird vielmehr das Ideal ehelicher Treue auf die Lebenspartnerschaft der Freunde übertragen. Zweifellos förderten „homosoziale" Milieus die Entstehung enger gleichgeschlechtlicher Freundschaftsbande ebenso wie situationsbedingte gelegentliche oder habituelle sexuelle Kontakte. Beides gehörte im zeitgenössischen Denken aber nicht ohne Weiteres zusammen. Beispielsweise gründeten die Vorbehalte in der monastischen Welt gegenüber exklusiven Sonderfreundschaften darin, dass diese die Eintracht innerhalb von Klostergemeinschaften gefährdeten. Das anderweitig oft genug eingeschärfte Verbot sexuellen Verkehrs spielte dabei kaum eine Rolle. Selbstverständlich schwang bei spirituellen Freundschaften, ob zwischen gleich- oder andersgeschlechtlichen Partnern, gelegentlich die Befürchtung mit, daraus könne sich eine körperliche Beziehung entwickeln.

Freundschaft als personale Nähebeziehung gab es in allen sozialen Schichten. Anders als der von höhergestellten und gebildeten Frauen und

Männerfreundschaften: sexuelle Komponenten?

Freundschaft und Solidarität

Männern betriebene Freundschaftskult, der sich in Selbstäußerungen, theoretischen Reflexionen und Lebensbeschreibungen niederschlug, haben die Freundschaftspraktiken anderer Bevölkerungskreise geringe schriftliche Spuren hinterlassen. Akte der Solidarität, die als Freundschaftshandeln zu charakterisieren sind, lassen sich vor allem aus Wunderberichten erschließen. Diese benennen neben Familienangehörigen und Nachbarn auch Freundinnen und Freunde als Helfende im Alltag, wie etwa beim Transport von Kranken und Gebrechlichen zu Heiligen, deren Anrufung Heilung verspricht. Die im Zuge der Kanonisation des heiligen Ludwig (1214–1270) gesammelten und aufgeschriebenen Wunder beispielsweise bezeugen, dass gegen Ende des 13. Jahrhunderts in Paris arme, alleinstehende oder verwitwete Frauen nachbarschaftliche Selbsthilfenetze bildeten und einander in Notlagen als Freundinnen beistanden. Die weiblichen Netzwerke, die sich in manchen Frauentestamenten andeuten, sind wohl ebenso als Freundschaftskreis zu interpretieren wie manche Verbindungen unter Männern, die, ausgehend von Arbeits- und Nachbarschaftsbeziehungen, als „gesellen" (der Begriff bezeichnet Gefährten, Freunde, Geliebte beiderlei Geschlechts) intensivere Kontakte unterhielten. Als deutlichstes Indiz für die besondere Bindekraft der Freundschaft erscheint der Wunsch zweier Menschen, in einem gemeinsamen Grab bestattet zu werden. Die Doppelbestattung zweier Männer zum Zeichen unverbrüchlicher Freundschaft über den Tod hinaus existierte nicht nur als Legendenmotiv (etwa in der Vita Amici et Amelii mit volkssprachigen Bearbeitungen), sondern wurde auch testamentarisch verfügt und durchgeführt; Frauen ordneten ebenfalls, wenngleich seltener belegt, eine solche Grablegung an. Nicht befolgt wurde hingegen der Befehl des Bonifatius, dass die Mönche von Fulda ihn gemeinsam mit der ihm nahestehenden Leoba (um 710–780) in einem gemeinsamen Grab beisetzen sollten.

2. Religiöses Leben und kirchliche Laufbahnen

Nachdem im Zuge der frühmittelalterlichen Christianisierung eine immer dichtere kirchliche Infrastruktur entstanden war, wurden alle Daseinsbereiche von der christlichen Religion und der Institution Kirche erfasst. Auf dem Land und in den Städten dienten Kirchen als sakrale Mittelpunkte, als Kommunikationszentren und Orte politischer und geschäftlicher Verhandlungen. Der kirchliche Kalender mit seinen Sonntagen und Heiligenfesten strukturierte den Jahresablauf und den Arbeitsrhythmus. Die verschiedensten Lebens- und Handlungsvollzüge wiesen religiöse Dimensionen auf. Entsprechend verstanden sich die Einwohnerschaften von Dörfern und Städten als Sakralgemeinschaften, deren kollektives Wohl davon abhing, dass die einzelnen Mitglieder sich gemäß den kirchlich-religiösen Normen verhielten. Allen Ständen, Sozial- und Bildungsschichten war grundsätzlich *eine* religiöse Mentalität gemeinsam. Charakteristisch für sie war das Verlangen nach diesseitigem und jenseitigem Heil, das in kultischen Ritualen artikuliert wurde. Adlige und Bauern, Reiche und Arme, Gebildete und Ungebildete, geistlich und weltlich lebende Frauen und Männer pflegten zugleich bei einer im Großen und Ganzen übereinstimmenden religiösen Grundeinstellung durchaus unterschiedliche standes- und gruppenspezifische Frömmigkeitsstile.

Aktive Träger des religiösen Lebens waren neben der Geistlichkeit die weltlichen „Gläubigen beiderlei Geschlechts" (*fideles utriusque sexus*), das heißt die Laien. Während des gesamten Mittelalters gestalteten sie die verschiedenen Etappen der Verchristlichung und des Kirchenausbaus entscheidend mit. So förderten Frauen und Männer der königlichen und adligen Oberschichten im Frühmittelalter die Ausbreitung des Christentums auf allen Ebenen, indem sie Missionare materiell und organisatorisch unterstützten, ihnen Land schenkten und Schutz gewährten, auf eigenen Besitzungen Kirchen und Klöster errichteten und mit Reliquien ausstatteten, ihre Kinder taufen ließen und sie mit christlichen Glaubensinhalten vertraut machten. Die Kirchenreform im 11. Jahrhundert mündete in eine religiöse Bewegung auch von Laien. Viele von ihnen widmeten nach apostolisch-urchristlichem Vorbild „sich und ihren Besitz fromm dem gemeinsamen Leben", das heißt sie entsagten der Ehe und dem weltlichen Dasein; aber auch Verheiratete waren „fromm zu leben" bemüht, wie Bernold von Konstanz († 1100) zum Jahr 1091 berichtet. In Schwaben, fährt er fort, „haben sich auch ganze Dörfer dem religiösen Leben ergeben und waren bemüht, sich gegenseitig an Heiligkeit zu übertreffen". Im 15. Jahrhundert schließlich trugen lesekundige Laien, die sich anhand von Bibeln, Gebetbüchern und geistlicher Literatur selbstständig religiöses Wissen aneigneten, maßgeblich dazu bei, dass auch außerhalb von geistlichen Kommunitäten Formen einer intensivierten, verinnerlichten Frömmigkeit kultiviert wurden.

religiöses Engagement von Laien

Auch diejenigen, die sich nicht der *vita religiosa* im Sinne einer mehr oder weniger weltabgewandten, gottgeweihten Existenz verschrieben, verliehen ihrer Frömmigkeit mit einem breiten Repertoire von Praktiken Ausdruck. Ein unter Laien besonders beliebter, für fast jede Frau und jeden Mann realisierbarer Akt religiösen Engagements war die Wallfahrt bzw. Pilgerreise. Schon seit dem Aufschwung des Heiligen- und Reliquienkults in Spätantike und Frühmittelalter waren Menschen in großer Zahl unterwegs, um die Heiligen, die nach christlicher Auffassung in ihren Gräbern oder Reliquienschreinen persönlich präsent waren, um Fürsprache bei Gott zu bitten. Die Pilgerströme wuchsen noch, nachdem vom 11. Jahrhundert an die Vorstellung verbreitet wurde, Sünden könnten außer durch Buße auch durch fromme Werke wie etwa Pilgerfahrten nachgelassen werden. Nach Schätzungen waren im Hoch- und Spätmittelalter fast alle Menschen mindestens einmal im Leben pilgernd unterwegs zu – je nach Abkömmlichkeit, Vermögen und Anliegen – nahe gelegenen oder entfernten Wallfahrtsorten. Frauen und Männer, die ein Wallfahrtsgelöbnis nicht persönlich durchführen konnten, schickten auf ihre Kosten Ersatzpilgerinnen und -pilger los. Der Hamburger Reineke Wulfhagen beispielsweise setzte in seinem Testament 1375 seiner Frau Abelen 40 Mark für eine Romreise aus, und die Lüneburgerin Gese Lübberstedt gab in ihrem Testament 1415 „zwanzig Mark einem, der für mein Seelenheil nach Rom geht". Wiederholt kritisierten Kirchenmänner, dass Frauen weite Pilgerreisen unternahmen. Berthold von Regensburg (um 1210–1272) etwa, unter dessen Namen deutschsprachige

Wallfahrt und Heiligenverehrung

Predigten für städtische und ländliche Zuhörerschaften überliefert sind, hielt die Romfahrt von Frauen für ebenso unnütz wie „den Flug einer Henne über einen Zaun". Angesichts der Verdächtigungen und Gefahren, die im Zusammenhang mit Frauenreisen immer wieder zur Sprache kamen, hielt selbst Christine de Pizan Warnungen und Ratschläge für pilgerlustige Frauen für angebracht. Indessen ließen sich Frauen nicht einmal von den außerordentlich aufwendigen, strapaziösen und riskanten Jerusalemfahrten abbringen, obwohl ein Besuch von Nachbildungen des Heiligen Grabes in Europa das Seelenheil gleichwertig förderte.

Abb. 4: Pilgerin und Pilger bei der Rast.
Kupferstich von Lucas von Leyden (um 1508).

Weder für Pilgerfahrten noch für die Heiligenverehrung insgesamt lässt sich statistisch orts- und zeitübergreifend nachweisen, dass Frauen und Männer auf diesem zentralen Gebiet der mittelalterlichen Frömmigkeitspraxis in gleichen oder unterschiedlichen Anteilen präsent waren. Den Verfassern von Wunderberichten kam es in erster Linie darauf an, mit Formulierungen wie „Menschen beiderlei Geschlechts" (*homines utriusque sexus*) oder „Bevölkerung beiderlei Geschlechts" (*vulgus* bzw. *populus utriusque sexus*) mitzuteilen, dass „alle" – jedermann und jedefrau – am Kultort zusammenströmten. Quantitative Auswertungen von Mirakelsammlungen haben je nachdem, um welche Heiligen, Kultorte und Zeitstellungen es sich handelte und welche

Fragen im Einzelnen gestellt wurden, stark schwankende Ergebnisse hinsichtlich der Geschlechteranteile erbracht. Bei den Wunderheilungen waren Männer als Geheilte mit über 50 Prozent meistens mehr oder weniger deutlich überrepräsentiert. Allerdings hingen die Proportionen unter anderem vom Geschlecht der Heiligen ab, von denen einige, aber nicht alle bevorzugt Angehörige des eigenen Geschlechts heilten, sowie von der Art der Krankheiten bzw. ihrer unterschiedlichen Verteilung auf die Geschlechter oder von der Spezialisierung der Heiligen auf bestimmte Leiden. Zu berücksichtigen wäre auch die Anwesenheit von Begleiterinnen und Begleitern geheilter Personen (Mütter, Väter, weibliche und männliche Verwandte, Nachbarn und Freunde), doch sind auch hier keine überregional gültigen statistischen Aussagen möglich. Auf die Geschlechterverteilung an einzelnen Kultstätten in Klöstern wirkten sich unter Umständen Zugangsrestriktionen für Frauen oder Männer aus. Mit dem Ausschluss von Frauen rechnete zum Beispiel der im Ruf der Heiligkeit stehende Romanus († um 460, Gründer mehrerer Klöster im Jura), der schon zu Lebzeiten wegen seiner Segens- und Heilkraft von Frauen und Männern konsultiert wurde und einen regelrechten Auflauf an seinem Grab erwartete. Vorsichtshalber soll er verfügt haben, er wolle nicht in einem Kloster bestattet werden, wo Frauen der Zutritt zu seinem Grab versperrt wäre. Entsprechend seinen Wünschen wurde er außerhalb begraben, und das dort errichtete „große Heiligtum" entwickelte sich zum Wallfahrtsort. Als der Leichnam des heiligen Bernhard (1090–1153) in der Kirche des Zisterzienserklosters Clairvaux aufgebahrt wurde und „eine große Zahl weinender Leute aus dem Adel und vom Volke" herbeikamen, „verwehrte die monastische Ordenszucht Frauen den Eintritt auch jetzt unerbittlich", heißt es in der Vita dieses Heiligen.

Da nach mittelalterlicher Auffassung den Reliquien verstorbener Heiliger deren heilsame und schützende Kraft innewohnte, trachteten Gläubige danach, auch zu Hause im Alltag über solche „Heiltümer" zu verfügen. Nicht vom Geschlecht, sondern vom Stand und Vermögen hing es ab, ob jemand in den Besitz von Körperüberresten gelangte oder sich mit Berührungsbzw. Sekundärreliquien begnügen musste. Letztere galten als nicht minder wirksam und waren für alle Frauen und Männer erreichbar in Form von Staub, Stoff- und Pflanzenpartikeln, Wachs und Öl, die man an Heiligengräbern sammelte, und Wasser aus Quellen und Brunnen, das durch den Kontakt mit einem Heiligen sakralisiert war und in Ampullen abgefüllt wurde. Auch auf mitgeführte Objekte wie Brote, Münzen, Schmuck- und Kleidungsstücke übertrug sich die Kraft der Heiligen, wenn man damit die Leiche oder den Schrein berührte. All diese Gegenstände wurden vom *populus* ebenso wie von Geistlichen heimgetragen. Jeder konnte damit selbstständig seine Familie, sein Gesinde, sein Vieh, Haus, Garten, Weinberge und Äcker vor Schaden wie Krankheit, Unwetter und Brand bewahren und die Fruchtbarkeit fördern. Sogar die an Kultorten massenhaft vertriebenen Pilgerzeichen wurden durch die Berührung mit den lokalen Heiligtümern selbst zu Kraftspendern und Apotropäen, die von heimgekehrten Pilgerinnen und Pilgern nach Art von Reliquien gehandhabt wurden. Manche Kirchenoberen versuchten, Eigeninitiativen der Laien auf rituell-magischem Gebiet zugunsten der Zuständigkeit von Priestern zu beschneiden, und kritisierten die „törichten Pfarrer" dafür, diese Bräuche mitzutragen.

Reliquienkult

Vor allem aus dem Frühmittelalter wird von zahlreichen adligen Frauen und Männern berichtet, die sich – gelegentlich auf sehr energische, wenn nicht gar rüde Weise – vorzugsweise Körperreliquien verschafften, um sie in Kirchen auf ihrem eigenen Besitz zu deponieren oder auch in der Art von Amuletten bei sich zu tragen. Der aus einer vornehmen Familie stammende Geschichtsschreiber und Bischof Gregor von Tours schildert sehr anschaulich und aus eigener Erfahrung, wie er selbst und seine Angehörigen, insbesondere seine Mutter Armentaria, Reliquien verwendeten. Armentaria verehrte eine ganze Reihe von Heiligen und bewahrte verschiedene Reliquien, teils von ihrem verstorbenen Mann, teils von ihr selbst erworben, im hauseigenen Oratorium und in einer um den Hals gehängten Goldkapsel auf. In Notfällen, wenn etwa eine Dienerin erkrankt war oder ein Feuer ausbrach, setzte Armentaria als Haushaltsvorstand diese Reliquien erfolgreich ein. Auch im Spätmittelalter konnten sich Adlige besonders exklusiver Reliquien bedienen. Das Herzogspaar Wilhelm und Katharina von Sachsen (1425–1482 bzw. 1463–1492) versandte häufig auf Bitten von Verwandten den Becher, Gürtel und Löffel der heiligen Elisabeth (1207–1231). Diese Gegenstände sollten Schwangeren ebenso zu einer glücklichen Entbindung verhelfen wie ein Gewebe der heiligen Walburga († 779/790?) aus Eichstätt, das die Markgrafen von Brandenburg zu diesem Zweck besorgten. Kurfürstin Anna von Brandenburg-Ansbach (1437–1512) wollte immerhin den heilsamen Einfluss, den der Becher der heiligen Elisabeth ihrer Erfahrung nach ausübte, auch weniger privilegierten Frauen zugute kommen lassen. Sie ließ den Becher mit viel Wein füllen und diesen in andere Gefäße umgießen, „armen frauen mitzutaylen". Offenkundig wurden bevorzugt die Reliquien weiblicher Heiliger und der Gottesmutter als Hilfen für Gebärende und Wöchnerinnen verwendet. Geschlechtsspezifische Ausprägungen des Heiligen- und Reliquienkults machten sich also insoweit bemerkbar, wie sich Frauen und Männer hinsichtlich ihrer alltäglichen Bedürfnisse und Zuständigkeiten unterschieden. Entsprechend gebrauchten sie im Übrigen auch „geschlechtsneutrale" religiöse Utensilien, etwa Gebetsschnüre (Rosenkranz, Paternoster), für spezielle Anliegen wie das Gebet um Fruchtbarkeit für kinderlose Frauen.

Kirchgang, Predigt, Seelsorge

Auch in anderen Zusammenhängen des kirchlich-religiösen Alltags spielten die weltlich lebenden Gläubigen als Partner der Geistlichkeit eine aktive Rolle. Bei Prozessionen, Gottesdiensten und anderen festlichen Ritualen wirkten Frauen und Männer an den Plätzen mit, die ihnen nach Geschlecht und sozialem Rang zustanden (wobei die „Choreographie der Geschlechter" variierte). Ihre Kommunikation mit dem Pfarrer, etwa in Beichten und Seelsorgegesprächen, spiegelte sich auch in Predigten mit dialogischen Elementen. So baute Berthold von Regensburg in seine Predigten Fragen und Einwürfe der Zuhörenden ein, auf die er unmittelbar antwortete. Wenn er bei Aufrufen an Eheleute, während der Menstruation auf Geschlechtsverkehr zu verzichten, die Frauen ermahnte, ihre „Schwäche" dem Mann mitzuteilen, nahm er ihren Einwand vorweg: „O weh, Bruder Berthold, ich schäme mich so, daß ich es niemals zu erwähnen wage" und entkräftete ihn: „Wie, weshalb schämst du dich, daß du geschwächt bist? Es ist manchmal auch ein starker Mann so geschwächt, daß er die Hand nicht heben kann." Tadelte Berthold tyrannische Ehemänner, so sah er voraus, dass einer unter ihnen ihm entgegnen würde: „Bruder Berthold, du sagst, die Frau solle dem Mann untertan sein und er ihr Herrscher sein." Berthold antwortete darauf zunächst grundsätzlich bestätigend („Das ist auch wahr: du sollst der Hausherr sein und sie deine Hausfrau"), um ihm dann aber seine Grenzen aufzuzeigen und zu warnen: „Alle, die nicht mit ihrem Ehegespons in vollkommener treuer Fürsorge für den Besitz und den Körper und die Seele leben, die kommen nicht in das Himmelreich." Trotz ihres fiktiven Charakters verweisen solche Dialoge auf konkrete Anliegen, die wohl zwischen Gemeindemitgliedern und Priestern häufiger zur Sprache kamen. Bemerkenswerterweise attestierten Berthold und andere Kirchenmänner den Frauen unter den Zuhörern größere Frömmigkeit als den Männern: Sie seien barmherziger und betfreudiger und gingen bereitwilliger als die Männer in die Kirche, zur Predigt und zum Ablass. Solcher Eifer wurde durchaus begrüßt, zumal sich damit die Aussicht verband, auf dem Umweg über gottesfürchtige und kirchentreue Ehefrauen auch deren Männer besser zu erreichen. Im Rückgriff auf das Pauluswort, dass der ungläubige Mann durch die gläubige Frau geheiligt wird (1. Kor. 7.14), betonten viele Kirchenschriftsteller im Hochmittelalter, dass Ehefrauen auf ihre Männer deren Seelenheil zuliebe bessernd einwirken könnten und sollten.

So nachdrücklich die Gläubigen auch zum regelmäßigen Gottesdienst angehalten wurden, das Betreten der Kirche und der Empfang der Kommunion wurden über Jahrhunderte hinweg problematisiert im Fall, dass Frauen und Männer im Zustand kultischer Unreinheit waren: nach sexueller Vereinigung und Samenerguss (Pollution), während der Schwangerschaft, nach einer Entbindung und in den Tagen der Menstruation. Eheleute sollten, wie schon erwähnt, an heiligen Tagen und in den Fastenzeiten sexuell enthaltsam sein, um „unbefleckt" an der Messfeier teilnehmen zu können. Seit der Karolingerzeit durften Laien die Kommunion nicht mehr mit ihren „unreinen" Händen entgegennehmen, sondern mussten sie sich auf die Zunge legen lassen. Für Frauen galten neben den Reinheitsforderungen für beide Geschlechter verschärfte Regeln, die sowohl auf antike wie auf alttestamentliche Vorstellungen zurückgingen. Bereits im 6. Jahrhundert sollten sie die Kommunion nicht mit nackten Händen, sondern mit einem Tüchlein entgegennehmen. Außerdem war bis ins Hochmittelalter unter Theologen umstritten, ob Frauen nach einer Geburt und während der Menstruation die Kirche besuchen durften. Eigentlich hatte Papst Gregor I. (der Große, um 540–604) auf Anfragen in England tätiger Missionare festgestellt, dass Frauen auch in diesen Zeiten der Kirchenbesuch und die Kommunion zu gestatten seien. Die alttestamentliche Lehre, nach der eine Frau nach der Entbindung von einem Jungen 33 Tage, von einem Mädchen 66 Tage der Kirche fernbleiben sollte (Levit. 12.4f.) sei symbolisch (*in mysterio*) zu verstehen. Schließlich seien den Frauen weder das Gebären noch die Blutung, die einen „Ausfluß der Natur" und nicht etwa eine Sünde darstelle, als Schuld anzurechnen. Trotz dieser „modernen" Sicht brach anscheinend auch Gregor nicht völlig mit den tradierten Reinheitsvorstellungen, da er es für lobenswert erklärte, wenn Frauen aus großer Ehrfurcht auf den Kirchgang und Kommunionsempfang verzichteten. (Nebenbei: Gregor äußerte sich in diesem Zusammenhang auch sehr differenziert darüber, unter welchen Umständen ein Mann nach dem Beischlaf mit der Ehefrau oder einer

Reinheitsgebote

Pollution – „einer Illusion, die sich im Schlaf zu ereignen pflegt" – die Kommunion empfangen dürfe.) Gregors liberale Auffassung konnte sich lange nicht durchsetzen. Obwohl sie von hochmittelalterlichen Theologen bestätigt wurde, lebten in der pastoralen Praxis überkommene Vorstellungen fort. Selbst wenn den Schwangeren, Kindbetterinnen und Menstruierenden der Kirchgang nicht verwehrt wurde, riet man ihnen im Allgemeinen doch davon ab.

Durchgängig untersagt blieben den Laien, ob Mann oder Frau, das Betreten des Altarraums und das Verrichten liturgischer Dienste am Altar. Dieser Kultbereich war allein dem durch die Weihe geheiligten Priester vorbehalten. Auch davon waren Frauen einseitig betroffen, da speziell für sie das Verbot im Kirchenrecht wie etwa dem Decretum Gratianum und in Predigten immer wieder erneuert wurde. Selbst gottgeweihte und keusch „in Klöstern oder außerhalb" lebende Frauen durften im Vorfeld oder während des Gottesdienstes nichts am Altar zu tun haben, das heißt Altartücher waschen und auflegen, liturgische Geräte auf den Altar stellen, Opfergaben darbringen oder Lesungen vortragen. Unausgesprochen blieb auch hier die Vorstellung wirksam, dass das Menstruationsblut kultisch unrein mache. Trotz wiederholter Verbote betätigten sich indes neben männlichen Kirchenbediensteten auch Frauen während des gesamten Mittelalters im Kirchenraum und am Altar; sie wirkten als Beleuchterinnen in Basiliken des 6. Jahrhunderts ebenso wie als Küsterinnen und Ministrantinnen im Spätmittelalter.

Testamente: Sorge fürs Seelenheil   Die kirchlich-religiöse Verankerung weltlich lebender Frauen und Männer lässt sich in anschaulichen Details anhand ihrer Testamente ablesen. Ihrem Seelenheil zuliebe verfügten Testierende nach Maßgabe ihres Vermögens und ihrer Affinität zu bestimmten kirchlichen Institutionen, dass von ihrer Hinterlassenschaft Messen gestiftet und Rosenkränze gebetet, materielle Zuwendungen (Geld, Kerzen, Altargewänder) an Kirchen, Klöster und fromme Gemeinschaften gegeben sowie karitative Leistungen für Bedürftige (Arme, Sieche, Pilger) in Form von Speisungen, Seelbädern, Geld- und Kleiderspenden und Bereitstellung von Wohnunterkünften erbracht werden sollten. Frauen und Männer unterschieden sich dabei nicht grundsätzlich, wohl aber in Details des Testierverhaltens. Kölner Testatorinnen zum Beispiel bedachten besonders gern Frauenklöster mit Legaten; möglicherweise unterhielten sie zu ihren dort lebenden Verwandten engere Beziehungen als Männer. Auch vergaben Männer anscheinend vorzugsweise Geld an kirchliche Einrichtungen, während Frauen neben Geld häufig Wertgegenstände spendeten, die für sie von persönlicher Bedeutung waren: Schmuck- und Kleidungsstücke, Paternosterschnüre, Bücher.

Gilden und Bruderschaften   Neben den Pfarrgemeinden bildeten vor allem Gilden und Bruderschaften den organisatorischen Rahmen spätmittelalterlicher Frömmigkeit. Frauen und Männer schlossen sich zu solchen Vereinigungen zusammen, die ihren Mitgliedern Geselligkeit bei religiösen und weltlichen Festen boten, Unterstützung in Notfällen gewährten und sich für ihr Seelenheil stark machten, indem sie alle Brüder und Schwestern zum Totengedenken verpflichteten und von den Eintrittsgeldern unter anderem Totenmessen stifteten. Insgesamt waren mehr Männer als Frauen intensiv in solche Genossenschaften eingebunden. Es gab weniger Schwesternschaften als Bruderschaften, und von den Letzteren nahmen nicht alle Frauen auf; gelegentlich könnte auch das Eintrittsgeld eine Hürde für Frauen (und Männer) dargestellt haben. Eine regelrechte Akkumulation von Bruderschaftsmitgliedschaften scheint jedenfalls, Testamenten nach zu urteilen, am ehesten gutsituierten Männern gelungen zu sein.

Die bis hierhin geschilderten religiösen Verhaltensweisen waren mit einem weltlichen Leben, das heißt der Bindung an Familie, Ehepartner und Besitz, vereinbar. Seit dem Aufkommen christlich-asketischer Lebensformen in der Spätantike hatten Gläubige darüber hinaus verschiedene Alternativen, sich ausschließlich Gott zu weihen. Dies setzte – zumindest der Idee nach – den Verzicht auf materielle und familiale Bande voraus. Frauen und Männern standen geregelte sowie ungeregelte und insofern „freiere" Formen der Askese offen. Sie konnten im Familienkreis und ihrer gewohnten Umgebung bleiben, ein gottverbundenes Leben in der Vereinzelung als Eremiten oder Klausnerinnen führen oder die *vita communis* in einer klösterlichen oder stiftischen Gemeinschaft praktizieren. Es gab entsprechend vielfältige Übergangs- und Zwischenformen zwischen dem Status als Religiosen oder dem als *saeculares* (Laien), wie auch die Grenzen zwischen der „weltlichen" und der „geistlichen" Sphäre vielfach fließend und die Verbindungen zwischen den beiden Bereichen eng waren. Die Hinwendung zur Askese bedeutete eine lebenslange Orientierung vor allem bei denen, die als Kinder ins Kloster gegeben wurden und später bindende Gelübde ablegten. Sie beschränkte sich demgegenüber auf einen Lebensabschnitt, wenn etwa Mädchen oder Jungen in einer geistlichen Institution eine Ausbildung erhielten und später heirateten oder wenn erwachsene Frauen und Männer in fortgeschrittenem Alter ihren Besitz einem Kloster übergaben und sich dort als Konversen oder als Wohngäste aufnehmen ließen.

Das folgende Kapitel gibt einen Überblick über verbreitete Organisationsformen der *vita religiosa*. Unberücksichtigt bleiben die Lebenskreise der Weltgeistlichen. Die Priesterweihe und die klerikale Laufbahn – sozusagen vom Vikar bis zum Papst – waren bekanntlich Männern vorbehalten. Als „Männerbund" Unverheirateter (so die Norm, seltener die Praxis) und als hierarchische Ordnung bildete der Klerus einen zwar nach außen geschlossenen, in sich aber uneinheitlichen Stand mit verschiedenen Schichten. Priesterkarrieren mit ihren spezifischen Voraussetzungen und Anforderungen – sozial-ständische Herkunft, Lateinkenntnisse, Bildung, Zölibat, Aufgabenspektrum – aus geschlechtergeschichtlicher Sicht zu untersuchen, ist ein Desiderat, das im Rahmen dieses Bandes nicht aufgearbeitet werden kann.

asketisch-religiöse Lebensformen

a) Klöster, Stifte und Orden: vergleichende Blicke auf Frauen und Männer

Die spätantiken und mittelalterlichen Modelle christlich-asketischer Lebensführung gingen von dem theologischen Grundsatz aus, dass Frauen und Männer spirituell gleich und ebenbürtig seien. Diese Annahme spiegelt sich über weite Strecken auch in der institutionellen Praxis, denn im Prinzip ähnelten sich Frauen- und Männerkommunitäten hinsichtlich der Gründungsmodalitäten und Organisationsformen, der inneren Verfasstheit und religiösen Funktionen. Gleichzeitig führten Annahmen, dass Frauen ihr Geschlecht transzendieren müssten (vgl. zur *virago* S. 40) und dass sie als Geschlechtswesen eine Gefahr darstellten, ebenso wie das aufkommende Ideal des Klerikermönchtums zu mannigfachen Unterschieden in der Realität der gelebten Askese.

monastische Entwicklung im Frühmittelalter

Von der 2. Hälfte des 4. Jahrhunderts an entstanden in Gallien monastische Zusammenschlüsse sowohl von Frauen wie von Männern. Sie orientierten sich zunächst an Regeln, die für Männergemeinschaften konzipiert und wohl von den Frauen in abgewandelter Form übernommen wurden, bis zu Beginn des 6. Jahrhunderts der Bischof und Klostergründer Caesarius von Arles (ca. 470–542) neben einer Mönchsregel (Regula ad monachos) erstmals auch eine eigene Regel für das von seiner Schwester Caesaria († um 529) geleitete Frauenkloster in Arles verfasste. „Weil es zwischen den Frauenklöstern und denen der Mönche viele Unterschiede zu geben scheint", erklärte er zu Beginn seiner Regula ad virgines, „haben wir ein paar Dinge aus den vielen ausgewählt, nach denen die Älteren mit den Jüngeren regelgemäß leben sollen und geistlich zu erreichen versuchen, was sie als besonders passend für ihr Geschlecht ansehen." Ins Zentrum seiner auf das weibliche Geschlecht zugeschnittenen Bestimmungen stellte Caesarius die Klausur. Verordnete er den Mönchen die auch in anderen Männerregeln geforderte Bindung an den Ort ihres Klosters (*stabilitas loci*), so hielt er es für erforderlich, dass die *sanctimoniales* (gottgeweihten Frauen) in strenger Abgeschlossenheit von der Außenwelt lebten. Über dieses hier eingeführte Charakteristikum des weiblichen Monastizismus im ganzen Mittelalter ist später noch zu sprechen. Vom 6. Jahrhundert an entstanden weitere Regeln für Frauen- und Männergemeinschaften, darunter auch die für Mönche konzipierte Regel des Benedikt von Nursia (ca. 480 – ca. 560). Während dieser frühen Phase des Monastizismus stellten Äbte und Äbtissinnen aus verschiedenen Regeln das für ihre Klöster Passende zusammen. Vor allem vom 7. Jahrhundert an wurden im Frankenreich zahlreiche Klöster im Rahmen der Kooperation adliger Familien mit Missionaren und Kirchenreformern gegründet. Insgesamt überwogen im Frühmittelalter zahlenmäßig die Männerklöster; in einzelnen Regionen wie etwa in Sachsen während des 9. und 10. Jahrhunderts „boomten" jedoch zeitweilig stärker die Frauenkommunitäten.

Regulierung des monastischen und kanonischen Lebens

Auf einer Synode in Aachen 816 strebten Kirchenreformer nach längerem Vorlauf danach, die geistlichen Lebensformen für Frauen und Männer zu vereinheitlichen. Entgegen der vorherigen Praxis sollte in allen monastischen Gemeinschaften fortan allein die Benediktregel gelten. Damit wurde auch den Frauen eine Männerregel vorgegeben, obwohl diese in verschiedenen Punkten wie Nahrung, Kleidung, Klausur, Liturgie und Aufnahmeregelungen nicht für Frauengemeinschaften geeignet schien und daher in einzelnen Konventen umgeschrieben und angepasst wurde. Als Alternative zum monastischen Dasein wurde 816 nur das Leben gemäß den *canones* erlaubt, die jetzt im Rückgriff auf patristische und andere Quellen in zwei getrennten Richtlinien für Männer (Institutio canonicorum) und Frauen (Institutio sanctimonialium) zusammengestellt wurden. Bei den Kanonikern (*canonici*) handelte es sich um Klerikerkongregationen, die an Domkirchen unter der Leitung eines Bischofs die Messe feierten und Dienst taten. Als *sanctimoniales*, das heißt mit der gleichen Bezeichnung wie andere gottgeweihte Frauen, wurden hier kanonikal bzw. kanonisch lebende Frauen angesprochen. Sie nannten sich zu dieser Zeit selbst *canonicae* und wären demnach heute zutreffend als Kanonikerinnen zu bezeichnen. Die Forschung spricht von „Kanonissen", ist aber uneins darüber, inwiefern dieser Begriff für die frühmittelalterliche Zeit brauchbar ist. Es gab vor 816 offenbar kanonisch verfasste Frauenkonvente, auch wenn keine konkreten Einrichtungen nachweisbar sind. Die dem *ordo canonicus* angehörigen Frauen und Männer wurden nun auf ein gemeinschaftliches Leben analog zur klösterlichen Existenz verpflichtet. Allerdings erhielten sie für die Ausgestaltung ihres Alltags Anweisungen, die nicht nur bedingt von asketischer Strenge geleitet waren, sondern auch adlige Ansprüche auf einen gehobenen Lebensstil berücksichtigten. So sollten kanonisch lebende Frauen und Männer, anstatt zu fasten, recht großzügig mit Speisen und Getränken versorgt werden. Sie durften persönliches Eigentum, eigene Räume und eigene Dienstkräfte nutzen. Solche Zugeständnisse liefen eigentlich dem Prinzip der Gemeinschaftlichkeit zuwider. Da überdies, wie sich zeigen sollte, im kanonischen Leben enge Weltbindungen bestehen blieben – trotz der für Frauen 816 verordneten Klausur –, passte sich die Existenzform des Kanonikats insgesamt besonders gut den Bedürfnissen der adligen Welt an, in der die Besetzung geistlicher Positionen Teil der Familienpolitik war.

Allerdings war auch der Monastizismus im Westen von Anfang an aristokratisch geprägt. Die vollberechtigten Mitglieder von Männer- und Frauenklöstern entstammten bis ins Hochmittelalter meistens adligen Familien, und im Spätmittelalter strebten die städtischen Führungsschichten danach, Familienangehörige in alte und neue Orden eintreten zu lassen. Angesichts großer Unterschiede je nach Zeitstellung, Region und Observanz ist in der Forschung umstritten, inwieweit die Klöster auch weniger bemittelten Frauen und Männern der breiten Bevölkerungsschichten offenstanden. Viele von ihnen (in der Überzahl Männer) arbeiteten, nachdem sie ein einfaches Versprechen abgelegt hatten, in klösterlichen Wirtschaftsbetrieben. Ohne zu Mönchen und Nonnen aufsteigen zu dürfen, verblieben sie im Stand von Konversen; dies war die Bezeichnung für Laienbrüder und -schwestern ab dem 11. Jahrhundert gegenüber der älteren Verwendung für Menschen, die in vorgerücktem Alter die *conversio* vollzogen hatten.

In der Zeit nach 816 waren die Übergänge zwischen dem *ordo canonicus* und dem *ordo monasticus* oft fließend; gerade für viele Frauenkommunitäten bleibt wegen der nicht abgrenzenden Terminologie uneindeutig, ob die dort versammelten Sanctimonialen zur Gruppe der Klosterfrauen oder der Kanonikerinnen bzw. Kanonissen gehörten. Der religiöse Aufbruch des 11. und 12. Jahrhunderts bewirkte dann eine klarere Unterscheidung zwischen dem weniger streng geordneten Leben in Stiften, in denen die Forderung der *vita communis* inzwischen kaum noch berücksichtigt wurde, und der erneuten Verwirklichung apostolischer Gemeinschafts- und Armutsideale in neuen Einrichtungen. Damit verband sich die Ausbildung neuer Orden neben dem Benediktinerorden, die entweder monastischen Zuschnitts waren wie die Zisterzienser oder kanonikal verfasst waren wie die Prämonstratenser.

Die Erneuerungsbewegung brachte auch Formen der Symbiose zwischen weiblichen und männlichen Religiosen hervor, die es ähnlich schon in der Spätantike und im Frühmittelalter gegeben hatte. Eine der Ausprägungen symbiotischer Gemeinschaften wird in der Forschung als **Doppelkonvent** bezeichnet.

neue Impulse und Lebensformen

Doppelkonvent (Doppelkloster, Doppelstift)

In der Forschung werden unterschiedliche Kriterien dafür angelegt, ob eine *congregatio fratrum et sororum* als Doppelkloster bzw. -stift anzusehen ist. Viele verstehen darunter eine Gemeinschaft von Religiosen beiderlei Geschlechts, die innerhalb einer einzigen Anlage in getrennten Räumlichkeiten unter einer gemeinsamen Leitung lebten und somit eine institutionelle, architektonische, ökonomische und rechtliche Einheit bildeten. Andere verlangten die Regelgleichheit für beide Konvente oder deren zahlenmäßige oder funktionale Gleichheit. Dem steht entgegen, dass es kanonikal-monastische Mischformen gab, zum Beispiel mit Kanonikern zusammenlebende Benediktinerinnen. Doppelkonvente wurden, da diese asketische Lebensform aufgrund der Nähe der Geschlechter als problematisch galt, in den Quellen oft verschwiegen oder kaschiert. Selbst in manchen ausdrücklichen Würdigungen der Institution scheint der Rechtfertigungsbedarf durch, wenn es etwa in der Klostergeschichte von Petershausen heißt, es sei „nicht zu tadeln, sondern eher zu loben, wenn Klosterfrauen in den Klöstern der Diener Gottes Aufnahme finden, damit beide Geschlechter am gleichen Ort, wenn auch voneinander getrennt, zum Heil geführt werden".

Doppelkonvente hatten verschiedene Ursprünge. Manche gingen, ebenso wie reine Frauen- oder Männerkommunitäten, auf die *conversio* von Adligen zurück, die gemeinsam mit ihren Ehepartnern, Geschwistern oder anderen Angehörigen und samt ihrem Besitz ins geistliche Leben eintraten. In einigen Fällen siedelten sich Frauen bei bestehenden Männerkonventen an oder umgekehrt. Um Eremiten sammelten sich gemischte Gemeinschaften, die dann am selben Ort nach Geschlecht getrennt untergebracht wurden. Aus ihren Gefährtinnen und eigens herbeigeholten Mönchen formte zum Beispiel die Eremitin Paulina († 1107) das Doppelkloster Paulinzella im Thüringer Wald. Etliche Doppelkonvente wurden von Wanderpredigern wie Robert von Arbrissel (ca. 1045–1116, Gründer von Fontevraud 1098) und Norbert von Xanten (ca. 1080/85–1134, Gründer von Prémontré 1120/21) eingerichtet, die zunächst mit einer Schar von Anhängerinnen und Anhängern unbehaust umherzogen. Auf äußeren Druck hin ließen sie sich mit ihnen nieder und organisierten ein strikt nach Geschlecht getrenntes Zusammenleben in festen Strukturen. Die aus solchen Bewegungen hervorgegangenen Orden wie Prämonstratenser, Fontevraldenser und Gilbertiner (England) konstituierten sich in ihren Statuten geradezu als Doppelorden.

Die Doppelkonvente waren von unterschiedlicher Langlebigkeit. Oft führten wirtschaftliche Probleme dazu, dass der Zuzug von Frauen gedrosselt wurde oder dass der Frauenteilkonvent umsiedeln musste. Wenngleich solche Maßnahmen in der Regel von Männern ausgingen, wurde in einem prominenten Einzelfall die Verlegung der Frauen auch seitens einer Äbtissin durchgesetzt: Hildegard von Bingen zog vom Disibodenberg gegen den Widerstand des dortigen Mönchskonvents mit ihrem Frauenkonvent und den dazugehörigen Besitzungen weg nach Bingen auf den Rupertsberg.

Aus dem Impuls, nach apostolischem Vorbild und den Weisungen der Evangelien zu leben – enthaltsam, arm, körperlich arbeitend, bekennend und verkündigend –, bildeten sich im 12. und 13. Jahrhundert vielfältige neue Gemeinschaften aus, die teils kirchlich integriert, teils als Sekten bzw. Ketzer bekämpft wurden. Die starke Beteiligung von Frauen an den Erneuerungsbewegungen und ihre Hinwendung zu zeitspezifischen Frömmigkeitsformen hat bis in die 1990er-Jahre Historikerinnen und Historiker veranlasst, im Anschluss an eine ältere, grundlegende Studie von Herbert Grundmann von „der religiösen Frauenbewegung" zu sprechen. Neuere Arbeiten modifizieren diese Sichtweise dahin gehend, dass sie bei Frauen (ebenso wie bei Männern) den Wunsch nach selbstverständlicher Teilhabe an den Bewegungen mit ihren diversen Lebensformen beobachten.

Beim Übergang von experimentellen Anfängen zu kirchlichen Ordnungen zeigte sich allerdings phasenweise Widerstand gegen die vollberechtigte Integration von Frauen. Schon im 12. Jahrhundert beschloss der Prämonstratenserorden nicht nur, keine weiteren Doppelkonvente zu gründen bzw. bestehende Einrichtungen zu trennen, sondern verbot die Aufnahme neuer Frauengemeinschaften in den Ordensverband. Auch andere neue Orden wie die Zisterzienser, die Franziskaner und die Dominikaner sträubten sich, Frauenkonvente zu inkorporieren und die Seelsorge für sie zu übernehmen. Bei dieser Abwehr mischte sich die Furcht, durch die *cura monialium* allzu stark belastet zu werden, mit Bedenken, dass enge Kontakte zu Frauen zu Versuchungen führen könnten. Zwar öffnete sich der Zisterzienserorden um 1200 eine Zeit lang angesichts der starken Nachfrage von Frauen – nach dem viel zitierten Diktum Jakobs von Vitry (um 1160/70–1240/1254) gab es damals Frauengemeinschaften „zahlreich wie die Sterne des Himmels". Studien zu spirituellen Freundschaften zwischen Zisterziensern und *mulieres religiosae* haben angeregt, man solle auch die religiösen Bedürfnisse der Ordensmänner selbst, ihren Wunsch, an spezifisch weiblichen Dimensionen von Frömmigkeit teilzuhaben, als Erklärung für die Öffnungsbereitschaft in Erwägung ziehen. Schon bald (1228) untersagten jedoch Zisterzienser und Dominikaner strikt die Aufnahme und Betreuung von Frauen. Diese Beschlüsse wurden nur bedingt wirksam; gefördert durch päpstliche Weisungen konnten etliche Frauengemeinschaften ihre Eingliederung durchsetzen. Andere Konvente verstanden sich als zisterziensisch und waren mit dem Orden verbunden, ohne ihm rechtlich anzugehören. Bei den Franziskanern entstand mit den Klarissen ein eigener Ordenszweig, der auf Clara von Assisi (1193/94–1253) zurückging. Sie hatte mit mehreren Frauen zunächst nach Anweisungen des Franziskus von Assisi (1181–1226) gelebt, der im Übrigen allein diese Frauengemeinschaft als den Brüdern zugehörig anerkannte, während er den Anschluss anderer Konvente zu verhindern suchte. Clara verfasste für ihr Kloster San Damiano eine Regel, die neben dem Bekenntnis zu radikaler Armut unter anderem den Anspruch auf umfassende Seelsorge seitens der Franziskaner enthielt. Diese wurde vom Papst bestätigt und in überarbeiteter Fassung dem Leben in Klöstern des Ordo sanctae Clarae zugrunde gelegt.

Innerhalb der Orden entwickelte sich die Lebensweise der männlichen und weiblichen Mitglieder unterschiedlich. Den Männern eröffneten sich verschiedene Wege, das Prinzip der Armut und apostolischen Nachfolge in Verbindung mit diversen Aufgaben zu realisieren. Sie konnten sich durch eigene körperliche Arbeit ernähren, wie es anfangs bei den Zisterziensern gefordert war, die die eigentliche Handarbeit de facto aber bald Laienbrüdern und landwirtschaftlichen Hilfskräften überließen und unter Einsatz von Fachleuten für Landwirtschaft, Handwerk und Handel vielfältige Wirtschaftätigkeiten ausübten. Sie konnten Almosen erbetteln und seelsorglich tätig sein wie die Franziskaner und Dominikaner, indem sie predigten, lehr-

Haltungen der neuen Orden gegenüber der Aufnahme und Betreuung religiöser Frauen

breitgefächertes Angebot religiöser Lebensweisen für Männer

101

ten und missionierten. Die Voraussetzung dazu war eine fundierte theologische Ausbildung, die bei den Dominikanern in einem eigenständigen und neuartigen Studien- und Unterrichtssystem vermittelt wurde. Neben die *vita contemplativa* trat für Männer somit die von Mobilität und Weltwirksamkeit geprägte *vita activa*, und insgesamt fächerte sich das Angebot religiöser Ausdrucks- und Handlungsweisen breit auf.

Festlegung von Ordensfrauen auf Kontemplation und Klausur

Demgegenüber sollten die weiblichen Ordensmitglieder vor allem ein abgeschiedenes, der Kontemplation verpflichtetes Leben in strenger Klausur führen. Damit ihr Lebensunterhalt auch ohne Betteln und außerklösterliche Aktivitäten gesichert war, mussten die Frauenkonvente hinreichend mit Grundbesitz ausgestattet sein, Einkünfte aus Renten und Zinszahlungen beziehen sowie auf die Mitgiften wohlhabender eintretender Frauen zählen. Ältere Forschungen sahen in der Zurückgezogenheit und Freiheit von existentiellen Nöten günstige Bedingungen für die Entfaltung einer verinnerlichten, mystischen Frömmigkeit. Demgegenüber betonen neuere Ansätze auch problematische Folgen wie etwa Abhängigkeiten und Konflikte im Zusammenhang mit Grundbesitz und Renten. Zudem war wegen des Trends zur Beibehaltung von persönlichem Besitz ein gemeinschaftliches Lebens in Gleichheit und Armut nicht mehr zu verwirklichen – eine Entwicklung, die mutatis mutandis die Männerkonvente auch betraf.

beginale Lebensweisen

Viele Frauen, darunter auch Bemittelte aus den Kreisen des Adels und des städtischen Bürgertums, realisierten vom 13. Jahrhundert an andere Formen der gemeinschaftlichen oder individuellen Askese ohne Ordensanschluss, die mit dem Sammelbegriff „Beginentum" charakterisiert werden. Neben genuin religiösen Motiven – dem Wunsch nach einem Leben in evangeliengemäßer Armut – spielten dabei auch weitere Beweggründe mit, zum Beispiel die Aussichtslosigkeit, in vorhandene Einrichtungen einzutreten, sei es in Ermangelung einer Mitgift oder weil schlicht zu wenig Plätze zur Verfügung standen. Regional- und stadtgeschichtliche Studien haben erwiesen, dass bis ins Spätmittelalter trotz zahlreicher Gründungen Frauen geringere Chancen als Männer hatten, in einem Konvent unterzukommen. Das hing unter anderem damit zusammen, dass Männer sich auch auf stadtferne Häuser verteilten. (Nebenbei: In der Frühzeit der Zisterzienser sollten Männerklöster dem – selten realisierten – Ideal nach in abgelegenen Gegenden entstehen; erst die Bettelorden verorteten sich später ausdrücklich städtisch.) Für Frauen hingegen kamen nur innerstädtische oder stadtnahe gelegene Einrichtungen infrage mit dem Ergebnis, dass die Nachfrage das Angebot überstieg. Vor diesem Hintergrund verbreitete sich die beginale Lebensweise nur wenig unter Männern; erst ab Mitte des 13. Jahrhunderts sind häufiger Begardenhäuser bezeugt. Ausgehend von flandrischen und rheinischen Städten wählten demgegenüber Frauen in großer Zahl das Beginentum als eine Existenzform, die ihnen die Verfügung über Eigenbesitz erlaubte, keine Klausur und bindenden Gelübde erforderte und vielfältig ausgestaltet werden konnte: allein oder in kleinen Gruppen lebend, als größere, mehr oder weniger heterogene Gemeinschaften mit eigenen Statuten, mobil oder ortsfest, wohlhabend-bürgerlich oder bewusst arm. Viele Beginen bestritten ihren Unterhalt durch handwerkliche Tätigkeiten insbesondere im Textilgewerbe, durch die Erziehung von Mädchen gegen Kostgeld, aber auch durch Rentenhandel, Geldverleih, die Erträge von Landschenkungen und Landkäufen sowie gelegentlich als Haushaltsbedienstete. Auch ihr karitatives Engagement und ihre Gebetsdienste (Krankenpflege, Waschung und Einkleidung von Verstorbenen, Totenwache, Totengedenken) sorgten dafür, dass die Beginen in ihr städtisches Umfeld eingebunden lebten. Nach anfänglicher Akzeptanz kirchlicherseits wurde im frühen 14. Jahrhundert zunächst die vagierende, mit Predigen und Betteln verknüpfte Variante des Lebens als Begine oder Begarde, dann das Beginentum überhaupt verboten und häretischer Irrtümer verdächtigt. Gleichwohl konnten vormalige Beginen (und Begarden) weiterhin Gemeinschaften bilden und der Armut, dem Gebet und der Caritas gewidmet in der Welt lebend wirken, sofern sie sich strikter kirchlicher Kontrolle unterwarfen oder als Tertiarinnen bzw. Tertiarier den Bettelorden anschlossen und deren Drittordensregeln annahmen.

Der chronologische Überblick über die Entwicklung asketisch-religiöser Lebensweisen von Frauen und Männern hat Gemeinsamkeiten und Unterschiede markiert. In der Forschung weichen die Einschätzungen ab, ob für die verschiedenen Seinsebenen – Institutionen, Normen, Alltagspraxis, Spiritualität – eher Gleichheit oder Differenz kennzeichnend waren. Weitgehende Einigkeit herrscht dahin gehend, dass der monastische Bereich insgesamt stärker von egalitären Zügen geprägt gewesen sei als klerikale und laikale Lebenszusammenhänge. Es gab offensichtlich Phasen, in denen Geschlechterunterschiede kaum eine Rolle spielten und ein hohes Maß an „gender equality" im Sinne von Gleichheit und Gleichberechtigung erreicht wurde wie während der hochmittelalterlichen Aufbruchszeit, die dann in Doppelklöstergründungen mündete. Mustert man einige zentrale Momente des geistlichen Gemeinschaftslebens jetzt noch einmal systematisch, so ergibt sich auch hier ein komplexes Bild von Übereinstimmungen und Abweichungen.

Variablen von Gleichheit und Differenz

Die Eintrittsumstände in eine Kommunität gestalteten sich für Frauen und Männer in vielerlei Hinsicht gleich. Bis ins Hochmittelalter war es üblich, Mädchen und Jungen im Kindesalter einem Kloster zu übergeben (Oblation), das heißt über den Eintritt entschieden die Eltern. Auch in spätmittelalterlichen Adels- und Patrizierkreisen bestimmten die Eltern im Rahmen der Familienpolitik, ob ein Kind geistlich werden sollte, um die Aufteilung des Besitzes unter mehreren Erben zu vermeiden, Pfründen zu sammeln, führende kirchliche Positionen zu besetzen sowie Töchter und Söhne abzusichern, die – etwa wegen einer körperlichen Beeinträchtigung – vergleichsweise geringe Heiratschancen hatten. Allerdings standen für diese Strategien, was den männlichen Nachwuchs anging, vielfältigere Karriereoptionen zur Verfügung. So kam im Hochadel die klösterliche Laufbahn eher für die Töchter infrage, während Söhne vorzugsweise in Domkapiteln untergebracht wurden mit dem Ziel, später Bischofssitze zu besteigen. Der Klostereintritt im Kindesalter hatte für die Betroffenen den Vorteil, dass sie sich früh in ihr neues Umfeld einleben und mit der ihnen zugedachten Rolle identifizieren konnten. War jemand von den Eltern mit Gewalt oder Drohungen ins Kloster gezwungen worden und hatte als Mönch oder Nonne bindende Gelübde abgelegt, so konnte er bzw. sie nur durch den Papst davon dispensiert werden. Eine gewisse Nötigung wird manchmal auch im Spiel gewesen sein, wenn erwachsene, verheiratete Menschen, die in ein Kloster eintreten wollten, entspre-

Klostereintritt

chend kirchlichen Vorschriften auch den Partner bzw. die Partnerin zum Wechsel in den geistlichen Stand bewogen. Allerdings zeichnen die Erzählungen von Paar- und Familienkonversionen in der Regel das Bild einvernehmlichen Handelns, ohne durchblicken zu lassen, ob dabei etwa ein Haushaltsvorstand Druck auf seine Angehörigen ausübte.

Funktionen von Frauenkommunitäten

Was die Funktionen von Klöstern und Stiften angeht, so gelten ältere Thesen, nach denen Frauenkommunitäten in erster Linie Versorgungsanstalten für überzählige Töchter darstellten, als widerlegt. Vom Frühmittelalter an waren Frauen- und Männerklöster außer sakralen und kulturellen Zentren auch Mittelpunkte politischer Macht und Repräsentation, und die Äbte und Äbtissinnen übten weltliche und kirchliche Herrschaft, Jurisdiktionsgewalt und Lehnshoheit aus. Ein weibliches Mitglied als Äbtissin eines ranghohen Konvents zu platzieren, entsprach den politischen Ambitionen einer Adelsfamilie unter Umständen besser als ihre Verheiratung. Die Ausbildung in herausragenden Frauenkommunitäten wie zum Beispiel Gandersheim, Essen und Quedlinburg, die im 10. und 11. Jahrhundert enge Verbindungen zur ottonischen Königsfamilie hatten und von Königstöchtern geleitet wurden, entsprach der Ausbildung von männlichen Geistlichen in Domschulen und qualifizierte für Funktionen an der Spitze von „Reich und Kirche". Hinsichtlich der religiösen Aufgaben galten im früheren Mittelalter gerade Frauengemeinschaften als „effektiv", da dem Gebet von Jungfrauen besondere Wirkungskraft beigemessen wurde und in adligen Familien das Totengedenken (*memoria*) eine spezifisch weibliche Leistung darstellte. Als es üblich wurde, dass Mönche zu Priestern geweiht wurden (vgl. zur Klerikalisierung des Mönchtums weiter unten), konnten die Totengebete der Frauen mit den von Cluniazensern gefeierten Totenmessen nicht mehr konkurrieren.

Äbte und Äbtissinnen

Das Zusammenleben in Frauen- und Männerkonventen basierte auf dem Ideal der Gleichheit aller Mitglieder; es bedurfte aber einer hierarchischen Ordnung, einer Aufgaben- und Ämterverteilung, um das Miteinander in seinen Alltagsabläufen zu organisieren. An der Spitze dieses Systems standen der Abt bzw. die Äbtissin, die für sämtliche weltlichen und geistlichen Angelegenheiten (*temporalia* und *spiritualia*) zuständig waren. Dem Prinzip nach von der Gemeinschaft gewählt, entstammten sie meistens adligen oder königlichen Familien, die auf diese Weise enge Verbindungen zu den von ihnen gegründeten bzw. geförderten Konventen aufrechterhielten (die Familienbeziehungen vor allem der Frauenkommunitäten blieben bis ins 13. Jahrhundert eng). Sofern die Klöster nicht exemten, von der bischöflichen Jurisdiktion befreiten Status hatten, stand dem zuständigen Bischof die Bestätigung der Wahl zu. Der Bischof vollzog auch die Weihe des Abtes bzw. der Äbtissin im Rahmen eines liturgischen Ritus, der der Bischofsweihe angenähert wurde. Inwieweit dabei den Äbtissinnen die gleichen Insignien wie Äbten und Bischöfen verliehen wurden, ist unklar; jedenfalls verwendeten auch sie Stäbe als Zeichen ihrer pastoralen und herrschaftlichen Verantwortung. Trotz ihrer herausragenden Stellung waren Äbtissinnen den Äbten nicht grundsätzlich gleichgestellt. Ihre Handlungsfülle variierte stärker als bei diesen je nach Kommunität, Ordenszugehörigkeit und Persönlichkeit. Vor allem im Frühmittelalter übten manche Äbtissinnen über ihre Leitungsfunktion im Konvent hinaus geradezu quasi-bischöfliche Tätigkeiten aus. Berühmte Beispiele sind Hilda († 680), die Gründerin und Äbtissin des Doppelklosters Streanaeshalch (später Whitby) sowie Teilnehmerin einer 664 in ihrem Konvent abgehaltenen Synode, oder die Äbtissin von Tauberbischofsheim Leoba, die mit Bischöfen in kirchlichen Angelegenheiten konferierte, sie beriet und pastoral umsorgte. An der Spitze einiger hochmittelalterlicher Doppelkonvente wie Fontevraud hatten Äbtissinnen die volle Autorität über beide Kommunitäten. Im Zisterzienserorden hingegen erhielten Äbtissinnen einen Weisungsabt zugeteilt, der selbst innerhalb des Hauses Befugnisse innehatte; sie hatten als Mutteräbtissinnen gegenüber Tochterklöstern nicht durchgängig die gleichen Rechte (zum Beispiel der Visitation) wie Väteräbte und durften nicht die Generalkapitel in Cîteaux besuchen (was sie dennoch taten). Waren Äbte selbstverständlich mobil, so konnten Äbtissinnen nur dann außerhalb ihrer Konvente in kirchenpolitischen und anderen Belangen aktiv werden, wenn sie nicht durch die Klausur gebunden waren. Andernfalls durften sie nur eingeschränkt Aufgaben wahrnehmen, die das Verlassen des Klosters erforderten.

Letztlich wurden die Amtsvollmachten von Äbten und Äbtissinnen von unterschiedlichen Grundlagen abgeleitet. Zwar fungierten beide als „Vater" bzw. als „Mutter" ihrer Gemeinschaften, doch allein der Abt in seiner Eigenschaft als Priester handelte, wie bereits in der Benediktregel angemahnt, als Stellvertreter Christi im Kloster. Demgegenüber blieb nach traditionellem Amtsverständnis Frauen das Amt in der Bedeutung der Stellvertretung Christi verschlossen. Allerdings war es schwierig, priesterliche Funktionen und abbatiale Pflichten voneinander abzugrenzen. Daher gab es im Mittelalter laufend Diskussionen darüber, in welchem Umfang Äbtissinnen liturgische, sakramentelle und pastorale Tätigkeiten sowie jurisdiktionelle Rechte ausüben durften. War es zumindest bis zum Hochmittelalter einigermaßen unstrittig, dass sie ihre weiblichen Konventsmitglieder segnen, im Glauben unterweisen sowie ihre Beichte hören durften, so wurde ihre eigentliche Bußgewalt angefochten. Wiederholt wurde ihnen untersagt, die Messe zu feiern, Jungfrauen zu weihen und Gelübde von Novizinnen anzunehmen, Männer zu segnen und öffentlich zu predigen.

Die Alltagsvollzüge in klösterlichen und stiftischen Konventen bestanden zum großen Teil aus gottesdienstlichen Handlungen, religiösen Übungen und geistlichem Studium im weiteren Sinn. Tages- und Nachtzeit wurde strukturiert durch das gemeinsame Stundengebet, zu dem unter anderem Lesungen aus biblischen Schriften und Psalmengesänge gehörten, ferner durch die Messe, gemeinschaftliches und privates Gebet, stille und vortragsförmige Andacht, Meditation und Lektüre. Diese liturgischen Vollzüge setzten Lesefertigkeit im Lateinischen voraus. Die für Männer konzipierte Benediktregel ging denn auch selbstverständlich davon aus, dass die Mönche lesen – wenn auch nicht unbedingt gut vorlesen – konnten, und Caesarius verlangte in der Regula ad virginum, dass alle Sanctimonialen lesen lernen sollten. Die Mitglieder von Frauen- und Männerkonventen mussten darüber hinaus schreiben können, um die für die Liturgie benötigten Bücher herzustellen, theologische Traktate der Kirchenlehrer zu kopieren, hagiographische, historiographische und wissenschaftliche Werke zu verfassen, Memorialbücher zu führen, Briefe zu schreiben, Urkunden auszustellen und Aufzeichnungen für die Verwaltung und Wirtschaftsführung zu machen. Neben dem Lesen und Schreiben waren weitere Kompetenzen wie etwa Mal- und

Bildungsvoraussetzungen und Unterricht

Gesangskünste gefragt sowie in Frauenkonventen textilkünstlerische Fertigkeiten. Diesen Erfordernissen entsprechend bildeten die Konvente die ihnen anvertrauten, für ein gottgeweihtes Leben bestimmten Mädchen und Jungen schulisch aus. Entsprechend der Empfehlung des Caesarius, kleine Mädchen erst im Alter von sechs oder sieben Jahren, wenn sie lesen lernen konnten, aufzunehmen, betrachtete man wohl auch in anderen Konventen die Bildungsfähigkeit als ein Kriterium für das geeignete Eintrittsalter.

Die eigentliche Unterrichtsorganisation blitzt nur gelegentlich in der Überlieferung auf. So bieten die St. Galler Klostergeschichten Ekkehards IV. (980/990–nach 1056) Einblicke in den Lehrbetrieb eines Männerklosters, das neben künftigen Mönchen „im Klosterinneren" auch Jungen „in der Schule außerhalb" für Karrieren als Weltgeistliche und Krieger unterrichtete. Aus dem Essener Frauenstift um 900 stammen einige lateinische Zeilen, in denen eine jüngere Schwester eine als *magistra* (Vorsteherin, hier im Sinne von Lehrerin) angesprochene ältere Schwester bittet, mit einer anderen *magistra* die Nacht mit Deklinieren, Singen und Lesen verbringen zu dürfen. Es könnte sich hier ebenso gut um einen „Schülerinnenbrief" mit einer konkreten Anfrage wie um eine lateinische Sprachübung handeln. Erkennbar waren im Konvent jedenfalls zwei Lehrerinnen tätig, von denen die Schülerin Einverständnis mit ihren nächtlichen Übungen erwartete.

Für ihre Vollmitglieder boten Konvente also die Chance, sich in der Schule, im Skriptorium und in der Bibliothek Wissen und Kompetenzen verschiedener Art anzueignen, sich intellektuell zu betätigen sowie an geistlichen und geistigen Entwicklungen teilzuhaben. Ausgeschlossen blieben davon die in der Mehrzahl männlichen Konversen, die in der Landwirtschaft und in den Werkstätten der Zisterzienser- und Zisterzienserinnenklöster arbeiteten und dadurch die – ihnen der Zahl nach weit unterlegenen – Mönche und Nonnen für ihr gottesdienstliches Pensum freistellten. Die Konversen durften keine Bücher besitzen und nicht lesen lernen; die wichtigsten Gebete sollten sie durch Vorsagen auswendig lernen. Welche Art von Frömmigkeit sie unter solch restriktiven Bedingungen entfalteten, ist erst ansatzweise erforscht. Nur männliche Konversen, die in Frauenklöstern der Zisterzienser leitende Aufgaben in der Verwaltung, Wirtschaft und Gerichtsausübung übernahmen, waren wohl berechtigt, die dazu erforderlichen Schriftkenntnisse zu erwerben.

Hinsichtlich des Bildungsniveaus unterschieden sich die Konvente beträchtlich je nachdem, wie gut ausgestattet und privilegiert sie waren. In Einrichtungen mit engen Beziehungen zum Königshof oder zu Adelsfamilien wie etwa dem Männerkloster St. Gallen oder den ottonischen Frauenkommunitäten Gandersheim, Essen und Quedlinburg, die der Ausbildung der adligen Elite dienten, waren vielseitig gebildete Gelehrte, Dichter bzw. Dichterinnen, Lehrer bzw. Lehrerinnen tätig; dort gab es produktive Skriptorien und Kunstwerkstätten sowie größere Bestände an intensiv studierten „Gebrauchsbüchern" und eher der liturgischen Ausschmückung dienenden als zum Lesen gedachten Prachtkodizes. Mit solch exklusiven Bildungsstätten konnten manch andere Gemeinschaften hinsichtlich ihrer Ressourcen nicht mithalten, so dass die dort versammelten Frauen oder Männer vermutlich weniger versiert in den *litterae* waren; für manche Mönche im Frühmittelalter wird mit einer allenfalls rudimentären Bildung gerechnet.

Frauen- und Männerkonvente glichen sich bis ins Hochmittelalter als Orte der Gelehrsamkeit. Sie teilten eine gemeinsame lateinsprachliche Kultur und eine vom Schriftgebrauch geprägte Alltagswelt. In ihren Skriptorien entstanden Bücher, die sich in Bezug auf inhaltliche Programme, Bildkonzepte, Stilmerkmale und künstlerische Qualität nicht als von weiblicher oder männlicher Hand geschaffen auswiesen. Detailstudien zu einzelnen Konventen, Skriptorien und Handschriften legen sogar nahe, dass die Mitglieder einiger Frauengemeinschaften ebenso lateinkundig, theologisch und in den *artes liberales* beschlagen waren wie männliche Geistliche, die eine Domschule oder eine Universität besuchten. Manche Frauenkonvente stellten, wie oben erwähnt, unter bildungspolitischem Aspekt geradezu Pendants zu Domschulen dar. Im Lauf des 12. Jahrhunderts drifteten Frauen- und Männerbildung im religiösen Bereich jedoch auseinander. Während Männer sich an den Universitäten, den neuen, florierenden Bildungszentren, im Rahmen eines lateinsprachlichen Studiums in die scholastische Theologie vertieften, fehlte es bei vielen Frauen an systematischer und formaler Unterweisung in Latein und in den *artes liberales*. So bezeugen etwa die Werke Hildegards von Bingen eingehende Kenntnisse der Bibel und kirchlicher Schriften, der Theologie, der Wissenschaften und empirischen Praxis, doch ließ sich Hildegard bei der Formulierung ihrer lateinischen Texte von ihrem Sekretär und Vertrauten, dem Mönch Volmar († 1174), unterstützen. Wenngleich in Frauenkonventen des deutschen Sprachraums auch weiterhin lateinische Werke verfasst wurden, verlegten sich viele weibliche Religiosen im Europa des Spätmittelalters vor allem auf das Schreiben in den Volkssprachen. Ihre Entscheidung wird in der Forschung weniger als eine Folge unzureichender lateinischer Bildung gesehen, sondern dahin gehend gedeutet, dass sie ein größeres Publikum erreichen wollten und den allgemeinen Durchbruch volkssprachlicher Literatur aktiv mittrugen. Zugleich verfestigte sich die Tendenz, dass männliche Autoren das Feld der lateinischsprachigen Theologie bestellten und Frauen Texte verfassten, die Gotteserfahrungen mystischer und visionärer Art vermittelten. Zweifellos spezialisierten Frauen sich auf diesen Modus religiöser Verkündigung vor dem Hintergrund, dass ihnen das öffentliche Lehren und Predigen untersagt war – es sei denn, sie ergriffen das Wort aufgrund eines unmittelbaren göttlichen Auftrags. Solchermaßen erwählt, sahen sich Frauen legitimiert, ja geradezu verpflichtet, zu den Menschen zu sprechen, auch wenn sie sich selbst wie Hildegard von Bingen als „einfältigen Menschen" und „armseliges Weibsbild" charakterisierten: „ich, erbärmlich und mehr als erbärmlich in meinem Sein als Frau", schrieb sie an Bernhard von Clairvaux.

Standen hinter den von Frauen und Männern bevorzugt verwendeten Sprechweisen, Themen und Textsorten geschlechtsspezifisch unterschiedene Ausprägungen von Spiritualität? Oder wurden zeit- und standestypische Denk- und Erfahrungsweisen unterschiedlich artikuliert? Die Forschungen dazu sind weiterhin im Fluss. Ausgehend von Texten der sogenannten Frauenmystik wurde die Frömmigkeit weiblicher Religiosen im Spätmittelalter als hochgradig affektiv, sinnes- und körperbezogen, ekstatisch, christozentrisch und eucharistisch orientiert charakterisiert. Inzwischen kam größere Skepsis auf, inwieweit man Sprache als unmittelbare Abbildung von Erlebtem verstehen kann. Auch gelten einige der genannten Merkmale

Randnotizen:

Frauen- und Männerkonvente als Bildungszentren

Forschungen zu Zusammenhängen von Frömmigkeit und Geschlecht nicht mehr als spezifisch weiblich oder als nicht für alle Autorinnen verallgemeinerbar. Beim Vergleich mit Texten männlicher Mystiker – anders als die „Frauenmystik" hat sich die „Männermystik" noch nicht als Untersuchungsfeld herauskristallisiert – zeigte sich, dass Gemeinsamkeiten und Unterschiede im Denken und Schreiben weniger mit dem Geschlecht als solchem zu tun hatten, als mit der Korrelation von Bildung, religiösem bzw. weltlichem Status, Zeitumständen, persönlicher Disposition und Geschlecht. So ergaben sich bei der Frage nach dem Gottes- und Menschenbild von Meister Eckhart (um 1260–1328), Heinrich Seuse (1295/1297–1366), Marguerite Porete († 1310) und Mechthild von Magdeburg (um 1207–um 1282) Übereinstimmungen vor allem zwischen Eckhart und Marguerite einerseits, Seuse und Mechthild andererseits. Viele Studien zu den Zusammenhängen von Religiosentum, Frömmigkeit, literarischer Kreativität und Geschlecht heben hervor, dass von Frauen wie von Männern verfasste Werke sowohl subtile Theologie, die ohne sinnliche Sprache auskommt, als auch bildhafte Beschreibungen somatischer Begegnungen repräsentieren. Aufschlussreich waren in diesem Zusammenhang Beobachtungen, dass die mittelalterliche Bildersprache spirituelle Vorgänge anhand von Körpervollzügen ohne starres „gendering" veranschaulicht. Der ideale Abt zum Beispiel spendet seinen Mitbrüdern geistliche Nahrung in väterlicher und mütterlicher Weise, indem er sie weidet und an der Brust stillt; ein Mönch kann ebenso wie eine Sanctimoniale zur „Braut Christi" stilisiert werden. Neue Perspektiven auf Frömmigkeitshaltungen und -äußerungen ergaben sich durch Entdeckungen geistlicher „Paare" oder „Partnerschaften", bei denen sich eine Frau und ein Mann in unterschiedlichen Konstellationen spirituell ergänzten, etwa in den Rollen als charismatische Bekennerin und als Priester, der sie unterstützte, beaufsichtigte und ihre Heiligkeit propagierte. Jede Seite konnte dabei die geistliche Führung übernehmen. Weiterführend erscheint es ferner, einzelne Orte des religiösen Gemeinschaftslebens mit ihrer architektonischen Gestalt und materiellen Ausstattung im Hinblick darauf zu untersuchen, welche Wechselwirkungen zwischen einem Gehäuse und den sich darin ausprägenden Haltungen bestanden, und davon ausgehend vergleichende Analysen vorzunehmen. Im Zusammenhang mit der für Frauenklöster vorgeschriebenen Klausur etwa entwickelten sich eine typische Raumgestaltung (Empore bzw. Nonnenchor in den Frauenkonventskirchen), eigene liturgische Gebetsformen und ein spezifischer Gebrauch von Bildern und Devotionalien.

Klausurvorschriften   Die Klausurvorschrift für Sanctimonialen, nach der ersten Formulierung im 6. Jahrhundert während des Mittelalters wiederholt erneuert und durch eine päpstliche Bulle 1298 im kanonischen Recht verankert, wurde zur bestimmenden Norm in Frauenklöstern aller Observanz. Ursprünglich hatte auch Benedikt von Nursia in seiner Regel den Mönchen verboten, den abgegrenzten Klosterbereich zu überschreiten. Das Reisen im Auftrag des Abts war jedoch erlaubt. Auch ging es Benedikt bei seiner Einschränkung darum, dass die Ortsgebundenheit im Gegensatz zur damals verbreiteten Variante des umherstreifenden Mönchtums gewahrt blieb. Im Lauf des Mittelalters wurde in Männerklöstern nur die passive Klausur üblich, das heißt Frauen und Männer, die nicht Mitglieder des Konvents waren, durften den inneren, den Mönchen vorbehaltenen Trakt nicht betreten. Den Sanctimonialen hingegen wurde darüber hinaus auch die aktive Klausur vorgeschrieben. Sie durften aus dem Kloster nicht hinausgehen. Des Weiteren sollten ihre Kontakte nach außen beschränkt und kontrolliert bleiben. Die Kommunikation mit zu Besuch kommenden Verwandten zum Beispiel wurde beaufsichtigt und mittels Vorkehrungen wie Sprechfenstern geregelt. Mit diesen Maßnahmen sollte das monastisch-asketische Ideal der Abschließung von der Welt und insbesondere die Trennung der Geschlechter realisiert werden. Selbst die Regeln der Doppelorden sahen Vorsichtsmaßnahmen wie Vorhänge, Drehfenster, Schleusen und abgetrennte Chöre in der gemeinsamen Kirche vor, damit die Frauen und Männer in Doppelkonventen einander am besten ohne Sichtkontakt begegneten. Die einseitige Forderung der Klausur für Frauen basierte auf der Annahme, sie seien aufgrund ihrer „weiblichen Schwäche" verführbar und stellten ihrerseits eine Gefahr für die Keuschheit von Männern dar, da selbst von moralisch integren, abstinent lebenden Frauen Verführungskraft ausgehe. Frauen *und* Männer sollten also geschützt werden.

Die universale Klausurforderung wurde in der Praxis unterschiedlich streng gehandhabt. Neben strikten Durchsetzungen gab es vielfache Anpassungen an die Notwendigkeit, in Verbindung mit der Außenwelt zu bleiben. Wenn im Zuge von Reformen massive Maßnahmen zur Wiedereinhaltung der Klausur ergriffen wurden, erhoben sich in einigen Konventen heftige Proteste. Letztlich hatten die Einbindung von Klöstern in weltliche Netzwerke, ihre gesellschaftlichen Funktionen und ihre Aufgaben tätiger Frömmigkeit oft größeres Gewicht als das Ideal, sich in abgeschiedener Gottesverehrung spirituell zu vervollkommnen. Selbst die Inklusen – darunter waren auch Männer, doch es überwogen Frauen, die sich, oft angegliedert an eine städtische Kirche oder einen Männerkonvent, in eine Zelle einmauern ließen – verbanden den Anspruch, eine extreme Form der Klausur zu verwirklichen, mit der Teilnahme am kirchlichen, wirtschaftlichen und politischen Leben. Wegen ihrer Niederlassung an zentralen städtischen Punkten und weil sie als Ratgeberinnen und Vermittlerinnen in allerlei Angelegenheiten gefragt waren, standen sie in regem Austausch mit den sie scharenweise Besuchenden.

Die Entwicklung der monastischen Lebensweise für Männer, auch und gerade im Unterschied zu der für Frauen, wurde maßgeblich beeinflusst durch einen im Frühmittelalter einsetzenden Prozess der Angleichung zwischen dem Mönchtum und dem Priestertum. Zum einen wurde eine Monastisierung des Klerus angestrebt, das heißt ein Leben der Weltgeistlichen in Enthaltsamkeit und Gemeinschaft; dieses Ideal konnte sich jedoch nur schwer durchsetzen. Zum anderen fand eine wesentlich nachhaltigere Klerikalisierung des Mönchtums statt. Es wurde zunehmend zur Regel, dass nicht nur Äbte, sondern auch Mönche die Priesterweihe erhielten. Damit wurden Männerklöster in sakramenteller und liturgischer Hinsicht autonom im Gegensatz zu Frauenklöstern, die auf die *cura monialium* seitens geweihter Männer mit priesterlichen Vollmachten angewiesen waren. In dem Maß, in dem die Bedeutung der Messfeier stieg, erhöhte sich auch die Wertschätzung der Mönchspriester. Sie vollzogen heilige Handlungen am Altar aufgrund ihrer sexuellen „Reinheit", die sie vielen nicht zölibatär lebenden Klerikern voraus hatten, in idealer Weise. Bereits bei Johannes Cassian (ca.

Angleichung von Mönchtum und Priestertum

360–430/435) und dann in den Mönchsregeln des 6. Jahrhunderts war die „Befleckung" (*pollutio*), etwa durch einen Samenerguss im Schlaf, problematisiert worden. Jetzt erhielt der Gedanke der kultischen Reinheit im Hinblick auf die Eucharistiefeier für die Mönche zusätzliches Gewicht. Dabei gab es unterschiedlich strenge Interpretationen der Schuldhaftigkeit der Pollution je nach Einschätzung der physischen Vorgänge als „natürlich" im humoralpathologischen Sinn, als unwillentlich geschehen oder absichtlich herbeigeführt. Die Tendenz ging im Lauf des Mittelalters dahin, selbst unwillkürliche Samenergüsse in die Nähe anderer „Sexualsünden" (Masturbation, gleichgeschlechtlicher Verkehr) unter Männern zu rücken.

Forschungsthemen   Fragen nach Reinheitsvorstellungen und Auffassungen vom Körpergeschehen im Schnittpunkt von Religionsgeschichte, Medizin- und Körpergeschichte entwickelten sich in den vergangenen Jahren zu Bestandteilen von gendergeschichtlichen Untersuchungen, die Modelle asketischer Männlichkeit im Mittelalter analysieren. Nach Diskussionen darüber, in welchem Sinne Kleriker und Mönche überhaupt dem kulturellen Geschlecht nach Männer waren, wird unter anderem erörtert, wie sich monastische, klerikale und weltliche Entwürfe von Männlichkeit veränderten und zueinander verhielten. Gemeinhin gelten dabei das 11. und 12. Jahrhundert als Umbruchszeit wegen der Kirchenreform mit ihrem energischen Bemühen um Durchsetzung des Zölibats, wegen der kirchlichen Aufwertung der Ehe und der religiösen Erneuerungsbewegungen. Auch der Rückgang der Oblationspraxis im Hochmittelalter wurde als Ausgangspunkt dafür gesehen, dass sich die Ideale monastischer Männlichkeit wandelten. Nunmehr seien häufiger Erwachsene ins Kloster eingetreten, die im Zuge ihrer Sozialisation bereits eine Identität als weltliche Männer entwickelt hatten und sich umorientieren mussten. Bei diesen Überlegungen ist allerdings zu berücksichtigen, dass auch vorher schon in Männer- wie in Frauenkommunitäten Menschen zusammenlebten, die in unterschiedlichem Alter ins Kloster gegangen waren. Diese Inhomogenität hinsichtlich des Alters und der Lebenswege führte gelegentlich zu Spannungen in den Gemeinschaften, ausgelöst durch Anpassungsprobleme der neuen oder durch Abgrenzungsversuche der eingesessenen Mitglieder. Problematisch war beim Klostereintritt im Übrigen wohl weniger der Wechsel zu einer anderen gender-Rolle an sich, als vielmehr die Veränderung des gesamten standestypischen Lebensstils und Verhaltens – sofern diese gemäß asketischen Idealen tatsächlich eingefordert wurde. Gerade in Aufbruchs- und Umbruchsphasen prallten unterschiedliche Vorstellungen aufeinander, in welchem Maß die Anforderungen des monastischen Lebens damit vereinbar waren, dass in vielen Kommunitäten nur Frauen bzw. Männer vornehmer Herkunft aufgenommen wurden, die an ihren gewohnten herrschaftlichen Ansprüchen und Attributen festhalten durften.

b) Entwürfe von Heiligkeit

Menschen, die sich in den Augen ihrer Umwelt durch einen vorbildlichen Lebenswandel und durch Wundertätigkeit auszeichneten, wurden im Mittelalter in wachsender Zahl als heilig verehrt. Insgesamt gelangten deutlich mehr Männer als Frauen in den Rang von Heiligen. Obwohl es einige Modelle von Heiligkeit gab, die in der Überzahl von Frauen repräsentiert wurden, stand Männern ein breiteres Spektrum kirchlicher Ämter offen, die ihnen als Sprungbrett zur Heiligkeit dienten.

Die Anerkennung von Heiligkeit in der Bevölkerung und in der Amtskirche erfolgte gewöhnlich in mehreren Etappen. Am Anfang wandten sich Gläubige erfolgreich mit der Bitte um Schutz und Hilfe an eine mit göttlicher Kraft (*virtus*) erfüllte Person. Sobald sich die Nachricht verbreitete, dass an einem Ort Wunder geschahen, strömten die Menschen dorthin. Daraufhin veranlasste der zuständige Bischof nach entsprechender Prüfung, dass die noch ungeordnete Verehrung in einen geregelten, kirchlich approbierten Kult überführt wurde. Im Hochmittelalter wurden gegenüber diesem lokalen Verfahren zentralisierte Kanonisationsprozesse an der Kurie eingeführt, die in die Heiligsprechung durch den Papst mündeten. Um einen Kult dauerhaft zu etablieren, war es erforderlich, das Leben und die Taten der betreffenden Heiligen schriftlich aufzuzeichnen.

> **Hagiographie**
> Hagiographische Texte machen einen beträchtlichen Teil der aus dem Mittelalter überlieferten erzählenden Quellen aus. Die in großer Zahl und Vielgestaltigkeit verfassten Viten dienten ebenso wie Wundergeschichten grundsätzlich dem Nachweis der Heiligkeit, also einer propagandistischen Absicht. Zugleich wollten sie ihrem Publikum ein Vorbild für die christliche Lebensführung bieten. Die soziale Wirklichkeit – Gesellschaftszustände, Vorstellungen, Denkweisen – floss in die Darstellungen mit ein. Wie Viten ihre Heldinnen und Helden im Einzelnen präsentierten, hing vor allem davon ab, an welche Zielgruppe sie sich wandten, welche hagiographischen Topoi und literarischen Traditionen sie aufgriffen und welche religiösen Zeitanschauungen sie repräsentierten. Neben- und nacheinander entwickelten sich mehrere hagiographische Diskurse. Sie legten unterschiedlichen Wert auf kontemplative Versenkung, körperliche Kasteiung, weltwirksame fromme Aktivitäten, Wundertätigkeit usw. Entsprechend der Vielfalt der Wege zur Heiligkeit entstanden verschiedene Typen von Heiligen.

Die Modellierung der Heiligen in Viten richtete sich weitgehend danach, welcher Typ zugrunde gelegt wurde. Die Typologie der Heiligen hatte sich seit den ersten christlichen Jahrhunderten, in denen allein Märtyrer und Märtyrerinnen in den Ruf der Heiligkeit gelangt waren, aufgefächert. Sie umfasste anfangs hauptsächlich die Protagonisten der anachoretischen und monastischen Askese (Eremiten, Mönche, Sanctimonialen innerhalb und außerhalb von Klöstern), denen dann Äbte und Äbtissinnen, Bischöfe, Missionare, Königinnen und Könige, Adlige beiderlei Geschlechts, Ordensgründer sowie visionär begabte Mystiker und Mystikerinnen zur Seite traten.

Es fragt sich, inwieweit die diversen Heiligkeitsentwürfe geschlechtsspezifisch konnotiert waren. Glichen sich die Darstellungen heiliger Frauen und Männer weitgehend oder unterschieden sie sich in wesentlichen Punkten? Von der hagiographischen Intention her und in Anbetracht der grundsätzlichen spirituellen Egalität von Frauen und Männern dürfte eigentlich wenig Raum für abweichende Merkmale weiblicher und männlicher Heiligkeit vorhanden gewesen sein. Allerdings wurde vor allem in Spätantike und Frühmittelalter beim geistlichen Leben der männliche Maßstab angelegt. Asketische Bemühungen stellten einen Kampf dar, der mannhaft (*viriliter*)

Heiligkeit und Geschlecht

111

zu bestreiten war. Frauen als das vermeintlich schwächere Geschlecht waren dabei in dem Maß erfolgreich, in dem sie sich den Männern anglichen. Diese Vorstellung steht auch hinter dem noch im Spätmittelalter auftretenden Motiv der gottgeweihten Frau in Männerkleidung, die bis zu ihrem Tod in einem Männerkloster lebt, ohne dass ihr Geschlecht entdeckt wird. Ferner nahmen Viten, indem sie an gesellschaftliche Strukturen und ganz konkret an die gesellschaftliche Position der Heiligen anknüpften, Standes- und Geschlechterrollen auf. Die heilige Königin des Frühmittelalters etwa fördert bereits, bevor sie sich aus der Welt zurückzieht, aus ihrer herrschaftlichen Stellung heraus die Sache der Kirche und verkörpert zugleich das Vorbild der christlichen Ehefrau, die auf ihren Mann einwirkt. Beim heiligen Bischof wiederum muss sich adlig-männliche Herrschaftsfähigkeit mit asketischer Tugend paaren. Zu bedenken ist im Übrigen, dass die meisten überlieferten Frauen- und Männerviten von Männern verfasst wurden. Setzten Autorinnen im Rahmen der genretypischen Schreibweise andere Akzente als Autoren? Es bestehen kontroverse Ansichten darüber, ob weibliche und männliche Sicht- und Darstellungsweisen von Heiligkeit sich unterschieden. Diskutiert wird auch, inwieweit männliche Verfasser von Frauenviten Selbstaussagen ihrer Protagonistinnen verarbeiteten und überformten. Kennzeichnend für den heutigen Forschungsstand ist der weitgehende Mangel an geschlechtergeschichtlichen Untersuchungen zu Männerviten, während Frauenviten längst in größerer Zahl ausgewertet worden sind. Daher folgen an dieser Stelle nur erste vergleichende Überlegungen zu ausgewählten Aspekten.

Parallelen der Lebensläufe männlicher und weiblicher Heiliger Vom Grundschema und den Leitmotiven her ähneln sich viele Modelle männlicher und weiblicher Heiligkeit, die in Viten derselben Entstehungszeit und desselben Typs entworfen wurden. Eine Musterung der Lebensläufe zeigt weitgehende Parallelen. In der Regel bemühen sich die Hagiographen, ihren Heldinnen und Helden Heiligkeit vom Lebensanfang an zuzuschreiben. Das Kind geht aus der christlichen, möglichst keusch gelebten Ehe adliger, frommer Eltern hervor. Ein geläufiger Bestandteil der Heiligenbiographie ist das Motiv der vorgeburtlichen Erwählung: Die schwangere Mutter erfährt in einer Vision, dass sie eine Tochter oder einen Sohn gebären wird, die bzw. der für ein gottgeweihtes Leben ausersehen ist. Bereits als kleine Mädchen und Jungen verhalten sich die Heiligen, dem Topos des *puer senex* (greisen Knaben) entsprechend, unkindlich im Vergleich zu ihren Altersgenossen: ernsthaft statt verspielt, eifrig bei frommen Werken und im Gebet, bildungsbeflissen und begabt für höhere Studien. Ihre Eltern lassen ihnen eine sorgfältige Erziehung und Ausbildung zukommen. Sofern die Jugendlichen von ihren Eltern für den geistlichen Stand bestimmt werden, streben sie ohne Umwege ihrer künftigen Heiligkeit zu. Unter denen, die die Eltern für ein weltliches Leben samt Heirat vorsehen, widersetzen sich viele dieser Entscheidung. Das Motiv der Eheverweigerung ist in Viten sowohl heiliger Frauen wie Männer verbreitet, wobei es in Männerviten mit der Ablehnung einer weltlichen Karriere verbunden wird. Für beide Geschlechter erscheint Krankheit als eine Chance, sich entgegen dem elterlichen Willen „der Welt" zu entziehen. So beeinträchtigt eine Hautkrankheit den jungen Adligen Gerald von Aurillac (um 855–909) zwar in seinen sportlich-kriegerischen Übungen, nicht aber in seinem Studium der *litterae*. Die

Eltern beschließen daraufhin, ihn im Fall, dass er für weltliche Geschäfte untauglich sei, für ein kirchliches Amt ausbilden zu lassen. Gerald wird nach seiner Gesundung zwar kein Mönch bzw. Priester, bleibt aber unverheiratet. Auch Geralds Biograph, Abt Odo von Cluny (878/879–942), durchleidet als Jugendlicher eine lange Krankheit. Dank drei Jahre währender Kopfschmerzen entkommt er einer weltlichen Laufbahn samt Heirat und tritt mit 19 Jahren ins Kloster ein. Ob Heilige in Übereinstimmung oder in Auseinandersetzung mit den Eltern den geistlichen Weg einschlagen, hat weniger mit ihrem Geschlecht zu tun als mit unterschiedlich askeseorientierten Darstellungsabsichten der Hagiographen. Je nachdrücklicher eine weltverachtende Haltung und ein asketisch geprägter Heiligentyp propagiert werden sollen, desto radikaler wird die Lossagung von allen Bindungen gestaltet.

Viele Frauen – und manche Männer – gelangten erst über den Umweg der Ehe zur Heiligkeit. Bei ihnen sahen die Hagiographen sich vor das Problem gestellt, Ansprüche des Ehe- und Familienlebens mit asketischem Streben zu versöhnen. Einerseits sollten die Heiligen in dieser weltlichen Lebensphase ihre Pflichten als christliche Hausfrau, Ehefrau und Mutter mustergültig erfüllen, andererseits schon jetzt auf Enthaltsamkeit und Weltdistanz hinarbeiten. Die Ehe selbst qualifizierte nicht zur Heiligkeit, sondern diente im Idealfall der Vorbereitung auf den Lebensabschnitt, in dem nach der Verwitwung oder Trennung eine gottgeweihte Existenz realisiert werden konnte. Entsprechend zeichnen etliche Viten das Bild von Ehefrauen (und gelegentlich von Ehemännern), die das Ehebett so weit wie möglich zugunsten nächtlicher Gebetsübungen meiden und ihren Partner, nachdem die Ehe Kinder hervorgebracht hat, zu dauerhaftem Sexualverzicht überreden. Recht selten wurde eine kinderlose Ehe als keusche Josephsehe gedeutet, wie im Fall des Kaiserpaars Heinrich II. (973/978–1024, kanonisiert 1146) und Kunigunde (†1023, kanonisiert 1200).

Bei den Äußerungen von Heiligkeit gab es viele grundsätzliche Übereinstimmungen zwischen Frauen und Männern. Wunderheilungen zum Beispiel erwirkten sie, erfüllt von gottgegebener Kraft, auf gleiche Weise, indem sie Kranken die Hand auflegten, sie mit dem Kreuz bezeichneten, segneten und beteten. Sofern sie sich körperlich kasteiten, verwendeten sie die gleichen Techniken und Requisiten: Nahrungs- und Schlafentzug, Verzicht auf Bäder, Anlegung härener Gewänder und enger Eisenketten usw. Bevor im Spätmittelalter auch Nichtadlige in die Reihen der Heiligen aufgenommen wurden, waren Heilige fast ausnahmslos adlig. Diese vornehmen Frauen und Männer lehnten jedoch, selbst während sie am Königs- oder Adelshof lebten, für sich persönlich Prunk und Komfort ab, hielten sich beim Tafeln zurück und bevorzugten schlichte Kleidung sowie ein hartes Nachtlager. Die Aufzählungen der Dinge, auf die sie verzichteten – Geschmeide, feine Stoffe, Pelze, weiche Federbetten, Fleischspeisen – liefern realitätsnahe Einblicke, wie dem adligen Lebensstil verpflichtete Frauen und Männer sich üblicherweise ausstaffierten.

Ein feststehender Topos für die Charakterisierung von Heiligen beiderlei Geschlechts ist die Schönheit der äußeren Gestalt. Zeichen von Adel und religiöser Perfektion zugleich, zeigen vor allem die Gesichtszüge die Beschaffenheit des inneren Menschen an. Die Beschreibungen des exemplari-

übereinstimmende
Heiligkeitsmerkmale

schen Lebenswandels, der Charakterzüge und Tugenden der Heiligen orientieren sich in erster Linie am jeweiligen Heiligkeitstypus. Inwieweit Tugenden weiblich bzw. männlich konnotiert oder weitgehend austauschbar sind, müsste auf breiter Basis eingehend untersucht werden. Nachweislich wurden Tugendkataloge aus Männerviten in Frauenviten übernommen; möglicherweise gab es auch in anderer Richtung Entlehnungen. Sämtliche Viten schildern die Heiligen bemüht um fortwährende Vertiefung ins Gebet. Welche sonstigen Verpflichtungen auch immer sie in ihrem Wirkungskreis haben: Sie widmen sich intensiv geistlichen Übungen und Betrachtungen. Einen vorderen Platz unter den Tugenden nahm bei beiden Geschlechtern ferner die Demut ein, vermutlich weil durch sie der Gegensatz zum adelstypischen Anspruch auf Vorrang besonders deutlich markiert werden konnte. Insbesondere in der Bereitschaft zu „erniedrigender" körperlicher Arbeit manifestierte sich die Abkehr vom adligen Ehrbewusstsein. So wie die Königin Radegunde (um 520–587) nach ihrem Klostereintritt schmutzige und mühselige Küchenarbeiten verrichtete, übernahm auch Bernhard von Clairvaux niedrige körperliche Hilfstätigkeiten in Wald und Feld. Berufungen auf Bischofsstühle schlug er aus: „Mitra und Ring machten ihn nicht glücklicher als Haue und Hacke."

Bedeutung körperlicher Leiden

Ein fester Bestandteil der Lebensbeschreibungen war die Thematisierung körperlicher Leiden. Wenn heilige Frauen und Männer an Krankheiten litten, hatte das aus Sicht der Hagiographen einen tieferen Sinn. Hildegard von Bingen zum Beispiel wurde nach eigener Aussage aufs Krankenlager gezwungen, um gemäß göttlichem Befehl ihre Visionen mitzuteilen. Bernhard von Clairvaux wiederum, dem es nie „an dem Stachel eines körperlichen Gebrechens" fehlte, nachdem er seine Gesundheit durch unerbittliche Askese ruiniert hatte, „erfuhr daraus einen Zuwachs an Gnaden". Gegenüber körperfeindlichen Tendenzen der älteren Hagiographie setzten sich wertschätzende Haltungen stärker durch. Bei beiden Geschlechtern galt der Leib, gerade in seiner Hinfälligkeit, als Gefäß des starken und regen Geistes. Im Zusammenhang mit spätmittelalterlichen Praktiken von Männern und noch häufiger von Frauen, das Leiden Christi am eigenen Körper nachzuvollziehen, war umstritten, wie weit Vereinigungen im Schmerz (nach heutiger Auffassung Selbstverletzungen und -verstümmelungen) betrieben werden durften.

Sterben und Tod als Höhepunkt des Heiligenlebens

Das Sterben und der Tod der Heiligen werden samt den damit einhergehenden Vorzeichen und Wundern als Vollendung eines vorbildlichen Lebens stets ausführlich beschrieben, ist doch der Eingang ins Himmelreich Ziel und Höhepunkt ihrer Existenz. Auf dem Sterbebett offenbart sich zweifelsfrei die Erwähltheit der heiligen Frauen und Männer. Dabei heben die Hagiographen oft noch einmal besonders herausragende Qualitäten ihrer Protagonisten hervor. Das kann die asketische Leistung sein wie bei Gertrud von Nivelles († 659), die, bevor sie völlig ausgezehrt stirbt, entgegen adligen Bestattungsbräuchen anordnet, dass sie in ihrem Bußgewand und mit einem einfachen Tuch als Kopfbedeckung ohne allen Prachtaufwand begraben werden soll. Oder die der Keuschheit dienende Schamhaftigkeit springt ins Auge wie bei Gerald von Aurillac: Als sein Leichnam zum Waschen entkleidet ist und die Diener ihm die Hände auf die Brust legen wollen, streckt sich blitzschnell sein rechter Arm, so dass die Hand seine Genitalien bedeckt. Um Weiblichkeit bzw. Männlichkeit geht es im Moment des Todes explizit bei den heiligen Frauen, die als Mann verkleidet unter Mönchen gelebt haben: Sie werden postum als Frauen identifiziert.

Deuten die Lebensläufe vorwiegend auf Gemeinsamkeiten der Heiligkeitskonzepte hin, so zeichnen sich bei einzelnen Typen und Motiven geschlechtsspezifische Tendenzen ab. Es ist umstritten, inwieweit Modelle weiblicher Heiligkeit in besonderem Maß die *vita contemplativa* propagierten. Nimmt man an, dass die gesellschaftlichen und kirchlichen Handlungsspielräume von Frauen generell begrenzter waren als die von Männern und dass zudem die Klausur das Leben in Frauenkommunitäten bestimmte, so wird man eine kontemplative Ausrichtung in Frauenviten erwarten. Allerdings gab es, entsprechend der unterschiedlichen Merkmale, mit denen die Typen der heiligen Königin, der heiligen Äbtissin, der heiligen Klosterfrau usw. ausgestattet waren, eine große Spannbreite der Darstellungen, was Führungsrollen in Welt und Kirche, kirchenpolitische Aktivitäten und fromme Werke sowie den Rückzug in die Innerlichkeit betraf. Das Spektrum reichte von der im Stil gallischer Bischöfe agierenden Genovefa (um 420–502) über die tatkräftigen frühmittelalterlichen Klostergründerinnen bis zu den spätmittelalterlichen Religiosen. Deren Bild schwankte zwischen der Festlegung auf eine nach innen und den eigenen Körper gerichtete Versenkung in mystische Erlebnisse einerseits und der (Selbst-)Wahrnehmung als aktiv nach außen wirkende Prophetinnen und Apostelinnen andererseits, wie etwa das Beispiel der Katharina von Siena (1347–1380) zeigt. Es war weitgehend eine Frage der Publikumsorientierung, mit welchen Zügen von Aktivität und Kontemplation eine weibliche Heilige versehen wurde. So führte Dorothea von Montau (1347–1394) der volkssprachlichen Bearbeitung ihrer Vita zufolge vor ihrem Lebensausgang als Inkluse ein aktives Leben als Ehefrau und Mutter, das der Bevölkerung Preußens ein Vorbild bot. Die lateinische Vita prima, die für Theologen und den Kanonisationsprozess verfasst wurde, konzentrierte sich hingegen auf ihr inneres Erleben im Rahmen einer *vita contemplativa*.

Als ein frauenspezifischer Heiligentypus gilt die Jungfrau (*virgo Christi*). Das Jungfräulichkeitsideal, in der Spätantike entwickelt im Zusammenhang mit asketischen Lebensformen, bezog sich eigentlich auf beide Geschlechter, wie auch der Begriff *virgo* Männer und Frauen bezeichnete. Im Frühmittelalter machten jedoch vor allem Frauenviten daraus ein Modell weiblicher Vollkommenheit. Als ideale Interzessorin und Verkörperung weiblicher Adelsheiligkeit diente die Jungfrau vornehmer Abkunft den religiösen Interessen, die adlige Familien zu Klostergründungen bewogen. Als Prototyp ist Gertrud von Nivelles zu sehen. Sie wurde von ihrer Mutter Itta († 652), nachdem diese das Kloster Nivelles gegründet hatte, als Äbtissin eingesetzt, zog sich von der Leitung jedoch zurück, um sich gänzlich religiösen Aufgaben hinzugeben. Es bleibt zu untersuchen, welche Bedeutung die Jungfräulichkeit in männlichen Heiligkeitsbildern hatte. Gerald von Aurillac zum Beispiel wird als *virgunculus* (ein von *virgo* abgeleitetes Diminutiv) präsentiert, der seine Keuschheit trotz einer heftigen Anfechtung in der Jugend bewahrt und eine Heirat ablehnt. Dazu passend klingt das Motiv der Brautschaft Christi an: Nachdem Gerald gekostet hat, wie süß die Umarmung des himmlischen Bräutigams ist, verzichtet er um der Schönheit seiner Seele willen auf alle Fleischeslust. Sein Biograph Odo von Cluny verweist auf das

Modelle weiblicher Heiligkeit

Jungfräulichkeitsideal

Vorbild des heiligen Martin, um zu betonen, „daß nichts mit der Jungfräulichkeit zu vergleichen ist". Odo ging es offenbar, indem er Geralds jungfräuliche Unversehrtheit an Geist und Leib hervorhob, um einen Gegenentwurf zum sexuell aktiven adligen Mann. Nebenbei zeigt die Episode, in der der junge Gerald Lust auf ein unfreies Mädchen verspürt und sich umstandslos Zutritt zu ihm verschafft, wie selbstverständlich adlige Herren zu ihrer sexuellen Befriedigung auf abhängige Frauen zugriffen.

männliche Lust und
Keuschheit

Auch andere Männerviten attestieren ihren Helden von Jugend auf Liebe zur Keuschheit und lebenslange Unberührtheit. Im Gegensatz zu weiblichen Jungfrauen – diese verspüren bis auf wenige Ausnahmen keine sexuelle Begierde, die sie erfolgreich überwinden, sondern werden begehrt – müssen die Männer jedoch ihre Leidenschaft bezähmen. Bernhard von Clairvaux etwa sprang in einen eiskalten Teich, als er sich bei ausgiebigen Blicken auf eine Frau ertappte. Dank göttlicher Gnade erfror dabei „das Fieber fleischlicher Lust" ein für allemal in ihm, so dass ihm weitere Versuchungen nichts anhaben konnten. Ebenso anschaulich inszenieren auch andere Männerviten das siegreiche Ringen um Selbstbeherrschung. Anders als in Frauenviten mussten in der Darstellung männlicher Heiliger offensichtlich sexuelle Regungen mit Heiligkeit in Einklang gebracht werden. In diesem Zusammenhang verschweigen manche Autoren auch das Phänomen nächtlicher Samenergüsse nicht. Obwohl Pollutionen im Schlaf aus Sicht der Hagiographen natürliche, unwillkürliche Vorgänge sind, reagieren die heiligen Männer beschämt und betrübt, weil sie am folgenden Tag keine Messe feiern dürfen. Auch ein *homo laicus* wie Gerald von Aurillac, der in der Lebensführung Geistlichen nacheifert, zeigt entsprechende Zerknirschung: Nachdem ihm sein Kämmerer Handtuch, Wasserschüssel und frische Kleider ausgehändigt hat, reinigt er sich unter Tränen.

heilige Bischöfe

Der heilige Bischof war ein männlichen Adligen vorbehaltener Typ, der im Heiligenkosmos vor allem bis zum 11. Jahrhundert zahlreich und mit herausragenden Gestalten vertreten war. Eine spezifische Spannung erwuchs in Bischofsviten aus der Notwendigkeit, weltliche Machtfülle sowie herrschaftliche und geistliche Funktionen dieser Amtsträger zu vereinbaren. Einerseits mussten Bischöfe als adlige Männer charakterisiert werden, die ihren Geschäften – Regierung, Kriegsführung, Verwaltung, Jurisdiktion, Wirtschaftsführung, Repräsentation – körperlich und geistig gewachsen waren und diese mustergültig bewältigten. Andererseits durften sie ihre religiösen und seelsorglichen Pflichten nicht vernachlässigen. Als Geistliche sollten sie friedfertig und gewaltlos sein und weltlichem Luxus entsagen. Die Hagiographen bemühten sich um einen Ausgleich zwischen diesen beiden konträren Anforderungsprofilen. Dank ihrer adlig-männlichen Qualitäten – stattliche Erscheinung, fundierte Bildung, körperliche Beweglichkeit, Kraft, Mut – sind die Protagonisten für ihr kirchliches Amt gerüstet. Als Ausweis ihrer Tauglichkeit erscheint in etlichen Viten das Reiten. So unternahm Bischof Ulrich von Augsburg (wohl 890–973) Visitationsreisen im Wagen sitzend „nicht etwa deswegen, weil er nicht mehr hätte reiten können", sondern um sich, ungestört von seinen Begleitern, auf das Psalmengebet zu konzentrieren. Bei anderen Unternehmungen tat er sich als furchtloser Reiter hervor, der selbst im Winter einen Hochwasser führenden Fluss durchquerte – und dabei wundersamerweise trockene Filzschuhe behielt. Als die

Ungarn 955 Augsburg angriffen, verteidigte Ulrich hoch zu Ross, angetan mit der Stola, mit seinen Truppen erfolgreich die Stadt. Beim späteren Bischof Bernward von Hildesheim (ca. 960–1022), der als Junge die Hildesheimer Domschule besuchte, fand sogar ein Teil des Unterrichts zu Pferde statt: „Oft verbrachten wir, während wir zu Pferd unterwegs waren, ganze Tage im Studium, bald lesend – wobei wir nicht weniger Lesestoff bewältigten, als wenn wir zuhause in der Schule gewesen wären –, bald dichtend und mit Versen scherzend", schrieb sein Lehrer rückblickend.

Ein Problem warf die Darstellung des Bischofs als Kriegsmann und Exekutor physischer Gewalt auf, auch wenn sich die Bewertungen seiner Waffengewalt je nach Zeitstellung und Kontext wandelten. Die Hagiographen mussten die bewaffnete Kriegsführung, die den Kirchenmännern im Rahmen von Stadtherrschaft und Reichsdienst oblag, legitimieren, damit sie der Heiligkeit keinen Abbruch tat. Die Ulrichsvita präsentiert den Bischof bei der Ungarnabwehr ungeschützt durch Schild, Harnisch und Helm und suggeriert damit, dass er unbewaffnet war. Erzbischof Brun von Köln (925–965), der zeitweilig gemeinsam mit seinem Bruder Otto I. (912–973) das Reich regierte, kämpfte im Krieg und bestrafte Aufrührer notfalls mit dem „Brenneisen". Um den vorhersehbaren Einwand zu entkräften, „wieso ein Bischof Politik getrieben und sich mit dem gefährlichen Kriegshandwerk befaßt habe, obwohl er doch nur die Sorge für die Seelen übernommen habe", versichert sein Biograph, Brun habe auf eben diese Weise wirksam für Frieden gesorgt. Auch andere heilige Männer wurden zu Friedensstiftern stilisiert, sofern sie nach biblischen Vorbildern wie Abraham und David mannhaft (*viriliter*) um der gerechten Sache willen ihre Gegner kriegerisch bekämpften und dem Prinzip der *militia Christi* nachlebten. Daneben gab es aber auch Darstellungen von Kirchenmännern, die auf jegliche Gewaltanwendung verzichteten und geradezu den Tod als Märtyrer ersehnten. Die spezifische Verbindung von Gewalt und Friedensliebe scheint ein Merkmal des von Bischöfen repräsentierten Modells adlig-männlicher Heiligkeit zu sein. Als weiblicher Gegenentwurf erscheint in dieser Hinsicht die heilige Herrscherin, die durchgehend als Friedensstifterin und Fürsprecherin, die Begnadigungen bei Todesurteilen erwirkt, gewürdigt wird. Vereinzelt schimmert freilich auch hier unter christlichem Vorzeichen der adlige Gewaltanspruch durch, etwa bei der Königin Radegunde, die im 6. Jahrhundert ein heidnisches Heiligtum zerstören lässt und deren Dienerin wundersamerweise mit schmerzhaften Verbrennungen bestraft wird, als sie sich nach Radegundes Tod auf deren Stuhl zu setzen wagt. Diese Facette wirkte allerdings im Gegensatz zu anderen Qualitäten Radegundes nicht traditionsbildend für spätere Königinnenviten.

3. Politik, Macht und Herrschaft

Wie königliche und adlige Herrschaft im Mittelalter organisiert war, wie sie praktiziert wurde und worauf sie beruhte, ist traditionell ein zentrales Thema politikgeschichtlicher Forschung. Auf diesem Arbeitsfeld haben sich

neue Sichtweisen und Erkenntnisse

117

gegenüber der älteren Fokussierung auf „große Männer" und der eher an Strukturen als an handelnden Menschen orientierten Geschichtswissenschaft, die in den 1970er-Jahren dominierte, neue Sichtweisen durchgesetzt. Demnach war die mittelalterliche Herrschaftspraxis geprägt durch persönliche Bindungen, durch die Notwendigkeit, Konsens zu erzielen, und den daraus resultierenden Anspruch auf Teilhabe, durch die Ritualisierung und repräsentative Ausgestaltung politischen Handelns. Der Perspektivenwechsel ließ Akteure, Gruppen und Personenverbände hervortreten in ihren Wechselbeziehungen, mit ihren variablen Kommunikations- und Handlungsstrategien; die Dynamik von Machtverhältnissen zu erfassen wurde wichtiger, als vermeintlich festgefügte Institutionen und Ordnungen zu analysieren.

Dieses neue Herangehen hat seither auch die Bemühungen bestimmt, die politischen Aktivitäten von Frauen und von Männern in ihren antagonistischen oder komplementären Wechselwirkungen sowie die Bedeutung des Faktors gender in Herrschaftszusammenhängen genauer zu erkennen. Bevor sozialanthropologisch und geschlechtergeschichtlich orientierte Ansätze zueinanderfanden, wurde politische Herrschaft weitgehend als Männerdomäne aufgefasst, ohne dass die Frage des Geschlechts der Agierenden thematisiert wurde. Von Regentinnen abgesehen, die anstelle ihrer unmündigen Söhne die Herrschaft führten, schienen Frauen hauptsächlich „informelle Macht" kraft ihres persönlichen Einflusses auszuüben. Mit dem Wegfall der Dichotomien „öffentlich" versus „privat", institutionalisierte Herrschaft versus informelle Macht und mit der Hinwendung zu Personenverbänden wurde der Blick frei dafür, dass Frauen und Männer der Führungsschichten vor allem Funktionen innehatten, die der Machtbildung und Herrschaftssicherung ihrer Familie bzw. Dynastie dienten. Ausschlaggebend dafür, welche Aufgaben sie übernahmen und inwieweit sie dadurch an der Herrschaft beteiligt wurden, waren mehrere Faktoren wie Geschlecht, Generationenzugehörigkeit, Geschwisterfolge, Alter, persönliche Eignung und politische Konstellationen. Die Strategien der Machtbehauptung sahen vor, dass Rollen sich sowohl komplementär ergänzten als auch flexibel austauschbar waren. So wurden Frauen trotz ihrer prinzipiellen Lehnsunfähigkeit belehnt, und die weibliche Lehnsnachfolge konnte ausgehandelt werden. Töchter wurden, wenn Söhne fehlten, zu Erbinnen bestimmt und gaben die Herrschaft an ihre Nachkommen weiter. Die Bedeutung der kognatischen Verwandtschaft scheint sich entgegen Thesen, dass sich agnatische Strukturen durchsetzten, erhalten zu haben. Familienmitglieder im geistlichen Stand mehrten als Äbtissinnen oder Bischöfe in zentralen Positionen geistlicher und weltlicher Macht die Herrschaft ihrer Familie ebenso wie verheiratete, für Nachwuchs sorgende Angehörige. Da politische Bündnisse durch Eheabsprachen gefestigt wurden, waren sowohl Töchter wie Söhne wertvolles „Kapital" für Regenten, die ihre Netzwerke ausbauen wollten. Auch angesichts der Sorge um den Thronerben, die als „das beständigste Thema der mittelalterlichen Herrschergeschichte" (Bernd Schneidmüller) gilt, war der generative Erfolg von Herrscherpaaren ausschlaggebend für das politische und dynastische Überleben. Während ältere Studien einseitig die Aufgabe herrscherlicher Ehefrauen, Kinder zu gebären, hervorhoben (und darin den eigentlichen weiblichen Beitrag zum Herrschaftserhalt sahen), wird heute unterstrichen, dass ebenso der Herrscher „generative

Potenz" beweisen musste. Die anthropologisch-geschlechtergeschichtliche Perspektive hat des Weiteren verdeutlicht, dass sowohl Frauen wie Männer in ihren verschiedenen Lebensphasen im Herrschaftsgefüge unterschiedlich stabil positioniert waren und mal über mehr, mal über weniger Macht verfügten. Eingehend untersucht wurde vor allem der ambivalente Status von Witwen zwischen Macht und Ohnmacht. Genossen sie bei günstigen familialen und politischen Konstellationen weitreichende Mitspracherechte und Herrschaftsbefugnisse über ihr Wittum hinaus, so mussten sie doch damit rechnen, aus dem Zentrum der Macht verdrängt zu werden. Auf Seiten der Männer war die Stellung minderjähriger Söhne schwach. In der Merowingerzeit liefen Königssöhne Gefahr, von herrschenden Onkeln und Stiefmüttern beseitigt zu werden, in späteren Jahrhunderten, als der Wahlgedanke gegenüber dem Erbprinzip an Gewicht gewann, musste ihre Nachfolge mit den Großen des Reichs ausgehandelt werden. Königs- und Fürstensöhne waren zudem, solange die Primogenitur sich nicht durchgesetzt hatte, von der väterlichen bzw. elterlichen Entscheidung abhängig, sie zu Nachfolgern aufzubauen oder von der Herrschaft auszuschließen. Gefährdet war auch die Herrschaft von Männern, deren Regierungsfähigkeit aufgrund von schwerwiegenden gesundheitlichen Beeinträchtigungen infrage gestellt wurde.

a) Könige – Königinnen – Königspaare

Die Geschichte des europäischen Königtums ist seit den 1990er-Jahren in etlichen Studien fortgeschrieben worden, die zunächst den prominenten männlichen Herrschergestalten einzelne herausragende Königinnen und Kaiserinnen gegenüberstellten und dann daran gingen, systematisch die Stellung von Herrscherinnen im Verfassungsgefüge, ihre Machtgrundlagen und Handlungsfelder sowie ihr Agieren im politischen Kräftespiel zu analysieren. Dieser Ansatz vertiefte, indem er Frauen ins Bild integrierte, das Wissen darum, wie mittelalterliche Königsherrschaft insgesamt funktionierte. Dem Ziel, darüber hinaus eine Geschichte des „Königinnentums" (queenship) bzw. des „weiblichen Herrschertums" (female rulership) zu schreiben, stehen vergleichsweise dürftige historiographische Nachrichten im Weg. Von einzelnen Geschichtsschreiberinnen und -schreibern abgesehen, äußern sich die meisten mittelalterlichen Verfasser nicht ausführlich über Königinnen und Königstöchter. Dem lag eher die Konzentration auf männlich dominierte Politikbereiche zugrunde als eine ablehnende Haltung gegenüber der Herrschaftsausübung königlicher Frauen. Weibliche Herrschaft, die Führung der Reichsgeschäfte eingeschlossen, wurde – entgegen einigen ablehnenden Stimmen – grundsätzlich akzeptiert und, wenn sie aus Sicht des Autors erfolgreich war und der christlichen Ethik genügte, mit Lob bedacht. Das Maß für Herrscherqualitäten war freilich männlich, das heißt auch Frauen wurden danach beurteilt, ob sie „mannhaft" (viriliter) agierten. Positive Beschreibungen von Herrschaft, ob von Frauen oder Männern ausgeübt, enthielten weitgehend übereinstimmende Attribute wie Friedensliebe, Gerechtigkeit, Frömmigkeit, Milde und Freigebigkeit (vgl. S. 49). Selbst das Epitheton utilis (tüchtig), der Schlüsselbegriff herrscherlicher Befähigung schlechthin, war nicht Männern vorbehalten, wie das Beispiel der

Herrscherqualitäten von Frauen und Männern

119

Königin Bilichilde († 609/610) zeigt. Persönliche Tapferkeit war zwar vor allem eine männliche Qualität, doch auch eine fähige Herrscherin musste wehrhaft gegen Ungerechtigkeit und Ungesetzlichkeit vorgehen können. Kaiserin Theophanu (ca. 960–991) zum Beispiel, die für den unmündigen Otto III. (980–1002) regierte, „wahrte ihres Sohnes Herrschaft mit männlicher Wachsamkeit in ständiger Freundlichkeit gegenüber Rechtschaffenen, in furchtgebietender Überlegenheit gegenüber Aufsässigen". In seiner Würdigung räumt Thietmar von Merseburg (975–1018) zwar ein, dass Theophanu „vom schwachen Geschlecht" sei; er spricht ihr jedoch die gleichen Eigenschaften wie einem männlichen Herrscher zu, indem er andeutet, dass sie neben friedlicher Binde- und Integrationskraft auch über die (militärischen) Mittel verfügte, Schrecken (*terror*) zu verbreiten. Ob der persönliche Kriegseinsatz auf dem Schlachtfeld als ein traditionell männlich konnotiertes Element tatsächlich so entscheidend für die erfolgreiche Durchsetzung von (früh)mittelalterlicher Herrschaft war wie gemeinhin angenommen, erscheint vielen Historikerinnen fraglich. Zweifellos verkörperte der ideale Herrscher in Zeiten, in denen Krieg zur Alltagserfahrung gehörte, gleichermaßen den Friedensstifter wie den Kriegshelden. Dies gilt im weiteren Sinne ebenso für die Herrscherin, denn die Fähigkeit, mit Waffengewalt Feinde abzuwehren, Schutz zu gewähren, Frieden und Konsens zu erlangen, umschloss auch die militärische Befehlsgewalt, wie sie von Frauen ausgeübt wurde. In der Regel wurden weder die Kriegsführung noch die Friedensvermittlung einseitig männlichen oder weiblichen Herrschern zugeordnet – es sei denn in polemischer Absicht wie bei dem Kirchenreformer Bonizo von Sutri († vor 1099): Er erklärte Krieg und Waffenwesen zum eigentlichen Handwerk der Regierenden und wandte sich gegen die Regentschaft von Frauen, da diese doch Friedensfreundinnen seien.

unterschiedliche Grundlagen des Königtums von Frauen und Männern

Das Königtum von Männern und Frauen beruhte auf unterschiedlichen Grundlagen. Ein Mann aus königlicher oder adliger Familie wurde kraft Erbschaft und Wahl zum König. Während des ganzen Mittelalters erhielt demgegenüber die Königin ihren Status über ihre Heirat, das heißt ihr Königtum, abgeleitet von dem ihres Mannes, war verknüpft mit ihrer Familienrolle als Ehefrau und Mutter. Diese Bindung verlieh dem „Königinnentum" doppeldeutige Züge von Autorität und Abhängigkeit. Mochte die Königin auch einer vornehmen und einflussreichen Familie entstammen und umfangreichen Besitz in die Ehe bringen, also gewissermaßen „von Haus aus zur Herrschaft geboren sein", so musste sie doch vor allem ihre Position als Ehefrau stärken, wenn sie ihr Königtum machtvoll ausgestalten wollte. Sicherheit erwuchs ihr vor allem aus Geburten. An den umfänglichen Besitzschenkungen von Königen an ihre Ehefrauen, nachdem diese Kinder geboren hatten, erweist sich die Zunahme von Einfluss, Macht und Herrschaftsrechten, die die Königin sozusagen als „Mehrerin des Reichs auf generativem Weg" erhielt.

Rahmenbedingungen königlicher Herrschaft

Das Königtum im fränkischen und späteren römisch-deutschen Reich wird durch eine Reihe dynastischer Zäsuren markiert: Auf eine ausnehmend lange Phase dynastischer Kontinuität unter den Merowingern vom 5. bis 8. Jahrhundert und die relative Dauer der karolingischen, ottonischen, salischen und staufischen Königsherrschaft folgten raschere dynastische Wechsel im Spätmittelalter. Wie sich die Rahmenbedingungen königlicher Herrschaft im Lauf des Mittelalters veränderten, welche vielschichtigen Prozesse des Wandels die Stellung des Königs und der Königin tangierten, kann im Folgenden nur mit einigen Stichworten angedeutet werden.

Christliche Sakralisierung des Königtums seit dem 8. Jahrhundert
Im Zuge der „Verkirchlichung des Thronerhebungsaktes" (Franz-Rainer Erkens), als der karolingische Hausmeier Pippin der Jüngere (714/715–768) 751 den Merowingern die Königsherrschaft abnahm, wurde die kirchlich-sakrale Legitimation der Königsherrschaft neu akzentuiert. König und Königin erhielten im Zusammenhang mit der Krönung eine Salbung, die sie sakral überhöhte, und verwendeten in ihrer Titulatur die *Dei gratia*-Formel („König von Gottes Gnaden", „Königin von Gottes Gnaden"). Waren sie hinsichtlich dieser Dignität eigentlich prinzipiell gleichgestellt, so entfaltete sich doch die sakrale Dimension des Königtums in der Gestalt des männlichen Königs auf besondere Weise. Allein er figurierte als Gottesstellvertreter (*vicarius Dei, vicarius Christi*), und nur mit ihm verband sich die archaische, christlich überformte Vorstellung einer besonderen herrscherlichen Begabung, durch Berührung Gesundheit und Fruchtbarkeit zu erwirken. Die Königin war darin insofern einbezogen, als die Fruchtbarkeit der königlichen Ehe mit dem allgemeinen Gedeihen korrespondierte. Im Mainzer Krönungsordo von 960 wurde Gottes Segen für ihre Fruchtbarkeit erbeten „zur Zierde des ganzen Reichs sowie zu Führung und Schutz der Stellung der heiligen Kirche". Die Vorstellung, es gebe neben dem sterblichen physischen königlichen Körper ein unsterbliches *corpus mysticum*, galt für sie nur einschränkt.

Verhältnis König – Papst – Episkopat
Königtum und Papsttum gingen im Zuge des Dynastiewechsels von den Merowingern zu den Karolingern im 8. Jahrhundert eine enge Verbindung ein, die mit der Krönung Karls des Großen durch den Papst in Rom (800) das westliche, seit dem 10. Jahrhundert mit dem deutschen Königtum verbundene Kaisertum wiederentstehen ließ. Im 11. Jahrhundert ergab sich eine grundsätzliche Auseinandersetzung über die Führungsrolle von Papst oder Kaiser in der Christenheit, die im Investiturstreit kulminierte. Dem nunmehr zu den „Laien" gerechneten König wurde das Recht abgesprochen, weiterhin die Bischöfe in die Kirchen des Reichs mit einem Ritual einzusetzen, das seine theokratische Legitimation dokumentierte. Der König verlor zwar nicht seinen Einfluss auf die Bistumsbesetzungen, und der Episkopat erhielt später wieder seine vormalige Funktion als Stütze der Königsmacht. Der priesterliche Charakter des Herrschers war indessen beeinträchtigt. Ob auch Königinnen die Investitur vornahmen, lässt sich nicht eindeutig nachweisen. Während die Mitsprache der königlichen Ehefrau bei Bistumsbesetzungen im hohen Mittelalter bezeugt ist und einige Bischofserhebungen der Jahre 984 bis 994, als Otto III. minderjährig war, wohl auf die Initiative der Regentinnen Theophanu und Adelheid (um 931–999) zurückzuführen sind, fehlen Belege für die Investiturhandlung selbst. Einerseits erscheint es „vor allem aufgrund des geistlichen Symbolgehalts zumindest fraglich" (Amalie Fößel), dass Frauen den gewählten Bischof durch die Übergabe von Hirtenstab und Ring in sein Amt einsetzten. Andererseits gingen Zeitgenossen offenbar davon aus, dass Frauen dieses Herrschaftsrecht ausübten. So wandte sich der Kir-

chenreformer Humbert von Silva Candida († 1061) kurz vor 1060 explizit dagegen, dass „weltliche Frauen" (*laicae feminae*) solche Investituren durchführten, und das erste ausdrückliche Investiturverbot für Könige, erlassen bei der Herbstsynode in Rom 1078, verfügte, „daß kein Kleriker die Investitur in ein Bistum, eine Abtei oder Kirche aus der Hand des Kaisers, des Königs oder irgendeines Laien, sei es Mann oder Frau, entgegennimmt".

Von der Reichsteilung zur Einheit des Reichs
Vom 6. bis zum 9. Jahrhundert teilten die merowingischen und karolingischen Könige das Frankenreich unter ihren Söhnen auf. Im 10. Jahrhundert wurden in den Reichen, die das einstige fränkisch-karolingische Großreich abgelöst hatten – Frankreich, Burgund, römisch-deutsches Reich –, keine Teilungen mehr durchgeführt. Gegenüber der Auffassung, alle fähigen Söhne seien nachfolgeberechtigt und das Herrscheramt sei mit der königlichen Familie als Gesamtheit verknüpft, hatte sich das Prinzip durchgesetzt, die Herrschaft nur an einen Sohn weiterzugeben. Dies stärkte den Amtscharakter der Königsherrschaft. Mit der wachsenden Orientierung an Amt und Wahl, während das dynastische Prinzip zurücktrat, reduzierte sich zugleich auf lange Sicht die Bedeutung der königlichen Familie. So entfiel die Position der Regentin, die für ihren unmündigen Sohn die Geschäfte führte – tatsächlich folgte auf Kaiserin Agnes (um 1025–1077) keine regierende Königinmutter mehr.

Mitwirkung des Adels an der Reichsregierung
Während des ganzen Mittelalters war der König auf die Zusammenarbeit mit den weltlichen und geistlichen Großen angewiesen. Die Königin nahm zum einen während der Ehe daran aktiv Teil; ihre Einbindung ist gelegentlich aus vertraglichen Übereinkünften ersichtlich wie zum Beispiel bei der Dortmunder Gebetsverbrüderung von 1005 zwischen dem Kaiserpaar Heinrich II. und Kunigunde, zahlreichen Bischöfen sowie dem Herzog von Sachsen. Zum anderen regierten auch Königinmütter nicht anders als Könige gestützt auf adlige Netzwerke und loyale Anhänger – auch wenn dies zu stereotypen Diffamierungen wegen angeblich allzu vertrauter Beziehungen führte. Langfristig verschob sich das Kräfteverhältnis zwischen König und Adel zugunsten der Fürsten an der Spitze des Adels, die ihren Anspruch auf Teilhabe am Reich intensivierten. Die Fürsten bzw. im Spätmittelalter die Kurfürsten entschieden über die Nachfolge im Königsamt, nachdem das Wahlprinzip gegenüber dem Erbrecht den Vorrang gewonnen hatte. Der Ausbau fürstlicher Herrschaften und Geltungsansprüche sowie das Schrumpfen der materiellen Machtbasis des Königtums haben zu dem Urteil geführt, die Macht der spätmittelalterlichen Könige sei verfallen und König und Fürsten hätten sich dualistisch gegenübergestanden. Diesem Bild, das der politischen Wirklichkeit kaum gerecht wurde, stellen neuere Forschungen positivere Einschätzungen entgegen, was die Bemühungen spätmittelalterlicher Regenten anbelangt, mit zeittypischen politischen Mitteln und in Kooperation mit den Fürsten das Reich als Oberhaupt zu leiten. Bisher wurde nicht übergreifend untersucht, wie sich im Übergang zum Spätmittelalter Veränderungen der Reichsverfassung und der politischen Kräftekonstellationen auf die Herrschaftsausübung der Königin und die

Qualität des „Königinnentums" auswirkten. Erste biographische Skizzen ergeben ein ambivalentes Bild. Einerseits wurden anscheinend die reichspolitischen Handlungsspielräume der Königin in dem Maße geschmälert, in dem die Reichsfürsten an Gewicht gewannen und das Königtum auf der Hausmacht beruhte. Nach dem gegenwärtigen Forschungsstand gebot die Königin nicht mehr in dem Maß wie vorher über eigene Aufgabengebiete, und ihr Handlungsrahmen verengte sich von der Reichsebene auf Gebiete, in denen sie erbrechtlich begründete Herrschaftsansprüche hatte. Andererseits behauptete sich zumindest eine Herrscherin, Königin Barbara von Cilli (1390/95–1451), zeitweilig durchaus im reichspolitischen Geschehen, indem sie im Team mit ihrem Mann, Kaiser Sigmund (1368–1437), agierte.

Mobilität und Präsenz
Die Königsherrschaft im römisch-deutschen Reich wurde während des ganzen Mittelalters reisend ausgeübt, da die Anwesenheit des Herrschers erforderlich war. Selbst im Spätmittelalter gab es keine „Hauptstadt", wenngleich die Könige Residenzen einrichteten, in denen Teile des Hofs ortsfest wurden. Itinerarforschungen haben ergeben, dass Königspaare – mit großen individuellen Unterschieden – sowohl gemeinsam als auch getrennt unterwegs waren. Sofern die Königin den König begleitete, manifestierte sich „im steten Umherziehen [die] Gegenwart des Königspaares als Ausdruck gemeinsamer politischer Herrschaft" (Amalie Fößel). Interventionen in Urkunden geben Zeugnis davon, dass die Königin in physischer Nähe zum König und gemeinsam mit ihm politisch tätig war. Daneben nahmen König und Königin aber auch arbeitsteilig Aufgaben wahr, denen sie auf eigenen Reisewegen nachgingen. Das Reiseverhalten spätmittelalterlicher Königinnen ist noch unzulänglich erforscht. Ob der Befund, Königinnen seien im Spätmittelalter vor allem in repräsentativer Funktion unterwegs gewesen, zutreffend als ein Verlust an politischem Gewicht zu deuten ist, erscheint fraglich. Schließlich war die repräsentative Inszenierung ein Kennzeichen des spätmittelalterlichen Politik- und Herrschaftsstils.

Der Überblick über Strukturbedingungen soll durch einige Bemerkungen zu ausgewählten Zeitabschnitten ergänzt werden. Die merowingische und die ottonisch-salische Königsherrschaft stellten in den vergangenen Jahren bevorzugte Felder der frauen- und gendergeschichtlich orientierten Königtumsforschung dar. Das Prinzip der Familienherrschaft bzw. die enge Verflechtung von Familien- und Machtkonstellationen zeichnet sich für diese Phasen deutlich ab, die historiographische Überlieferung berücksichtigt nicht einseitig die männlichen Regenten, sondern auch andere Angehörige der herrschenden Dynastie, und Frauen treten ebenso wie Männer als machtvolle bzw. machtstrebende Herrschaftsträger(innen) hervor. Während es hinsichtlich der Handlungsspielräume der Karolingerinnen, zumal im Vergleich zu denen der Merowingerinnen, in der Forschung widersprüchliche Ansichten gibt, bestimmten nach einhelliger Meinung die königlichen Ehefrauen und Witwen in der vorangehenden und folgenden Zeit die Politik entscheidend mit. Die Rolle des „Königinnentums" für die Königsherrschaft im spätmittelalterlichen Reich bleibt angesichts der derzeit bestehenden Forschungslücken im Folgenden ausgeklammert.

merowingische
Könige und
Königinnen

Bei der Herrschaft der merowingischen Könige und Königinnen verbanden sich Machtfülle und Verletzlichkeit in einer Weise, die ihr Königtum gegenüber späteren Dynastien abhob. Die Merowinger waren „Könige aus eigener Kraft" (Patrick Geary), die keine kirchlich-religiöse Legitimation benötigten und deren Wahl durch die Großen des Reichs lange Zeit dank ihrer Familienzugehörigkeit garantiert war. Selbst nachdem die Könige gegen Ende des 7. Jahrhunderts gegenüber verschiedenen Adelsgruppierungen, die in ihrem Namen um die politische Vorherrschaft rangen, ihre eigenständige Rolle weitgehend verloren hatten, ließ sich erst 751 der Hausmeier Pippin der Jüngere zum König erheben – legitimiert mit einer Salbung und nachdem er sich beim Papst vergewissert hatte, „es sei besser, den als König zu bezeichnen, der die Macht habe, als den, der ohne königliche Macht blieb" (Fränkische Reichsannalen). Gewalttätige Auseinandersetzungen zwischen den Familienmitgliedern und deren Anhängern bedrohten jedoch jederzeit das Leben der Frauen und Männer, die regierten bzw. die Herrschaft beanspruchten. Den merowingischen Söhnen „wuchs die Königsherrschaft kraft ihrer Sohnschaft erblich zu" (Brigitte Kasten). Für ihre Nachfolge war daher die Anerkennung der Sohnschaft seitens des Vaters ausschlaggebend; dagegen spielten väterliche Erbverfügungen, eheliche Geburt und der rechtlich-soziale Status ihrer Mutter – unfrei oder frei, Ehefrau oder Konkubine – keine Rolle. Denn bei der Wahl ihrer Partnerinnen waren die Merowinger freier als spätere Könige: Sofern sie nicht durch die Eheschließung mit Königstöchtern benachbarter Reiche ihre Bündnissysteme ausbauten, heirateten sie unfreie Mädchen ebenso wie Töchter vornehmer Familien. Sie praktizierten Polygynie, hatten neben ihren Ehefrauen Konkubinen und trennten sich nach Belieben von ihren Gefährtinnen.

gewaltsam ausgetragene Konflikte

Das Prinzip, das Reich unter den Söhnen aufzuteilen, führte zu erbitterten Auseinandersetzungen und Kriegen, da nach erfolgter Teilung die Brüder ihre Konkurrenten beseitigen und deren Teilreich vereinnahmen wollten. Auch Vater-Sohn-Konflikte und andere Familienstreitigkeiten wurden gewaltsam ausgetragen. Es gab zwar Versuche, Rivalen durch eine erzwungene Klerikalisierung bzw. Einweisung ins Kloster auszuschalten. Das Selbstverständnis der Familie ließ jedoch nicht zu, dass die männlichen Mitglieder für sich eine kirchliche Karriere als Alternative zur weltlichen Herrschaft akzeptierten (während etliche Königinnen, manche allerdings infolge ihrer Verdrängung von der Macht, den Weg ins Kloster einschlugen). Bezeichnend dafür ist eine Episode bei Gregor von Tours mit der Königinwitwe Chrodechilde († 544) im Mittelpunkt, die ihren unmündigen Enkeln die Herrschaft gegen die Ansprüche zweier ihrer Söhne sichern wollte. Als Chrodechilde bei einem Überfall vor die Alternative gestellt wurde, die Jungen durch das Scheren der langen Merowingerlocken herrschaftsunfähig und zu Klerikern machen oder sie töten zu lassen, soll sie ausgerufen haben, sie wolle sie, wenn sie denn nicht zur Herrschaft erhoben würden, „lieber tot als geschoren sehen". Der einzige Enkel, der lebend davon kam, schor sich selbst zum *clericus* und spielte danach politisch keine Rolle mehr.

Risiken und
Chancen der Ehe
mit dem König

Das Eheverhalten der Könige implizierte ein beträchtliches Maß an Unsicherheit für die Königinnen. Sie mussten damit rechnen, vom Hof entfernt bzw. verstoßen zu werden, und hatten, sofern sie niederer Herkunft waren, keine starke verwandtschaftliche Rückendeckung. Im Übrigen war selbst eine Königstochter nicht vor Übergriffen geschützt. Die westgotische Prinzessin Galswintha († ca. 567) wurde von ihrem Ehemann, König Chilperich († 584), so schlecht behandelt, dass sie ihn bat, er möge ihre mitgebrachten Schätze behalten, sie selbst aber frei in ihre Heimat zurückkehren lassen. Als Chilperich sie auf Betreiben einer Konkubine ermorden ließ, zog sein Halbbruder König Sigibert († 575) in den Krieg gegen ihn. Dahinter stand Sigiberts Ehefrau, Königin Brunichilde († 613), eine Schwester Galswinthas, die deren Tod rächen wollte.

Den Risiken der königlichen Ehe stand die Möglichkeit gegenüber, mit der Heirat aus der Unfreiheit zur Königin aufzusteigen. Mehrere merowingische Königinnen hatten vormals als Magd oder Sklavin Dienste verrichtet. Die königlichen Ehefrauen konnten, selbst wenn sie keine Mitgift mitbrachten, umfangreichen Besitz zusammentragen und politisch nutzen. Sie hatten Zugriff auf den *fiscus*, das „Staatsgut", erhielten reiche Geschenke und verfügten über einen separaten Königinnenschatz neben dem Königsschatz. Der Hort, neben dem Heer ein Grundpfeiler frühmittelalterlicher Machtausübung, erleichterte es, Anhänger im Rahmen wechselseitigen Schenkens zu binden.

Zu Lebzeiten des Königs gewann die Königin politisches Gewicht, indem sie, eingebunden in Beziehungsnetze und ausgestattet mit einem eigenen Hofstaat, sowohl eigenständig agierte – dafür sprechen mehrere erhaltene Königinnensiegelringe – als auch gemeinsam mit ihrem Mann (zum Beispiel bei Kloster- und Kirchengründungen durch Königspaare). Sie bestimmte die Haltung und Entscheidungen des Königs mit, wie Interventionen in Urkunden bezeugen. Generelle Aussagen über den Umfang ihrer Befugnisse und Mitwirkung sind nicht möglich. Die erzählenden Quellen geben eher episodenhaft zu erkennen, wie überaus energisch und durchsetzungsfähig einige Frauen handelten. Königin Chrodechilde etwa engagierte sich erfolgreich dafür, dass König Chlodwig († 511) das katholische Bekenntnis annahm, und hatte somit aktiv Teil an der Einleitung des Christianisierungsprozesses. Königin Fredegunde († 597) setzte während einer Seuche bei König Chilperich den Verzicht auf Besteuerung durch in der Hoffnung, für diesen Akt der Gerechtigkeit werde Gott im Gegenzug das Leben ihrer Söhne verschonen. Auf das Gerücht hin, ihre Söhne seien das Opfer von Zauberei geworden, ließ sie mehrere Personen foltern und hinrichten. Bei der Verheiratung ihrer Tochter nach Spanien ins westgotische Königshaus brachte Fredegunde neben der von Chilperich gegebenen Mitgift „eine ungeheure Menge Gold, Silber und Kleider herbei, so daß der König bei diesem Anblick meinte, er behalte nichts übrig". Den Unmut des Königs und der Großen beschwichtigte sie, so Gregor von Tours, mit der Aussage, sie habe alles von ihrem erworbenen und geschenkten Eigentum und nicht etwa vom „Staatsschatz" (*de thesauris publicis*) genommen. Die Nähe königlicher Ehepartner kam bemerkenswerterweise auch im Bestattungsbrauch zum Ausdruck, da „die merowingischen Königspaare eher als die karolingischen die Neigung hatten, sich in einer gemeinsamen Grabkirche bestatten zu lassen" (Martina Hartmann), samt den vor ihnen verstorbenen Kindern.

Nach dem Tod des Königs musste seine Witwe versuchen, den Königsschatz an sich zu bringen, um künftig versorgt und politisch potent zu blei-

politische Aktivitäten der Königin

Königinwitwen

125

ben, sei es als Regentin für einen unmündigen Sohn oder im Zuge einer weiteren Eheschließung. Mit dem Schatz wuchs ihre Attraktivität als Heiratspartie, hatte doch eine Königswitwe in dieser Zeit ohnehin gute Chancen auf eine Wiederverheiratung innerhalb der Verwandtschaft, weil die Ehe mit ihr den Herrschaftsanspruch eines potentiellen Nachfolgers stärkte. Mit der Verchristlichung des Eherechts verloren Königswitwen diese Option, weiterhin politisch aktiv zu bleiben. Im Westgotenreich setzten Konzilien am Ende des 7. Jahrhunderts sogar eigens fest, dass die Königinwitwe keine weitere Ehe mit dem Thronfolger eingehen durfte, sondern sich ins Kloster begeben musste. Neben erfolgreichen Beispielen ist übrigens überliefert, dass in einem Fall das Modell, qua Heirat an der Macht zu bleiben, nicht funktionierte: Theudechilde († nach 567), die als Schäferstochter zur königlichen Ehefrau aufgestiegen war und sich nach dem Tod ihres Mannes dessen Bruder zur Ehe anbot, wurde zwar aufgefordert, samt ihren Schätzen zu kommen. Ihr Schwager nahm ihr jedoch nach ihrer Ankunft sogleich fast alles ab und wies sie ins Kloster ein. Der Vorgang führt eindrücklich vor Augen, dass eine Witwe, die beherzt ihre Chancen wahrnahm, stets auch ein Risiko einging.

Regentschaften für minderjährige Nachfolger
In keinem anderen Abschnitt des Mittelalters führten so viele Königinwitwen die Regentschaft für minderjährige Nachfolger – für Söhne und Enkel, in einem Fall sogar für einen Schwiegersohn – wie in der Merowingerzeit. Vom Beginn des 6. bis zum Ende des 7. Jahrhunderts repräsentierten die Frauen nahezu regelhaft den „Typus der politisch tätigen Königswitwe der Merowingerzeit" (Silvia Konecny), an deren Herrschaftsgewalt bis zum 10. Jahrhundert nur einzelne Frauen heranreichten. Eine dauerhafte Karriere gegen Widersacher in der Verwandtschaft und im Adel gelang zum Beispiel Königin Brunichilde. Sie entfaltete als Regentin für ihren Sohn, ihre beiden Enkel und ihren Urenkel in den fränkischen Teilreichen Austrien und Burgund ein machtvolles Königtum teils in Zusammenarbeit, teils in Auseinandersetzung mit verschiedenen Adelsgruppen. Selbst nachdem Sohn und Enkel mündig geworden waren und die Regierung angetreten hatten, behielt Brunichilde offenbar die Rolle des Familienoberhaupts, das im politischen Tagesgeschehen und auf lange Sicht, sozusagen generationenübergreifend, die Herrschaft sicherte – auch wenn ihr, wie Gregor von Tours berichtet, adlige Opponenten drohten: „Es reicht, daß du die Herrschaft führtest unter deinem Ehemann. Jetzt aber herrscht dein Sohn, und nicht du, sondern wir schützen seine Herrschaft." Dass eine Königinwitwe im Zusammenspiel mit ihrem mündigen, regierenden Sohn politisch aktiv blieb, war eine nicht ungewöhnliche Folge harmonischer Mutter-Sohn-Beziehungen. Königin Chrodechilde etwa setzte im Teilreich ihres Sohns Bischöfe ein und beschenkte sie aus dem Fiskalgut, und die Mutter Karls des Großen, Bertrada († 783), arrangierte für ihren Sohn eine politisch vorteilhafte Ehe, obwohl er bereits mit einer anderen Frau verheiratet war (das Einvernehmen von Mutter und Sohn endete, als Karl im Zuge eines politischen Kurswechsels die ihm von Bertrada zugeführte Ehefrau verstieß).

Dank der ungewöhnlich guten Quellenlage treten die Grundzüge von Brunichildes Aktivitäten als Regentin zutage. Die Königin, die bei ihrer Heirat vom arianischen zum katholischen Bekenntnis konvertiert war, griff im Rahmen ihrer Politik, insbesondere ihrer diplomatischen Gesandtschaften, auf loyale Bischöfe des Frankenreichs zurück, die sie zum Teil selbst eingesetzt hatte. Zusammen mit dem dortigen Bischof richtete sie in Autun ein Zentrum des Martinskults ein, das Papst Gregor I. auf ihre Bitte hin unter seinen Schutz stellte. Sie unterstützte ihrerseits Missionare, die auf dem Weg von Rom nach Kent das Frankenreich durchreisten, und erwarb sich damit den Dank des Papstes. Gregor I. sah in der Königinmutter, wie seine Briefe erkennen lassen, seine wichtigste Ansprechpartnerin, wenn es ihm um kirchenpolitische Angelegenheiten in Bezug auf Gallien ging – er machte ihr Komplimente für ihre Regierung ebenso wie für die Erziehung ihres Sohns. Als westgotische Königstochter unterhielt Brunichilde Beziehungen zum arianischen Hof von Toledo, die auch nicht abbrachen, nachdem ihre dorthin verheiratete Tochter umgekommen war; vielmehr verhandelten Brunichilde und ihr Sohn im Zuge eines Friedensabkommens über die Verheiratung einer weiteren Tochter nach Spanien. Um einen Friedenspakt ging es auch in Briefen Brunichildes an den byzantinischen Kaiser und die Kaiserin. Weitere Briefe mit teils politischen, teils familialen Motiven weisen die Königinmutter als Regentin aus, deren herrschaftliches Selbstverständnis von Frömmigkeit und Familiensinn getragen wurde. Ihr Umgang mit „auswärtigen Mächten" auf der Basis verwandtschaftlicher Beziehungen, ihre Kirchenpolitik, ihre Fähigkeiten, Krieger zu mobilisieren, sich gegen bewaffnete Gegner durchzusetzen („indem sie sich mannhaft gürtete", so Gregor von Tours) und bei Adelskämpfen Ausgleich herzustellen, ihre Entschlossenheit zur Rache für ihre ermordete Schwester, wie es die zeitgenössische Auffassung von Familienpflicht verlangte, und das Augenmaß, mit dem sie Verträge abschloss – all das lässt Brunichilde als eine Königin erscheinen, die mit den gleichen Mitteln und der gleichen Autorität wie männliche Merowingerkönige herrschte. Sie endete auch wie mancher von ihnen: Nachdem sich der Adel gegen sie erhoben hatte, ließ ihr Neffe sie grausam töten.

Im 10. Jahrhundert veränderte sich die Vorstellung von königlicher Herrschaft dahin gehend, dass die Königin offiziell als Teilhaberin, Partnerin, Gefährtin gesehen wurde. Der Gedanke der Teilhabe am Reich (*regni participium*) wurde im Mainzer Ordo der Königinweihe von 960 formuliert und verbreitete sich mit der Bezeichnung *consors regni* bzw. *consors imperii*. *Consors* (Gefährte, Gefährtin) war in der Antike und im Frühmittelalter für weibliche und männliche Mitregenten (Ehefrauen, Söhne) verwendet worden und für Herrscherinnen im italischen Reich seit dem späteren 9. Jahrhundert üblich geworden. Über die italische Königin Adelheid, die 951 in zweiter Ehe Otto I. heiratete, wurde die Titulatur bei den Ottonen aufgenommen und auf ihr König- und Kaisertum übertragen. Die bis ins Spätmittelalter präsente Idee der gemeinschaftlich geteilten Herrschaft, der auch der Kaiserintitel *coimperatrix* für Theophanu Ausdruck verlieh, schlug sich außer in Urkunden und Werken der Geschichtsschreibung auch in bildlichen Darstellungen des Herrscherpaares nieder.

Mit den Konzepten *consors regni* und *coimperatrix* brachten Adelheid aus Italien und Theophanu aus Byzanz ein Rollenverständnis mit, das eine Rangangleichung der Herrscherin an den Herrscher vorsah. Für die frühen Ottonen ihrerseits bot sich das *consortium regni/imperii* als ein Instrument der Herrschaftssicherung an, indem es den Rechtsanspruch der Königin

Teilhabe am Reich seit dem 10. Jahrhundert

Abb. 5: Elfenbeintafel (Italien 982–983). Paris, Musée National du Moyen Age, Inv.-
Nr. Cl. 392. Die byzantinisch beeinflusste Tafel zeigt Kaiser Otto II. und Kaiserin Theophanu als von Christus gesegnetes und somit zur Herrschaft beru-
fenes Paar. Sie scheint auf den ersten Blick ein gleichberechtigtes Nebeneinander von Herrscher und Herrscherin zu implizieren. Die im Standmotiv
angedeutete stärkere Wendung Christi zu Otto verweist aber auf dessen Vorrang. Vgl. zu den Deutungen, u. a. als Visualisierung des *consortium imperii*,
Pamme-Vogelsang: Die Ehen mittelalterlicher Herrscher im Bild, S. 64 ff.

bzw. Kaiserin, auch nach dem Tod ihres Mannes die Herrschaft auszuüben,
fixierte. Die Herrschaftsidee wurde gelebt, indem die Königin ebenso wie
der König eine Fülle verschiedener Aufgaben wahrnahm. Wie sich die einzelnen Frauen engagierten, unterschied sich erheblich. Es gab nach wie vor
keine fest umrissenen amtlichen Ressorts, und die Prägung der Frauen aus
verschiedenen Kulturkreisen – angelsächsisch, italisch-burgundisch, byzan-

tinisch usw. –, ihre Verankerung in Beziehungsnetzen, individuelle Konstellationen und Persönlichkeitsmerkmale sowie die Abfolge von Lebensphasen und Familienpositionen bestimmten mit, auf welchen Gebieten und wie intensiv Königinnen politisch aktiv waren. Adelheid und Theophanu steigerten gegenüber ihren karolingischen und frühottonischen Vorgängerinnen die Wirksamkeit der Königin zu Lebzeiten und nach dem Tod des Königs in mehrerer Hinsicht. Sie gestalteten die ottonische Heirats- und Bündnispolitik mit, wobei Adelheid „zum Mittelpunkt eines Verwandtschaftsgeflechtes von geradezu europäischen Dimensionen" (Daniela Müller-Wiegand) wurde bzw. zur „Mutter der Königreiche" (*mater regnorum*), wie Gerbert von Aurillac (um 950–1003, ab 999 Papst Silvester II.) ihr schrieb. Adelheid und Theophanu vermittelten in Konflikten über die Grenzen des Reichs hinaus. Sie besaßen, verteilt über das deutsche und italische Reich, außerordentlich umfangreiche Ländereien und übten südlich der Alpen selbstständig die Herrschaftsgewalt aus. Beide Frauen prägten als Erzieherinnen und Beraterinnen die politische Richtung ihrer Söhne. In einer akuten Krise nach dem Tod Ottos II. (955–983) gelang es ihnen in gemeinsamer Anstrengung, dem unmündigen Otto III. die Herrschaft zu sichern und ihre Regentschaft für ihn durchzusetzen. Adelheid und Theophanu führten eine Reihe von Königinnen an, deren regelmäßige Mitwirkung an politischen und Rechtsgeschäften sich urkundlich abbildete. Ein gegenüber der Vorzeit erhöhter Anteil von Königsurkunden bekundet seit der 2. Hälfte des 10. Jahrhunderts in Formeln der Intervention (Fürsprache) und der Petition (Bitte, Befürwortung), dass die Königin hinter den Entscheidungen des Königs stand. Das Paar hatte sich also in der betreffenden Angelegenheit beraten bzw. der König handelte auf Rat der Königin. Für Adelheid, Theophanu und Bertha († 1087), die erste Frau Heinrichs IV. (1050–1106), verzeichnen einige Urkunden sogar explizit eine Beratung (*consilium*) durch die Königin. Beginnend mit Adelheid wurden bis zur Mitte des 12. Jahrhunderts die Herrscherinnen in durchschnittlich gut einem Drittel der Königsurkunden als Intervenientinnen für die Anliegen verschiedener Empfänger (Klöster, Kirchen, Bischöfe, weltliche und geistliche Einzelpersonen) im gesamten Reichsgebiet genannt. Sie übertrafen damit, was die Teilhabe am Regierungsgeschäft anbelangt, alle anderen Personen im Umfeld des Herrschers. Offensichtlich waren sie anerkannt als politisch wirksame Instanz, an die man sich tunlichst wandte, wenn man vom König Bestätigungen, Schenkungen, Privilegierungen usw. erreichen wollte. Die Funktion der Königin „als wichtige Beraterin und tatkräftige Politikerin am Hof" (Amalie Fößel) war aus späteren Urkunden nicht mehr ersichtlich, nachdem in staufischer Zeit die Interventionsformeln durch Zeugenformeln abgelöst worden waren. Es muss künftigen Untersuchungen vorbehalten bleiben nachzuweisen, inwiefern sich das politische Zusammenspiel von Königspaaren im Spätmittelalter generell wandelte.

b) Fürstenhöfe im Spätmittelalter: Männerwelt und Frauenzimmer

Bei der fürstlichen Herrschaft im Spätmittelalter verbanden sich Elemente von Mobilität und Ortsgebundenheit. Die althergebrachte Praxis der Reiseherrschaft veränderte sich im Zuge der Residenzenbildung. Waren zuvor

Fürst und Fürstin gemeinsam oder getrennt unterwegs gewesen, so hielten sich die Frauen im 15. Jahrhundert länger an den zu Herrschaftszentren ausgebauten Orten auf, während die Regenten weiterhin ihr Land bereisten. Der Hof blieb weiterhin insofern beweglich, als die Hofhaltung zeitweilig zwischen verschiedenen Burgen bzw. Schlössern, die als Haupt- und Nebenresidenzen dienten, wechselte, um reihum aus den Einkünften der Ämter unterhalten zu werden.

Organisationsstrukturen und Funktionen der Hofgesellschaft

Wie beim Königshof handelte es sich auch bei den Fürstenhöfen um komplexe, hierarchisch strukturierte Sozialgefüge, an deren Spitze der Regent mit seiner Familie stand. Der Hof ist einerseits als eine „homosoziale" Welt charakterisiert worden, in der Männer weitgehend unter sich waren, andererseits als eine Vergesellschaftungsform, in deren repräsentativen Inszenierungen Frauen und Männer tragende Rollen hatten. Beide Sichtweisen haben eine gewisse Berechtigung. Die eine Seite: Frauen waren bei Hof weit in der Minderzahl; unter Umständen machte der Frauenhof, der aus den weiblichen Mitgliedern der fürstlichen Familie und ihrem Gefolge bestand, nur ein Zehntel des Gesamthofs aus. Die wichtigsten Hofämter, abgesehen von dem der Hofmeisterin, waren in Männerhand. Männer kamen bei verschiedenen Gelegenheiten im Tagesablauf ohne Frauen zusammen: bei den Mahlzeiten in der Hofstube, bei verschiedenen Sport- und Freizeitaktivitäten wie etwa Schießübungen, wohl auch beim Zusammentreffen der Räte im Rahmen des politischen Tagesgeschäfts. Aggressionen und Konflikte im Zusammenleben unter Männern scheint es reichlich gegeben zu haben. Die andere Seite: Ein funktionsfähiger Hof kam ohne Frauen auf allen Ebenen nicht aus. So war im Gesinde, das nicht zum persönlichen Gefolge gehörte, die Arbeitskraft von weiblichen Bediensteten gefragt – nicht nur in einigen besonders abgeschirmten Zimmern des Frauenquartiers, zu denen Männer keinen Zutritt hatten, sondern auch in Küche, Stall und Wirtschaftsräumen. Die weiblichen Mitglieder der fürstlichen Familie, allen voran die Ehefrau des Regenten, verkörperten ebenso wie die männlichen Angehörigen den Herrschaftsanspruch ihres Hauses und hatten daher die Aufgabe, samt ihren Gefolgschaften öffentlich in Erscheinung zu treten. Der Hof konnte seine Integrationskraft für den Adel nur voll entfalten, wenn auch adlige Mädchen dort erzogen, ausgebildet und als Hofdamen untergebracht wurden, wenn es Geselligkeit und Feste gab. Allerdings herrschte an deutschen Höfen bei großen Festlichkeiten wie zum Beispiel Hochzeiten weitgehende Geschlechtertrennung. Frauen und Männer wurden in getrennten Gästequartieren untergebracht, und sie speisten auch für sich. Bei Einritten und Aufzügen fuhren die Frauen auf eigenen Wagen, und beim Turnier sahen sie von gesonderten Plätzen aus zu. Nur beim Tanzen und beim Überreichen der Turnierpreise traten Frauen und Männer unmittelbar miteinander in Kontakt. Der alltägliche Tagesablauf wiederum sah neben Zeiten der Separation planmäßig Gelegenheiten zur Kommunikation zwischen den Geschlechtern vor.

Entstehung des Frauenzimmers im Zuge der Residenzenbildung

Das Miteinander von Frauen und Männern am Hof veränderte sich im Zuge der Einrichtung von Residenzen. Solange der Fürst und die Fürstin umherzogen, wurden sie begleitet vom „Hof des Herren" (*curia domini*) und vom „Hof der Herrin" (*curia dominae*), wobei der Männerhof umfangreicher war und insofern den Haupthof darstellte. Da diese Personenverbände sich zeitweilig an unterschiedlichen Orten aufhielten, wurden ihre Kosten getrennt abrechnet. Die mit ihrem Hof reisenden Fürstinnen agierten politisch und administrativ weitgehend selbstständig. Sie kehrten zum Beispiel, während der Fürst mit dem Haupthof anderweitig unterwegs war, in Burgen ein, die zu ihrem Wittum gehörten und verfügten dort über die Amtsverwaltung, vereinzelt auch über Hoheitsrechte. Mit der wachsenden Ortsbindung nahm die Autonomie der Fürstin ab, und ihre Bewegungsfreiheit wurde eingeschränkt. Im späteren 15. Jahrhundert waren die Frauen an deutschen Höfen in separaten Räumlichkeiten untergebracht, dem Frauenzimmer, wie die Räume selbst sowie der sie bewohnende Personenkreis um die Fürstin und die weiblichen Mitglieder der Herrscherfamilie bezeichnet wurden. Dieses Logis befand sich in der Regel in einem der obersten Stockwerke und war durch vorgelagerte Bedienstetenzimmer, durch ein System abschließbarer, bewachter Türen und übersichtlicher Treppen gegen Eindringlinge ebenso wie gegen unbeobachtetes Ausgehen gesichert. Je nach Hofgröße umfasste es Wohnstuben und Schlafkammern, ein eigenes Esszimmer und weitere Räume, gelegentlich sogar eine eigene Kapelle.

Zum Frauenzimmer gehörten männliche und weibliche Gefolgsleute und Bedienstete: Hofmeister bzw. Hofmeisterin, Kaplan, Edelknaben, Koch oder Köchin, Kellner, Schneider, Wäscher oder Wäscherin, Mägde und Knechte, Ofenheizer, Türhüter, Weinschenk und Essensträger, Marstaller, Zwerge und Zwerginnen, Narren und Närrinnen. Es handelte sich also nicht um eine exklusiv weibliche Sphäre; allerdings wurden der Einlass und die Anwesenheit von Männern, bis hin zum Notfall einer nächtlichen Arztvisite, genau geregelt. Insgesamt waren das Frauenzimmer und der „Männerhof" personell parallel strukturiert. Oberster Dienstherr war in beiden Gebilden der Fürst. Mochte die Fürstin auch ihr Gefolge kommandieren und bei der Besetzung von Funktionsstellen mitsprechen, so verpflichteten Diensteide doch in erster Linie zum Gehorsam dem Regenten gegenüber – gegebenenfalls mit einem zusätzlichen Gelöbnis, etwa dass die Vorsteherin des Frauenzimmers „vor allem andern dornach" der Fürstin treu dienen werde.

Das Frauenzimmer – in der Doppelbedeutung von Räumen und deren Bewohnerinnen – diente vorderhand der abgeschiedenen Unterbringung der fürstlichen Frauen, ihrer Versorgung mit Dienstleistungen, Geselligkeit und standesgemäßer Begleitung bei repräsentativen Akten. Darüber hinaus bildete es in seiner Funktion als Geselligkeitszentrum einen integralen Bestandteil des gesamten höfischen Gefüges und eine Ebene der Höföffentlichkeit. Nicht nur bei festlichen Anlässen, sondern täglich zu fest umrissenen Zeiten kamen am Hof lebende Adlige ebenso wie Besucher und Verwandte hier zum Plaudern, Spielen und Tanzen zusammen, es wurden Ehen angebahnt sowie Freundschaften und Liebesverhältnisse unterhalten. Schließlich war das Frauenzimmer auch ein Lebensmittelpunkt der fürstlichen Familie. Der Herrscher verbrachte dort einen Teil seiner Freizeit, amüsierte sich im Kreis der Frauen und pflegte Konversation, die anscheinend auch politische Angelegenheiten nicht aussparte. Als einziger Mann hatte er jederzeit Zutritt. Über die Räume der Fürstin, die zum Frauenzimmer gehörten und benachbart zu seinem eigenen Logis lagen, gab es für ihn möglicherweise eine direkte Verbindung zum Aufenthaltsbereich auch der Hofdamen.

Personal

Funktionen des Frauenzimmers

Verhaltens-
vorschriften

Abgesehen von der Hofstube als „Männerraum", einem Ort mit deutlich höherem Öffentlichkeitscharakter, wurde keine andere Räumlichkeit samt ihren Bewohnern derartig umfassend reglementiert wie das Frauenzimmer. Ordnungsentwürfe und Dienstanweisungen an die dort tätigen Personen, vor allem an die Hofmeisterinnen und Hofmeister, sollten neben der Beobachtung des Zeremoniells erreichen, dass die Frauen und Mädchen in Worten und Bewegungen höfischen Anstand wahrten, ausschließlich kontrollierte Kontakte nach außen pflegten und rund um die Uhr in Begleitung waren. Die Verhaltensvorschriften reichten vom Zugeständnis bestimmter Tänze über ein Vermummungsverbot während der Fastnacht bis zum Verbot von Unterhaltungen aus dem geöffneten Fenster hinaus.

Fürstinnen
zwischen Macht
und Ohnmacht

An der Spitze der Frauen bei Hof stand die Ehefrau des Regenten. Für die Position der fürstlichen Ehefrau und Herrscherin existierte kein einheitliches Modell, bevor sich im 16. Jahrhundert im Zuge der lutherischen Ehelehre das Ideal der Haus- und Landesmutter herauskristallisierte. Als allgemeine Zuständigkeitsbereiche mit politischem Charakter können Repräsentationsaufgaben, diplomatische Vermittlung, Pflege von verwandtschaftlichen Beziehungsgeflechten sowie familienpolitische Aktivitäten angeführt werden. Es hing jedoch wesentlich vom individuellen Zusammenspiel des Herrscherpaares, vom mehr oder weniger autokratisch-patriarchalischen Herrschaftsstil des Fürsten und von der Persönlichkeit der Fürstin ab, inwieweit sie als Haushalts- und Hofvorstand agierte, sich wirtschaftlich betätigte und mitregierte. Während einigen Frauen die Frauenzimmerordnung als ein Instrument zur Durchsetzung ihrer Befehlsgewalt entgegenkam, sollten andere dadurch in ihrem persönlichen Verhalten reglementiert werden. Neben Fürstinnen mit eigenen Weisungsbefugnissen und einer gewissen Unabhängigkeit in Angelegenheiten der Hofwirtschaft gab es auch welche, die selbst bei Einkäufen für ihre persönlichen Bedürfnisse durch Amtspersonen bzw. den Fürsten kontrolliert wurden. Letztlich bemaßen sich Macht und Ohnmacht der Fürstin und der anderen Angehörigen der herrschaftlichen Familie im höfischen Lebensraum danach, wie sie sich gegenüber dem grundsätzlichen Führungsanspruch des Hausherrn behaupteten. Erst die Einrichtung eigener Wohn- und Herrschaftssitze – Witwenhöfe, Nebenresidenzen verheirateter Söhne, vom 16. Jahrhundert an auch Junggesellinnenhaushalte – verschaffte ihnen in der Regel größere Handlungsfreiheit und Eigenmacht.

Auswahlbibliographie

Quellen

Alberti, Leon Battista: Vom Hauswesen (Della Famiglia), übersetzt von Walther Kraus, München 1986.

Arnold, Klaus (Hrsg.): In Liebe und Zorn. Briefe aus dem Mittelalter. Ostfildern 2003.

[Benedikt von Nursia:] Die Benediktsregel: eine Anleitung zu christlichem Leben. Der vollständige Text der Regel lateinisch-deutsch. Übersetzt und erklärt von Georg Holzherr, Zürich [4]1993.

Berthold von Regensburg: Vollständige Ausgabe seiner Predigten, mit Anmerkungen von Franz Pfeiffer, 2 Bde., Berlin 1965 (Nachdruck der Ausgabe Wien 1862).

Briefe des Bonifatius. Willibalds Leben des Bonifatius. Nebst einigen zeitgenössischen Dokumenten, unter Benützung der Übersetzungen von M. Tangl und Ph. H. Külb neu bearbeitet von Reinhold Rau, Darmstadt [2]1994.

Butzbach, Johannes: Odoeporicon. Wanderbüchlein. Aus dem Lateinischen übertragen und mit einem Nachwort versehen von Andreas Beriger, Zürich 1993. Vgl. auch die zweisprachige Ausgabe. Einleitung, Übersetzung und Kommentar von Andreas Beriger, Weinheim 1991.

Caesarius von Arles: Klosterregeln für Nonnen und Mönche, hg. von Ivo Auf der Maur OSB, St. Ottilien 2008.

[Diesbach:] Zahnd, Urs Martin: Die autobiographischen Aufzeichnungen Ludwig von Diesbachs. Studien zur spätmittelalterlichen Selbstdarstellung im oberdeutschen und schweizerischen Raume, Bern 1986.

Einhard: Vita Karoli Magni. Das Leben Karls des Großen. Lateinisch/Deutsch. Übersetzung, Anmerkungen und Nachwort von Evelyn Scherabon Firchow, Stuttgart 2004.

Ekkehard IV.: St. Galler Klostergeschichten. Übersetzt von Hans F. Haefele, 4., erweiterte Aufl. Darmstadt 2002.

[Gregor von Tours:] Gregorii episcopi Turonensis historiarum libri decem. Zehn Bücher Geschichten. Auf Grund der Übersetzung W. Giesebrechts neubearbeitet von Rudolf Buchner, 2 Bde., Darmstadt [8]2000 (Bd. 1) und [9]2000 (Bd. 2).

Guibert de Nogent: Autobiographie, hg. von Edmond-René Labande, Paris 1981.

Hildegard von Bingen: Heilwissen: von den Ursachen und der Behandlung von Krankheiten = Causae et curae, übersetzt und hg. von Manfred Pawlik, Augsburg [3]1997.

Kallfelz, Hatto (Hrsg.): Lebensbeschreibungen einiger Bischöfe des 10.–12. Jahrhunderts, Darmstadt [2]1986.

Ketsch, Peter: Frauen im Mittelalter, hg. von Annette Kuhn, Bd. 1: Frauenarbeit im Mittelalter. Quellen und Materialien, Bd. 2: Frauenbild und Frauenrechte in Kirche und Gesellschaft. Quellen und Materialien, Düsseldorf 1983, 1984.

Klaes, Monika (Hrsg.): Vita sanctae Hildegardis. Leben der heiligen Hildegard von Bingen. Canonizatio sanctae Hildegardis. Kanonisation der heiligen Hildegard. Lateinisch/deutsch, Freiburg u. a. 1998.

Le Livre du Chevalier de La Tour Landry pour l'enseignement de ses filles, hg. von Anatole de Montaiglon, Paris 1854.

Mapheus Vegius' Erziehungslehre. Einleitung, Übersetzung und Erläuterungen von K. A. Kopp. In: Mapheus Vegius und Äneas Sylvius: Pädagogische Schriften, Freiburg i. Br. 1889, S. 1–220.

McNamara, Jo Ann/Halborg, John E. (Hrsg.): Sainted Women of the Dark Ages. Edited and translated with E. Gordon Whatley, Durham – London 1992.

Mettlinger, Bartholomäus: Ein regiment der jungen kinder. Wie man sy halten vnd erziehen sol von irer gepurt biß sy zu iren tagen komen. Mit einem Kommentar von Peter Amelung. Faksimiledruck der Ausgabe Augsburg 1497, Dietikon/Zürich 1976.

Nonn, Ulrich: Quellen zur Alltagsgeschichte im Früh- und Hochmittelalter, 2 Bde., Darmstadt 2003, 2007.

[Platter:] Thomas Platters Lebensbeschreibung. Mit einem Vorwort von Walter Muschg, hg. von Alfred Hartmann, Basel 1944. 2. Aufl. durchgesehen und ergänzt von Ueli Dill, Basel 1999.

[Rem:] Greiff, B.: Tagebuch des Lucas Rem aus den Jahren 1494–1541. Ein Beitrag zur Handelsgeschichte der Stadt Augsburg. In: 26. Jahresbericht des historischen Kreis-Vereins im Regierungsbezirke von Schwaben und Neuburg für das Jahr 1860, Augsburg 1861, S. 1–110.

[Sastrow:] Bartholomäi Sastrowen Herkommen, Geburt und Lauff seines gantzen lebens, auch was sich in dem Denkwerdiges zugetragen, so er mehrentheils selbst gesehen und gegenwärtig mit angehöret hat, von ihm selbst beschrieben, hg. von Gottlieb Christian Friedrich Mohnike, 3 Bde., Greifswald 1823/24.

Sinz, Paul: Das Leben des heiligen Bernhards von Clairvaux (Vita prima). Düsseldorf 1962.

Steinhausen, Georg (Hrsg.): Deutsche Privatbriefe des Mittelalters, Bd. 1: Fürsten und Magnaten, Edle und Ritter, Bd. 2: Geistliche und Bürger, Berlin 1899 und 1907.

[Thietmar von Merseburg:] Thietmari Merseburgensis episcopi Chronicon. Chronik. Neu übertragen und erläutert von Werner Trillmich, 8., erweiterte Aufl. Darmstadt 2002.

Thomasin von Zerklaere: Der Welsche Gast. Ausgewählt, eingeleitet, übersetzt und mit Anmerkungen versehen von Eva Willms, Berlin/New York 2004.

[Weinsberg:] Das Buch Weinsberg. Kölner Denkwürdigkeiten aus dem 16. Jahrhundert, bearb. von Konstantin Höhlbaum, Friedrich Lau, Josef Stein, 5 Bde., Leipzig – Bonn 1886ff.

[Weinsberg:] Das Buch Weinsberg. Aus dem Leben eines Kölner Ratsherrn, im Auftrag der Stadt Köln hg. von Johann Jakob Hässlin, Stuttgart 1961, [4]1990.

[Wilwolt von Schaumburg:] Keller, Adelbert von (Hrsg.): Die Geschichten und Taten Wilwolts von Schaumburg, Stuttgart 1859.

[Zink:] Chronik des Burkard Zink. In: Die Chroniken der schwäbischen Städte. Augsburg, Bd. 2, Leipzig 1866 (Nachdruck Göttingen 1965), S. 1–383.

Übergreifende Literatur

Affeldt, Werner/Nolte, Cordula/Reiter, Sabine/Vorwerk, Ulla (Hrsg.): Frauen im Frühmittelalter. Eine ausgewählte, kommentierte Bibliographie, Frankfurt a. M. u. a. 1990.

Affeldt, Werner/Kuhn, Annette (Hrsg.): Frauen in der Geschichte VII. Interdisziplinäre Studien zur Geschichte der Frauen im Frühmittelalter. Methoden – Probleme – Ergebnisse, Düsseldorf 1986.

Brubaker, Leslie/Smith, Julia M. H. (Hrsg.): Gender in the Early Medieval World. East and West, 300–900, Cambridge 2004.

Dinges, Martin (Hrsg.): Hausväter, Priester, Kastraten. Zur Konstruktion von Männlichkeit in Spätmittelalter und Früher Neuzeit, Göttingen 1998.

133

Dirlmeier, Ulf/Fouquet, Gerhard/Fuhrmann, Bernd: Europa im Spätmittelalter 1215–1378, München 2003.

Farmer, Sharon/Braun Pasternack, Carol (Hrsg.): Gender and Difference in the Middle Ages, Minneapolis 2003.

Goetz, Hans-Werner: Frauen im frühen Mittelalter. Frauenbild und Frauenleben im Frankenreich, Weimar/Köln/Wien 1995.

Goetz, Hans-Werner: Weibliche Lebensgestaltung im frühen Mittelalter, Köln u. a. 1991.

Hadley, D. M. (Hrsg.): Masculinity in Medieval Europe, London u. a. 1999, transferred to digital print on demand 2002.

Hergemöller, Bernd-Ulrich: Masculus et femina. Systematische Grundlinien einer mediävistischen Geschlechtergeschichte, Hamburg [2]2005.

Lees, Clare E. (Hrsg.): Medieval Masculinities. Regarding Men in the Middle Ages, Minneapolis 1994.

Schaus, Margaret (Hrsg.): Women and Gender in Medieval Europe. An Encyclopedia, New York 2006.

I. Lebensbedingungen: Umwelt und Sozialgefüge

Affeldt, Werner (Hrsg.): Frauen in Spätantike und Frühmittelalter. Lebensbedingungen – Lebensnormen – Lebensformen, Sigmaringen 1990.

Ahrendt-Schulte, Ingrid/Bauer, Dieter R./Lorenz, Sönke/Schmidt, Jürgen Michael (Hrsg.): Geschlecht, Magie und Hexenverfolgung, Bielefeld 2002.

Goetz, Hans-Werner: Leben im Mittelalter: vom 7. bis zum 13. Jahrhundert, München [7]2002.

Herrmann, Bernd (Hrsg.): Mensch und Umwelt im Mittelalter, Frankfurt a. M. [3]1987.

Schubert, Ernst: Alltag im Mittelalter. Natürliches Lebensumfeld und menschliches Miteinander, Darmstadt 2002.

I.1. Klimatische und demographische Entwicklung

Behringer, Wolfgang: Das Wetter, der Hunger, die Angst. Gründe der europäischen Hexenverfolgungen in Klima-, Sozial- und Mentalitätsgeschichte. Das Beispiel Süddeutschlands. In: Acta Ethnographica Hungarica 37 (1991/92), S. 27–50.

Glaser, Rüdiger: Klimageschichte Mitteleuropas. 1000 Jahre Wetter, Klima, Katastrophen, Darmstadt 2001.

Grupe, Gisela: Umwelt und Bevölkerungsentwicklung im Mittelalter. In: Bernd Herrmann (Hrsg.): Mensch und Umwelt im Mittelalter, Stuttgart [3]1987, S. 24–34.

Vasold, Manfred: Die „Pest" in Europa. Handelt es sich tatsächlich um die von dem Pesterreger Yersinia pestis verursachte Seuche? In: Geschichte in Wissenschaft und Unterricht 59 (2008), S. 96–106.

I.2. Bevölkerungsstruktur: Altersaufbau und Geschlechterverhältnis

Alt, Kurt/Kemkes-Grottenthaler, Ariane (Hrsg.): Kinderwelten. Anthropologie – Geschichte – Kulturvergleich, Köln/Weimar/Wien 2002.

Arnold, Klaus: Kind und Gesellschaft in Mittelalter und Renaissance. Beiträge und Texte zur Geschichte der Kindheit, Paderborn/München 1980. (überarbeitete Fassung in Vorbereitung)

Grupe, Gisela: Die anthropologische Bearbeitung der Skelettserie von Schleswig, Ausgrabung Rathausmarkt. Rekonstruktion einer mittelalterlichen Bevölkerung und ihrer Umweltbeziehungen. In: Volker Vogel (Hrsg.): Kirche und Gräberfeld des 11.–13. Jahrhunderts unter dem Rathausmarkt von Schleswig, Neumünster 1997, S. 147–209.

Hergemöller, Bernd-Ulrich: Die Kindlein spotten meiner schier. Quellen und Reflexionen zu den Alten und zum Vergreisungsprozeß im Mittelalter, Hamburg 2006.

Ulrich-Bochsler, Susi: Anthropologische Befunde zur Stellung von Frau und Kind in Mittelalter und Neuzeit. Soziobiologische und soziokulturelle Aspekte im Lichte von Archäologie, Geschichte, Volkskunde und Medizingeschichte, Bern 1997.

I.3. Lebensrisiken von Frauen und Männern

Bulst, Neithard/Spieß, Karl-Heinz (Hrsg.): Sozialgeschichte mittelalterlicher Hospitäler, Ostfildern 2007.

Farmer, Sharon: Surviving Poverty in Medieval Paris. Gender, Ideology, and the Daily Lives of the Poor, Ithaca/London 2002.

Jütte, Robert/Nolte, Cordula (Hrsg.): Themenschwerpunkt: Versehrt durch Arbeit, Krieg und Strafe. Ursachen und Folgen körperlicher Beeinträchtigung im Mittelalter. In: Medizin, Geschichte und Gesellschaft 28 (2009), S. 9–95.

Kaeuper, Richard W. (Hrsg.): Violence in Medieval Society, Woodbridge 2000.

Nolte, Cordula (Hrsg.): Homo debilis. Behinderte – Kranke – Versehrte in der Gesellschaft des Mittelalters, Korb 2009.

Oexle, Otto Gerhard (Hrsg.): Armut im Mittelalter, Ostfildern 2004.

Postel, Verena (Hrsg.): Arbeit im Mittelalter. Vorstellungen und Wirklichkeiten, Berlin 2006.

Scheutz, Martin/Sommerlechner, Andrea/Weigl, Herwig/Weiß, Alfred Stephan (Hrsg.): Europäisches Spitalwesen. Institutionelle Fürsorge in Mittelalter und Früher Neuzeit. Hospitals and Institutional Care in Medieval and Early Modern Europe, Wien/München 2008.

Signori, Gabriela: Körpersprachen. Krankheit, Milieu und Geschlecht aus dem Blickwinkel spätmittelalterlicher Wunderschichten. In: Klaus Schreiner (Hrsg.): Frömmigkeit im Mittelalter. Politisch-soziale Kontexte, visuelle Praxis, körperliche Ausdrucksformen, München 2002, S. 529–557.

Stanislaw-Kemenah, Alexandra-Kathrin: Spitäler in Dresden. Vom Wandel einer Institution (13. bis 16. Jahrhundert), Leipzig 2008.

Wolfisburg, Carlo: Behinderte im Spätmittelalter. Zur Situation behinderter Menschen im Raum der Eidgenossenschaft und Umgebung, Lizentiatsarbeit Zürich 1995.

II. Konzepte, Normen und Leitbilder

Coakley, John W.: Women, Men, and Spiritual Power. Female Saints and Their Male Collaborators, New York 2006.

Mooney, Catherine M. (Hrsg.): Gendered Voices. Medieval Saints and Their Interpreters, Philadelphia 1999.

Schnell, Rüdiger: Frauendiskurs, Männerdiskurs, Ehediskurs. Textsorten und Geschlechterkonzepte in Mittelalter und Früher Neuzeit, Frankfurt a. M./New York 1998.

Weichselbaumer, Ruth: Der konstruierte Mann. Repräsentation, Aktion und Disziplinierung in der didaktischen Literatur des Mittelalters, Münster/Hamburg/London 2003.

II.1. „Menschen beiderlei Geschlechts"

Bynum, Caroline Walker: Fragmentierung und Erlösung. Geschlecht und Körper im Glauben des Mittelalters, Frankfurt am Main 1996 (deutschsprachiger Erstdruck 1991).

Bynum, Caroline Walker: Jesus as Mother: Studies in the Spirituality of the High Middle Ages, Berkeley/Los Angeles/London 1982.

Cadden, Joan: Meanings of sex difference in the Middle Ages. Medicine, science, and culture, Cambridge 1993, paperback 1995, digitalisierter Druck 2003.

Fenster, Thelma S./Lees, Clare A. (Hrsg.): Gender in debate from the early middle ages to the renaissance, New York 2002.

Fietze, Katharina: Spiegel der Vernunft. Theorien zum Menschsein der Frau in der Anthropologie des 15. Jahrhunderts, Paderborn u. a. 1991.

Green, Monica: Bodies, Gender, Health, Disease: Recent Work on Medieval Women's Medicine. In: Studies in Medieval and Renaissance History 2 (2005), S. 1–46.

Laqueur, Thomas: Auf den Leib geschrieben. Die Inszenierung der Geschlechter von der Antike bis Freud, Frankfurt/New York 1992.

Riha, Ortrun: Pole, Stufen, Übergänge – Geschlechterdifferenz im Mittelalter. In: Frank Stahnisch/Florian Steger (Hrsg.): Medizin, Geschichte und Geschlecht. Körperhistorische Rekonstruktionen von Identitäten und Differenzen, Wiesbaden 2005, S. 159–180.

Schreiner, Klaus/Schnitzler, Norbert (Hrsg.): Gepeinigt, begehrt, vergessen: Symbolik und Sozialbezug des Körpers im späten Mittelalter und in der frühen Neuzeit, München 1992.

II.2. Adlig-höfische Ethik

Bennewitz, Ingrid: Der Körper der Dame. Zur Konstruktion von „Weiblichkeit" in der deutschen Literatur des Mittelalters. In: Jan-Dirk Müller (Hrsg.): „Aufführung" und „Schrift" in Mittelalter und früher Neuzeit, Stuttgart/Weimar 1996, S. 222–238.

Bumke, Joachim: Höfische Kultur: Literatur und Gesellschaft im hohen Mittelalter, München [11]2005 (erste Auflage 1986).

Fleckenstein, Josef (Hrsg.): Curialitas. Studien zu Grundfragen der höfisch-ritterlichen Kultur, Göttingen 1990.

Hechberger, Werner: Adel, Ministerialität und Rittertum im Mittelalter, München 2004.

Oexle, Otto Gerhard: Aspekte der Geschichte des Adels im Mittelalter und in der Frühen Neuzeit. In: Hans-Ulrich Wehler (Hrsg.): Europäischer Adel 1750–1950, Göttingen 1990, S. 19–56.

Paravicini, Werner: Die ritterlich-höfische Kultur des Mittelalters, München [2]1999.

Schnell, Rüdiger (Hrsg.): Zivilisationsprozesse. Zu Erziehungsschriften in der Vormoderne, Köln/Weimar/Wien 2004.

III. Lebensformen – Handlungsfelder – Beziehungssysteme

Borst, Arno: Lebensformen im Mittelalter, Hamburg 2004 (Erstdruck 1973).

Epp, Verena: Amicitia. Zur Geschichte personaler, sozialer, politischer und geistlicher Beziehungen im frühen Mittelalter, Stuttgart 1999.

Fichtenau, Heinrich: Lebensordnungen des 10. Jahrhunderts. Studien über Denkart und Existenz im einstigen Karolingerreich, Stuttgart 1984 (als Taschenbuch München 1992).

Haseldine, Julian (Hrsg.): Friendship in Medieval Europe, Stroud 1999.

Krieger, Gerhard (Hrsg.): Verwandtschaft, Freundschaft, Bruderschaft. Soziale Lebens- und Kommunikationsformen im Mittelalter, Berlin 2009.

Röckelein, Hedwig/Goetz, Hans-Werner (Hrsg.): Frauen-Beziehungsgeflechte im Mittelalter, Berlin 1996.

Schmidt, Johannes F. K./Guichard, Martine/Schuster, Peter/Trillmich, Fritz (Hrsg.): Freundschaft und Verwandtschaft. Zur Unterscheidung und Verflechtung zweier Beziehungssysteme, Konstanz 2007.

Seidel, Kerstin: Freunde und Verwandte. Soziale Beziehungen in einer spätmittelalterlichen Stadt, Frankfurt/New York 2009.

III.1. Familien, Haushalte, Arbeitswelten – Bindungen und Aufgaben im Alltag

Beer, Matthias: Eltern und Kinder des späten Mittelalters in ihren Briefen. Familienleben in der Stadt des Spätmittelalters und der frühen Neuzeit mit besonderer Berücksichtigung Nürnbergs (1400–1550), Nürnberg 1990.

Bräuer, Helmut: Gesellen im sächsischen Zunfthandwerk des 15. und 16. Jahrhunderts, Weimar 1989.

Deutsch, Christina: Konsensehe oder Zwangsheirat? Zur mittelalterlichen Rechtsauffassung „consensus facit matrimonium". In: Zeitschrift für Geschichtswissenschaft 53.8 (2005), S. 677–690.

Fietze, Katharina: Im Gefolge Dianas. Frauen und höfische Jagd im Mittelalter (1200–1500), Köln/Weimar/Wien 2005.

Fleming, Peter: Family and Household in Medieval England, Basinstoke 2001.

Fouquet, Gerhard: Familie, Haus und Armut in spätmittelalterlichen Städten – Das Beispiel des Augsburger Ehepaares Elisabeth Störkler und Burkard Zink. In: Andreas Gestrich/Lutz Raphael (Hrsg.): Inklusion/Exklusion. Studien zu Fremdheit und Armut von der Antike bis zur Gegenwart, 2., durchgesehene Aufl. Frankfurt a. M. u. a. 2008, S. 283–307.

Gestrich, Andreas/Krause, Jens-Uwe/Mitterauer, Michael (Hrsg.): Geschichte der Familie, Stuttgart 2003.

Goldberg, P. J. P.: Women, Work, and Life-Cycle in a Medieval Economy: Women in York and Yorkshire, c. 1300–1520, Oxford 1992.

Hanschmidt, Alwin/Musolff, Hans-Ulrich (Hrsg.): Elementarbildung und Berufsausbildung 1450–1750, Köln/Weimar/Wien 2005.

Haverkamp, Alfred (Hrsg.): Haus und Familie in der spätmittelalterlichen Stadt, Köln – Wien 1984.

The Household in Late Medieval Cities. Italy and Northwestern Europe Compared. Proceedings of the International Conference Ghent, 21st-22nd January 2000, Louvain/Apeldoorn 2001.

Le Jan, Régine: Famille et pouvoir dans le monde Franc (VIIe-Xe siècle). Essai d'anthropologie sociale, Paris 2003.

Kintzinger, Martin/Lorenz, Sönke/Walter, Michael (Hrsg.): Schule und Schüler im Mittelalter. Beiträge zur europäischen Bildungsgeschichte des 9. bis 15. Jahrhunderts, Köln/Weimar/Wien 1996.

Kintzinger, Martin: Wissen wird Macht. Bildung im Mittelalter, Ostfildern 2003.

Lorenz-Schmidt, Sabine: Vom Wert und Wandel weiblicher Arbeit. Geschlechtsspezifische Arbeitsteilung in der Landwirtschaft in Bildern des Spätmittelalters und der Frühen Neuzeit, Stuttgart 1998.

Malamud, Sibylle: Die Ächtung des „Bösen". Frauen vor dem Zürcher Ratsgericht im späten Mittelalter, 1400–1500, Zürich 2003.

Mazo Karras, Ruth: From Boys to Men. Formations of Masculinity in Late Medieval Europe, Philadelphia 2003.

McGuire, Brian Patrick: Friendship & Community. The Monastic Experience 350–1250, Kalamazoo 1988.

McGuire, Brian Patrick: Friendship and Faith: Cistercian Men, Women, and their Stories, 1100–1250, Aldershot 2002.

Medick, Hans/Sabean, David (Hrsg.): Emotionen und materielle Interessen. Sozialanthropologische und historische Beiträge zur Familienforschung, Göttingen 1984.

Obermeier, Monika: „Ancilla". Beiträge zur Geschichte der unfreien Frauen im Frühmittelalter, Pfaffenweiler 1996.

Opitz, Claudia/Kleinau, Elke (Hrsg.): Geschichte der Mädchen- und Frauenbildung, Bd. 1: Vom Mittelalter bis zur Aufklärung, Frankfurt a. M./New York 1996.

Otis-Cour, Leah: Lust und Liebe. Geschichte der Paarbeziehungen im Mittelalter, Frankfurt am Main 2000.

Rocke, Michael: Forbidden Friendships. Homosexuality and Male Culture in Renaissance Florence, New York/Oxford 1996.

Rogge, Roswitha: Zwischen Moral und Handelsgeist. Weibliche

Handlungsräume und Geschlechterbeziehungen im Spiegel des hamburgischen Stadtrechts vom 13. bis zum 16. Jahrhundert, Frankfurt a. M. 1998.

Schmugge, Ludwig: Ehen vor Gericht. Paare der Renaissance vor dem Papst, Berlin 2008.

Schnell, Rüdiger: Sexualität und Emotionalität in der vormodernen Ehe, Köln/Weimar/Wien 2002.

Schnell, Rüdiger (Hrsg.): Text und Geschlecht. Mann und Frau in Eheschriften der frühen Neuzeit, Frankfurt a. M. 1997.

Schulz, Knut: Handwerk, Zünfte und Gewerbe. Mittelalter und Renaissance, Darmstadt 2010.

Schulz, Knut: Handwerksgesellen und Lohnarbeiter. Untersuchungen zur oberrheinischen und oberdeutschen Stadtgeschichte des 14. bis 17. Jahrhunderts, Sigmaringen 1985.

Schwarze, Anke: „De mans an ... der rechter siit und de vrouwen an ... der luchter". Das Geschlechterverhältnis im spätmittelalterlichen Dortmund, Essen 2002.

Signori, Gabriela (Hrsg.): Meine in Gott geliebte Freundin. Freundschaftsdokumente aus klösterlichen und humanistischen Schreibstuben, Bielefeld [2]1998.

Simon-Muscheid, Katharina: Die Dinge im Schnittpunkt sozialer Beziehungsnetze. Reden und Objekte im Alltag (Oberrhein, 14. bis 16. Jahrhundert), Göttingen 2004.

Simon-Muscheid, Katharina (Hrsg.): „Was nützt die Schusterin dem Schmied?" Frauen und Handwerk vor der Industrialisierung, Frankfurt a. M./New York 1998.

Spieß, Karl-Heinz: Familie und Verwandtschaft im deutschen Hochadel des Spätmittelalters. 13. bis Anfang 16. Jahrhundert, Stuttgart 1993.

Thoma, Lev Mordechai/Limbeck, Sven (Hrsg.): „Die sünde, der sich der tiuvel schamet in der helle". Homosexualität in der Kultur des Mittelalters und der frühen Neuzeit, Ostfildern 2009.

Walter, Christiane: Ehe – Familie – Arbeit. Zum Alltagsleben unfreier Frauen und Männer im Frühmittelalter (im Druck).

Weber, Ines: Ein Gesetz für Männer und Frauen. Die frühmittelalterliche Ehe zwischen Religion, Gesellschaft und Kultur, Ostfildern 2008.

Weigand, Rudolf: Liebe und Ehe im Mittelalter, Goldbach 1993.

III.2. Religiöses Leben und kirchliche Laufbahnen

Berschin, Walter: Biographie und Epochenstil, 5 Bde., Stuttgart 1986–2004.

Bodarwé, Katrinette: Sanctimoniales litteratae. Schriftlichkeit und Bildung in den ottonischen Frauenkommunitäten Gandersheim, Essen und Quedlinburg, Münster 2004.

Böhringer, Letha: Geistliche Gemeinschaften für Frauen im mittelalterlichen Köln, Köln 2009.

Crusius, Irene (Hrsg.): Studien zum Kanonissenstift, Göttingen 2001.

Crusius, Irene/Flachenecker, Helmut (Hrsg.): Studien zum Prämonstratenserorden, Göttingen 2003.

Elm, Kaspar/Parisse, Michel (Hrsg.): Doppelklöster und andere Formen der Symbiose männlicher und weiblicher Religiosen im Mittelalter, Berlin 1992.

Felten, Franz J./Rösener, Werner (Hrsg.): Norm und Realität. Kontinuität und Wandel der Zisterzienser im Mittelalter, Berlin 2009.

Fößel, Amalie/Hettinger, Anette: Klosterfrauen, Beginen, Ketzerinnen. Religiöse Lebensformen von Frauen im Mittelalter, Idstein 2000.

Griffiths, Fiona J.: The Garden of Delights: Reform and Renaissance for Women in the Twelfth Century, Philadelphia 2007.

Grundmann, Herbert: Religiöse Bewegungen im Mittelalter. Untersuchungen über die geschichtlichen Zusammenhänge zwischen der Ketzerei, den Bettelorden und der religiösen Frauenbewegung im 12. und 13. Jahrhundert und über die geschichtlichen Grundlagen der deutschen Mystik. Anhang: Neue Beiträge zur Geschichte der religiösen Bewegungen im Mittelalter, Darmstadt [4]1977.

Haarländer, Stephanie: Doppelklöster und ihre Forschungsgeschichte. In: Edeltraud Klueting (Hrsg.): Fromme Frauen – unbequeme Frauen? Weibliches Religiosentum im Mittelalter, Hildesheim 2006, S. 27–44.

Haarländer, Stephanie: Vitae episcoporum. Eine Quellengattung zwischen Hagiographie und Historiographie, untersucht an Lebensbeschreibungen von Bischöfen des Regnum Teutonicum im Zeitalter der Ottonen und Salier, Stuttgart 2000.

Heimerl, Theresia: Frauenmystik – Männermystik? Gemeinsamkeiten und Unterschiede in der Darstellung von Gottes- und Menschenbild bei Meister Eckhart, Heinrich Seuse, Marguerite Porete und Mechthild von Magdeburg, Münster 2002.

Heß, Cordelia: Heilige machen im spätmittelalterlichen Ostseeraum. Die Kanonisationsprozesse von Birgitta von Schweden, Nikolaus von Linköping und Dorothea von Montau, Berlin 2008.

Jordan, Gesine: „Nichts als Nahrung und Kleidung". Laien und Kleriker als Wohngäste bei den Mönchen von St. Gallen und Redon (8. und 9. Jahrhundert), Berlin 2007.

Klosterberg, Brigitte: Zur Ehre Gottes und zum Wohl der Familie – Kölner Testamente von Laien und Klerikern im Spätmittelalter, Köln 1995.

Krone und Schleier. Kunst aus mittelalterlichen Frauenklöstern, Ausstellungskatalog, herausgegeben von der Kunst- und Ausstellungshalle der Bundesrepublik Deutschland, Bonn, und dem Ruhrlandmuseum Essen, München 2005.

Lotter, Friedrich: Methodisches zur Gewinnung historischer Erkenntnisse aus hagiographischen Quellen, in: Historische Zeitschrift 229 (1979), S. 298–356.

Melville, Gert/Müller, Anne (Hrsg.): Mittelalterliche Orden und Klöster im Vergleich. Methodische Ansätze und Perspektiven, Berlin 2007.

Muschiol, Gisela: Famula Dei. Zur Liturgie in merowingischen Frauenklöstern, Münster 1994.

Noodt, Birgit: Religion und Familie in der Hansestadt Lübeck anhand der Bürgertestamente des 14. Jahrhunderts, Lübeck 2000.

Patzold, Steffen: Episcopus. Wissen über Bischöfe im Frankenreich des späten 8. bis frühen 10. Jahrhundert, Ostfildern 2008.

Schilp, Thomas: Norm und Wirklichkeit religiöser Frauengemeinschaften im Frühmittelalter. Die Institutio sanctimonialium Aquisgranensis des Jahres 816 und die Problematik der Verfassung von Frauenkommunitäten, Göttingen 1998.

Schmitt, Sigrid (Hrsg.): Frauen und Kirche, Wiesbaden 2002.

Schreiner, Klaus (Hrsg.): Frömmigkeit im Mittelalter. Politisch-soziale Kontexte, visuelle Praxis, körperliche Ausdrucksformen, München 2002.

Signori, Gabriela: Räume, Gesten, Andachtsformen. Geschlecht, Konflikt und religiöse Kultur im europäischen Mittelalter, Ostfildern 2005.

III.3. Politik, Macht und Herrschaft

Duggan, Anne J. (Hrsg.): Queens and Queenship in Medieval Europe. Proceedings of a Conference held at King's College London, April 1995, Woodbridge 1997.

Erkens, Franz-Reiner: Herrschersakralität im Mittelalter. Von den Anfängen bis zum Investiturstreit, Stuttgart 2006.

Fößel, Amalie: Die Königin im mittelalterlichen Reich. Herrschaftsausübung, Herrschaftsrechte, Handlungsspielräume, Stuttgart 2000.

Geary, Patrick J.: Die Merowinger. Europa vor Karl dem Großen, München [2]2004.

Hartmann, Martina: Die Königin im frühen Mittelalter, Stuttgart 2009.

Hirschbiegel, Jan/Paravicini, Werner (Hrsg.): Das Frauenzimmer. Die Frau bei Hofe in Spätmittelalter und früher Neuzeit, Stuttgart 2000.

Jussen, Bernhard (Hrsg.): Die Macht des Königs. Herrschaft in Europa vom Frühmittelalter bis in die Neuzeit, München 2005.

Kasten, Brigitte: Königssöhne und Königsherrschaft. Untersuchungen zur Teilhabe am Reich in der Merowinger- und Karolingerzeit, Hannover 1997.

Keller, Hagen: Ottonische Königsherrschaft. Organisation und Legitimation königlicher Macht, Darmstadt 2002.

Konecny, Silvia: Die Frauen des karolingischen Königshauses. Die politische Bedeutung der Ehe und die Stellung der Frau in der fränkischen Herrscherfamilie vom 7. bis zum 10. Jahrhundert, phil. Diss. Wien 1976.

Kruse, Holger/Paravicini, Werner (Hrsg.): Höfe und Hofordnungen 1200–1600, Sigmaringen 1999.

Müller-Wiegand, Daniela: Vermitteln – Beraten – Erinnern. Funktionen und Aufgabenfelder von Frauen in der ottonischen Herrscherfamilie (919–1024), Kassel 2005.

Nelson, Janet: Queens as Jezebels: the Careers of Brunhild and Balthild in Merovingian History. In: Dies.: Politics and Ritual in Early Medieval Europe, London/Ronceverte 1986, S. 1–48 (Erstdruck Oxford 1978).

Nolte, Cordula: Familie, Hof und Herrschaft. Das verwandtschaftliche Beziehungs- und Kommunikationsnetz der Reichsfürsten am Beispiel der Markgrafen von Brandenburg-Ansbach (1440–1530), Ostfildern 2005.

Nolte, Cordula/Spieß, Karl-Heinz/Werlich, Gunnar (Hrsg.): Principes. Dynastien und Höfe im späten Mittelalter, Stuttgart 2000.

Pamme-Vogelsang, Gudrun: Die Ehen mittelalterlicher Herrscher im Bild. Untersuchungen zu zeitgenössischen Herrscherpaardarstellungen des 9. bis 12. Jahrhunderts, München 1998.

Rabeler, Sven: Niederadlige Lebensformen im späten Mittelalter. Wilwolt von Schaumburg (um 1450–1510) und Ludwig von Eyb d. J. (1450–1521), Würzburg 2006.

Rogge, Jörg (Hrsg.): Fürstin und Fürst. Familienbeziehungen und Handlungsmöglichkeiten von hochadeligen Frauen im Mittelalter, Ostfildern 2004.

Schneidmüller, Bernd/Weinfurter, Stefan (Hrsg.): Die deutschen Herrscher des Mittelalters. Historische Portraits von Heinrich I. bis Maximilian I. (919–1519), München 2003.

Personen- und Sachregister (Auswahl)